Nicole Nau-Klapwijk

Kastell

Die spanische Übersetzung des vorliegenden Bandes trägt den Titel
TANGO
UN BAILE BIEN PORTEÑO
und ist erschienen im Verlag Corregidor
Buenos Aires 2000

Zu den Abbildungen: Eine Voraussetzung für das Gelingen dieses Werks war die Tatsache, daß eine Reihe von Privatarchiven ihre Schätze zugänglich gemacht haben. Hier ist in erster Linie Daniel Piazolla, der Sohn von Astor Piazolla, zu nennen. Seltene und entsprechend wichtige Bilder stammen ferner aus den Archiven von Gerardo Portalea, Jorge Manganelli, Pepito Avellaneda, Eduardo Arquimbaud, Zotto/Plebs, „Los Dinzel", Juan Carlos Copes sowie dem Archiv der Autorin. Die meisten Fotos, die Ricardo & Nicole als Tanzpaar zeigen, wurden von Maximo Parpagnoli, die Bildserie aus dem Tanzsalon auf den Seiten 110/111 von Oliver Herrmann aufgenommen. Weitere Fotos haben freundlicherweise die Fotografen Carlos Vizzotto, Remon, Hoepner, Mamoru Iwashita, Luis Funes, Marc Theis, Carlos Rojo und Frau Booijink zur Verfügung gestellt. Die Zeichnungen auf den Seiten 223 bis 228 wurden von der Autorin angefertigt.

www.ricardonicole.com

2. Auflage, vermehrt u. verbessert
©2001 Kastell Verlag GmbH
Postfach 440 312 - 80752 München
Tel. 089-33 21 75 - Fax 089-340 11 78
kastell-verlag@t-online.de
Alle Rechte vorbehalten.
Herstellung und Gestaltung:
Redaktionsbüro Burgauner, München
(Christoph u. Barbara Burgauner, Oliver Brauer)
Cover: Ch. Burgauner
Druck: Memminger MedienCentrum
Printed in Germany
Gedruckt auf chlorfrei gebleichtem
alterungsbeständigem Papier
ISBN 3-924592-65-9

INHALT

EINLEITUNG

Ohne Ricardo wäre der Tango,
den ich heute tanze, undenkbar.

Nicole Nau-Klapwijk

DANKSAGUNG

Dieses Buch trägt zwar meine Handschrift, doch es ist das Ergebnis von uns beiden, von Ricardo und mir. Zwei Köpfe haben sich Gedanken gemacht, zwei Seelen haben sich umarmt, zwei Münder diskutiert, zwei Körper und vier Beine den Tango getanzt. Wir haben gemeinsam den Tango entdeckt und erobert. Ohne Ricardo wäre der Tango, den ich heute tanze, undenkbar.

Alle Gedanken, die ich zusammengetragen und in diesem Buch aufgeschrieben habe, sind das Ergebnis unserer jahrelangen intensiven Zusammenarbeit. Aber nicht nur für diese gemeinsame Entwicklung bin ich Ricardo sehr dankbar, sondern auch für die unendliche Geduld, mit der er mich beim Schreiben unterstützt hat. Er hat mir zugehört, mit mir diskutiert, mir geholfen, meine Gedanken zu ordnen, und nicht zuletzt meine Absorbiertheit in Kauf genommen. All das weiß ich mit tiefer Dankbarkeit sehr zu schätzen.

Auf unserem Weg haben uns viele Menschen begleitet. Ein besonderer Dank geht an *Cacho* Rodolfo Dinzelbacher, unseren Meister, Mentor und Freund. Er hat unsere Suche verstanden nach Ausdruck und Persönlichkeit, nach Freiheit und Leidenschaft. Nach der Essenz des Tango. Nach unserem eigenen Stil. Er hat uns viele Jahre lang geduldig mit all seinem Wissen und seiner Sensibilität unterstützt und unterrichtet. An seiner Seite haben wir unseren eigenen Tango finden können. Es hat sehr schöne Momente gegeben – auch recht schwierige. Beide gleichermaßen unsere Chance. Das hat *Cacho* immer gewußt und zugelassen. Danke!

Auch bedanke ich mich herzlich bei all den alten *maestros*, die uns unterrichtet haben: Bei Antonio Todaro und Pepito Avellaneda, die unsere ersten Lehrer waren; bei *Virulazo*, von dem wir stets konstruktive Kritik bekamen. Wir hatten das Glück, sie alle noch zu erleben. Die großen Tänzer der alten Generation, die heute leider nicht mehr unter uns weilen.

Mein Dank richtet sich auch an all die Bühnentänzer, deren Kunst wir sowohl aus dem Zuschauerraum wie auch in Zusammenarbeit auf der Bühne als Kollegen erleben durften. An die *milongueros*, die Tag für Tag (oder besser Nacht für Nacht) den Tango aus persönlicher Leidenschaft tanzen und die pure Symbolik des Tango in sich tragen. Mit ihnen haben wir nächtelang den Tanz auf der *pista*, der Tanzfläche, geteilt. Bei *maestro* Alfredo Gurquel möchte ich mich ebenfalls bedanken. Er hat in unzähligen Stunden, oft jeden Morgen, mein Körperbewußtsein geschult und mir gezeigt, wie der menschliche Bewegungsablauf funktioniert.

Ich weiß es sehr zu schätzen, daß wir die Chance hatten, die Bühne mit Tangogrößen zu teilen. Insbesondere die Kunst von Horacio Ferrer, Rubén

Die Autorin und ihr Partner mit zwei der „großen alten Männer" des Tango im Café Homero:
die Sänger Roberto Goyeneche (Mitte) und Ángel Paya Diaz (links).

Juárez, Roberto Goyeneche, Néstor Marconi, Daniel Piazzolla, Susana Rinaldi und Horacio Salgan haben starken Eindruck auf uns gemacht und tiefe Spuren in uns hinterlassen.

Ich möchte hier auch all den Musikern danken, die uns auf der Bühne begleitet haben. Sie haben uns die Facetten ihrer Persönlichkeit zugespielt und damit jeden Auftritt zu einem neuen Erlebnis gemacht. Walter Rios war der erste Bandoneonist, der sich auf eine Improvisation zu dritt einließ. Der uns nicht nur den *compás* zuspielte, sondern verstand, daß wir mehr suchten. Die Tiefe und Freiheit des Tango. Sein Bandoneón gesellte sich mal versöhnend, dann wieder die Auseinandersetzung suchend zwischen uns.

Dies alles hatte einen Anfang. Es war Rody Groppo vom *Café Homero*, der an uns glaubte und uns das erste Engagement in Buenos Aires anbot; und Fernando Soler, der uns später in *Tango Mio* aufnahm. Jaime Kogan öffnete uns die Tore zu dem ersten wirklich großen Theater der Stadt, dem Opernhaus *Teatro Colón*.

Auch geht ein herzlicher Dank an unsere Freunde in Deutschland. An Brigitte und Manfred Thoms, die uns von Beginn an begleitet haben als treue Schüler, geduldige und kritische Gesprächspartner und aufmerksames Publikum – und als Freunde, trotz 14 000 Kilometer Distanz.

Die erste Idee zu diesem Buch kam von Michael Passolt, dem Leiter des „Instituts für Bewegung und Psychomotorik" (I.B.P.) in München, wo Ricardo und ich seit 1991 unterrichten. Dort hörte ich 1995 im Rahmen eines Symposions für Psychologen über „Leib und Lust" den Vortrag „Wollust – Weitung und Engung als Synthese unseres menschlichen Daseins" von Prof. Dr. H. Schmitz. Sein Vortrag und die anschließende nächtlich erhitzte Diskussion waren ein einschneidendes Erlebnis; sie bleiben Teil von mir, weil ich sie innerlich „mittanzen" konnte (und mußte, um sein Thema Wollust mit meiner Tangoleidenschaft zu verbinden).

Fast zur gleichen Zeit wie Michael Passolt bat mich Eduardo Rafael von der Kulturzeitschrift *La Maga* endlich über den Tango zu schreiben: „Du kannst von außen und innen auf unsere Kultur schauen," sagte er. „Du kommst aus Deutschland, aber du lebst hier. Du hast den nötigen Abstand."

„ … noch!" – dachte ich mir. Denn mit jedem Tag in dieser aufregenden Stadt, meiner neuen Heimat, verwachse ich mehr mit ihr. Und so begann ich die Geschichte meiner Entdeckung des Tango niederzuschreiben.

DER START

Nach Buenos Aires kam ich erstmals 1989 und traf dort Ricardo. In Buenos Aires lernte ich nicht nur das Leben kennen, sondern auch den Tango lieben.

Vom Tango und meinen Erlebnissen in der Welt des Tango möchte ich in diesem Buch berichten. Mein Buch ist ein persönliches und thematisches. Die Themen sind Gespür, Gefühl, Sinne, Sinnlichkeit. Grundlage und Perspektive all der Gedanken, die ich hier aufgeschrieben habe, ist mein eigenes Erleben: Ich als Europäerin mitten im Lebensgefühl von Lateinamerika. Dieses Buch soll also eine Brücke schlagen. Es soll vermitteln zwischen der Heimat des Tango, die inzwischen auch meine geworden ist, und meiner alten Heimat. Ich bin einmal den Weg von Europa nach Argentinien gegangen und will ihn nun zurückverfolgen und das neu Erworbene, Erlebte und Entdeckte mit dem Leser teilen.

Meine Suche nach dem Tango begann ganz früh, noch bevor ich ihn überhaupt kennenlernte. Ich war gerade Anfang zwanzig; erfolgreich in meinem Beruf als Grafikerin und dennoch unruhig und unzufrieden. Ich war auf der Suche nach mir selbst und wußte, daß ich nicht aufhören würde zu suchen, bis ich das gefunden hätte, was mir wichtig ist. Ich wußte nicht, wonach ich genau Ausschau halten sollte, doch war ich mir sehr wohl bewußt, daß ich eine große Sehnsucht in mir trug, die ich nicht länger ignorieren konnte. Beruflich wurde mir das Papier zu eng. Ich wollte tanzen!

Eines Tages begegnete ich dem Tango. Mehr durch Zufall. Ohne große Erwartungen, doch ein wenig aufgeregt, ging ich zu einer ersten Tanzstunde in Düsseldorf. Einen langjährigen Freund hatte ich als Partner mitgebracht, und es konnte losgehen. Das war 1987. Was hat mich da so gepackt? Vielleicht waren es die ersten Klänge des Bandoneón und das Geheimnisvolle, das diese Musik umgibt. Vielleicht auch die Umarmung des Tango, die in mir mein Frau-Sein anrührte. Auf jeden Fall folgte ich dieser Spur. Ich wollte den Tango genau kennenlernen und buchte ein Ticket nach Buenos Aires. Alleine.

Vierzehn Stunden Flug. Müdigkeit. Klimawechsel. Mein Spanisch war dürftig. *Ezeiza*, der internationale Flughafen von Buenos Aires, war laut und chaotisch, die Gerüche und der Lärm verwirrten mich. Ich nahm ein Taxi zum *Hotel Victoria*. Das hatte ich mir ausgesucht, weil es einen Tangotitel mit dem gleichen Namen gibt. Die Stadt ist riesig. Ich fand sie grau, laut und schmutzig. Ich bekam Angst, sechs Wochen hier alleine verbringen zu müssen.

Das Hotel war schäbig. Ich trat mit den Koffern ein, und ein europäisch aussehender Mann sprach mich an. Auf Englisch. Es war Ricardo. Damals noch Ritsaert Klapwijk, holländischer Architekt, tätig am niederländischen

Norma und Luis Perreyra: wichtige Bühnentänzer der jüngeren Generation.

Außenministerium. Auch er war gekommen, um den Tango zu lernen. So lernten wir uns kennen. Bereits verbunden durch eine gemeinsame Leidenschaft. Sein Urlaub war fast vorbei, drei Tage blieben ihm noch, verblieben uns noch. Doch die Zeit reichte aus, uns zu verlieben, ineinander, in den Tango, in die Stadt.

Gemeinsam betraten wir die Tangowelt. Wir gingen tanzen, sahen uns Shows an und nahmen eine erste Stunde zusammen. Hier wurde Ritsaert *Ricardo* getauft. Und hier trafen wir die Entscheidung wiederzukommen. Gemeinsam. Wir verließen unsere Heimatorte Rotterdam und Düsseldorf und verabschiedeten uns von unserer bisherigen Tätigkeit als Grafikerin und Architekt. Wir widmeten unser Leben dem Tango. Unser Abenteuer begann.

Der Kulturwechsel war nicht einfach. Der Prozeß der Veränderung auch miteinander mühsam. Als Fremde Fuß zu fassen, war keine Kleinigkeit. Und je länger wir uns in Buenos Aires aufhielten, umso deutlicher wurde uns, wie wenig wir eigentlich wußten über den Tango. Wir studierten den Tanz, beschäftigten uns eingehend mit Musik und Poesie. Aber das genügte nicht, das Geheimnis zu entdecken. Wir begannen, das Leben um uns herum zu beobachten. Menschen, Männer und Frauen. Ihre Gesten und Gewohnheiten.

Ein Mann an einer Straßenecke von Buenos Aires ließ uns soviel mehr Tango spüren als eine komplette Schrittabfolge im Tanz. Da war sie, die Seele des Tango! In der Gestik dieses Mannes. In seiner Körperhaltung, seiner Art zu Stehen. Aber woher kam das alles? Ich begann die Geschichte Argentiniens zu studieren. Ich wollte verstehen können, was dieses Volk fühlt und was es gefühlt haben muß, in der Zeit, als der Tango geboren wurde.

Ich wollte das „Warum" entdecken. Wollte wissen, von welchem Punkt aus Tango immer wieder neu entstehen kann. Ich merkte, daß ich den Tango nur in seiner ganzen Intensität tanzen könnte, wenn ich lernte, ihn selbst zu leben. Ich mußte mich auf Buenos Aires in aller Konsequenz einlassen. Von Null anfangen und hineinwachsen in ein neues Leben.

Ich mußte mich loslösen von Deutschland und der mir vertrauten Kultur und meine Geschichte neu schreiben. Auf der Suche nach dem Tango war ich auf der Suche nach mir selbst.

In der Hauptstadt des Tango lebe ich als Europäerin an der Seite von Ricardo inmitten Lateinamerikas. Ich teile das Leben der *porteños*, der Bewohner von Buenos Aires. Hier habe ich gelernt, mich zu verwandeln und zu den Klängen des Bandoneón ein neues Lebensgefühl auszudrücken. Hier wurde aus der emanzipierten Düsseldorferin eine argentinische *hembra* und aus dem liberalen Holländer ein argentinischer *macho*.

Als Fremde war ich in die Welt des Tango gekommen. Um wirklich verstehen zu können, mußte ich viel mehr Aspekte betrachten als nur den Tanz: seine Kultur, Geschichte, sein soziales Umfeld. Ich begriff die Dimension dieses Tanzes. Meine Entwicklung war das Entdecken. In vielen Phasen – und Stufen. Vom Aufgreifen zum Leben. Vom Leben zum Arbeiten. Vom Arbeiten zum Verständnis. Lernen und Lehren. Das Lehren als Lernen. Ein Durchdringen der Thematik. Bis hin zur Essenz. Stück für Stück wurden dieser Tanz

und diese Stadt Teil meines Lebens. Heute weiß ich, daß wir die Entstehungs-
geschichte des Tango am eigenen Leib erfahren hatten. Das Leben der Immigranten, wurzellos, sprachlos und fremd. Angewiesen auf den Tanz als mögliche Kommunikation.

Je mehr, je tiefer ich den Tango entdeckte, umso mehr, umso tiefer wurde
ich ich selbst. Der Tango spielte uns Lebensraum für unsere Gefühle zu. Ricardo
und ich haben Antworten gefunden auf die Fragen „Wer bin ich?", „Wer bist
Du?", „Was können wir zusammen sein?". Als Mann, als Frau, als Paar.

Wieviel Nähe kann ich zulassen, wieviel Distanz kann ich ertragen? Oder
umgekehrt. In den Armen von Ricardo geführt zu sein und doch ich selbst
bleiben. Hingerissen, von dem Wunsch dahin zu fließen. Und mich dennoch nicht aufzugeben. Gerade und nur weil jeder von uns beiden im Tango
er selbst bleibt, können wir noch eine Steigerung erfahren durch die Begegnung mit dem anderen Geschlecht. Die Rollen sind im Tango so klar definiert, daß sie nie konkurrieren.

Der Körper lügt nicht, wenn er tanzt. Dies bedeutet: die Dinge spüren wie
sie sind, sie zulassen und akzeptieren.

DIE WURZELN

„Hay que bailar los silencios.
Y los violines. Aunque **no** existan."
(Man muß die Stille tanzen. Und die
Violinen. Auch wenn keine da sind.)

Gerardo Portalea

WOZU GESCHICHTE?

Wenn in einem Buch über den Tango Argentino von Argentinien die Rede ist, wird das kaum jemanden überraschen. Trotzdem gibt es da eine Frage, die ich nicht überhören und übergehen möchte: Was hilft es einem Mitteleuropäer, der Lust hat, Tango zu lernen, wenn er etwas über Argentinien erfährt?

Vielleicht läßt sich diese Frage am leichtesten indirekt beantworten: Durch einen Vergleich zwischen Schnittblume und Topfblume. Die Schnittblume kann prächtiger sein als die Topfblume, aber nur für kurze Zeit, denn eigentlich ist sie schon tot. Wie eine leblose Hülle. Eine Form ohne Inhalt.

Beim Tango-Lernen gibt es einen ähnlichen Unterschied. Wer Bewegungstalent mitbringt und Talent zur Imitation, kann vielleicht ziemlich schnell – unter Umständen nur mit Hilfe von Videos – einen frappierend „guten" Tango aufs Parkett legen. Aber sehr bald wird sich ein Gefühl der Sterilität einstellen. Die Blüte ist eben nur eine Scheinblüte, sie wird nicht aus Wurzeln ernährt, sie lebt nicht wirklich, vor allem nicht aus dem Gefühl, sie hat kein „Feeling" und kann das auch nicht vermitteln.

Übrigens ist es beim Schauspieler genauso: Er kann den Text auswendig lernen und bestimmte Effekte einstudieren – solange er nicht wirklich fühlt, was er sagt oder tut, kann er die Zuschauer höchstens verblüffen, aber sicher nicht begeistern.

Am gravierendsten wird der Unterschied zwischen dem „Schnittblumen-Tango" und dem „Wurzel-Tango", wenn es darum geht, einen Beitrag zur Weiterentwicklung des Tanzes zu leisten. Nichts bleibt sich unveränderlich gleich, weder der verwurzelte Tango noch der bloß imitierte und eingeübte. Beim „Schnittblumen-Tango" kann die „Entwicklung" aber nur in der Bemühung um mehr „Effekt" liegen, während der gefühlte und verwurzelte Tango aus dem Wunsch heraus weiterentwickelt wird, das Gefühlte noch stärker oder in neuen, auch persönlichen Varianten zum Ausdruck zu bringen – nur niemals im Widerspruch zu den Grundgefühlen.

Was für Wurzeln sind das nun, die den Tango hervorgebracht haben und den Tango, das echte Tango-Feeling hervorbringen können? Wurzeln sind etwas Unterirdisches, man muß nach ihnen graben, und ich weiß wovon ich spreche: Ich habe erfahren, was passiert, wenn man zu graben anfängt. Man fördert eine Schicht zutage, und gleich merkt man, daß unter dieser Schicht eine weitere Schicht liegt, an die man auch heran will, heran muß.

Das Allerwichtigste zuerst: Die Gefühle, die „hochkommen", wenn man an „Argentinien" denkt, sind keine Grundlage. Argentinien ist ein Land der Kontraste, und diese Kontraste sind viel größer als etwa die zwischen der Lüneburger Heide und dem Schwarzwald. Der Kontrast zwischen dem weiten Land und der großen Hauptstadt ist riesig, und Buenos Aires ist wiederum keine Einheit, sondern ist historisch – und auch heute noch – geprägt von einem riesigen Kontrast zwischen alteingesessenen Villenbesitzern und armen Einwanderern.

Der Tango wurzelt also gewissermaßen in einem Viertel von Argentinien, nämlich in der proletarischen Hälfte der städtischen Hälfte. Aber dieses Viertel erfaßt man nur, wenn man das Verhältnis zu den drei anderen Vierteln kennt und im Auge behält.

Wir gehen den Wurzeln des Tango nach, nicht nur weil wir neugierig sind, sondern auch, weil wir ihn besser tanzen wollen. Wir wollen jedoch nicht genau dasjenige Lebensgefühl reproduzieren, aus dem vor langer, langer Zeit in einem bestimmten Viertel eines bestimmten weitentfernten Kontinents bestimmte Bewegungsmuster geboren wurden. Das wäre gar nicht möglich. Und letzten Endes wäre die historische Reproduktion auch nur eine Imitation, eine „Schnittblume". Wir suchen das Historische, weil wir ein Äquivalent dafür in uns selbst finden, entdecken, erzeugen, entwickeln wollen. Durch Wissen, Denken und Lernen geben wir uns die Möglichkeit zu dem, was aus den Bewegungen spricht, in unserer Seele das Entsprechende zu finden.

Gauchos im „Campo Argentino". Später werden sie vertrieben und kommen nach Buenos Aires. (Aufnahme von 1922)

Nachfahren des Kolumbus

Im frühen 16. Jahrhundert, kurz nach den Entdeckungsfahrten von Christoph Kolumbus und Amerigo Vespucci (denen Kolumbien und Amerika ihren Namen verdanken), dringen die ersten Weißen in Argentinien ein. Der Name Argentinien kommt von *argentum* (französisch *argent*), dem Silber. Die Spanier schickten Juan Díaz de Solís auf die Suche nach einer Durchfahrt zum Pazifischen Ozean: Er entdeckt 1516 die Mündung des Plata Flusses. Seit der *conquista*, der Eroberung und Besetzung, spricht man in Argentinien Spanisch.

Von 1869 bis 1910 erreichen drei Millionen Einwanderer das Land. 1920 zählt Argentinien zu den reichsten Ländern der Welt, begibt sich während des Ersten Weltkrieges jedoch erneut in Abhängigkeit vom Ausland. Gerade befreit aus spanischer Herrschaft, werden wirtschaftliche Beziehungen mit Großbritannien eingegangen, die das Land nahezu in den Rang einer Kolonie zurückwerfen.

Unabhängigkeit und Selbständigkeit, Eigenverantwortung und Demokratie bleiben lange Zeit äußerst wunde Punkte. Vor der letzten Jahrhundertwende verkauft Argentinien Anteile staatlicher Besitztümer und wird wiederum vom Ausland abhängig. Die wachsende Wirtschaftskrise und die demokratische Unerfahrenheit des Volkes schüren die Angst vor einem Bürgerkrieg oder einer neuen Militärdiktatur. Die Armen werden ärmer, die Reichen reicher, die Mittelklasse verschwindet fast vollständig.

Heute: Das Land, die Stadt, der Tango

Argentinien ist überwältigend. Alleine schon wegen der Größe des Landes und seiner vielen Gesichter. International ist Argentinien bekannt für die großen Viehherden, die *pampa, indios* und *gauchos*, durch den argentinischen Fußball (Diego Maradona) – und nicht zuletzt durch den Tango.

Die Landschaften Argentiniens sind sehr abwechslungsreich. Die Gegend um Bariloche erinnert mit ihren Bergen und Skigebieten an die Schweiz und ist beliebtes Urlaubsziel für Wintersportler. Der Norden mit seiner roten trockenen Erde ist heiß und arm, aber auch sehr bescheiden und freundlich. Die Seen im Süden verwandeln sich in der kalten Jahreszeit in riesige Eiszapfenfelder. Die berühmten Wasserfälle von Iguazú im Nordosten Argentiniens, dicht an der Grenze zu Brasilien, sind die Touristenattraktion schlechthin. Die Pampa, die Vieh- und Kornkammer Argentiniens befindet sich im Umfeld von Buenos Aires. Stundenlang kann man mit dem Auto unterwegs sein, ohne eine Menschenseele zu treffen. Über 4000 Kilometer erstreckt sich das Land von Süden nach Norden.

Der Obelisk, das Wahrzeichen von Buenos Aires.

Buenos Aires ist eine Insel. Die Natur bleibt vor den Toren der Stadt. Die Weite und die Ruhe des Landes verschwindet hier hinter den unendlich sich verschachtelnden Häusern, den nicht enden wollenden Busfahrten und nicht

Blick über die Vororte der Stadt um die Jahrhundertwende.

zuletzt den Unmengen von Rindfleisch, die tagtäglich in diese Stadt geliefert werden. Hier wird es unmöglich, ein Fleckchen zu finden, wo man ganz alleine sein kann. Überall herrscht der penetrante Geräuschpegel des Verkehrs. Die Luft ist schwarz von Abgasen, das Bild der Stadt grau. Die Straßen wimmeln nicht nur von Autos und Bussen, sondern auch von Menschen. Die Stadt ist aggressiv und laut. Hier in der Stadtmetropole Buenos Aires lebt der *porteño*, der Hafenbewohner. Hier ist das Leben ein brodelnder Schmelztiegel einheimischer und eingewanderter Kulturen. Hier ist der Tango zu Hause.

In Anbetracht der Größe und des Reichtums des Landes scheint es absurd, daß eine solche Menschenmenge sich drängt in dieser einen Stadt. Von den vierzig Millionen Einwohnern Argentiniens leben alleine vierzehn in Buenos Aires! Hoffnungen, Wünsche und Verzweiflung richten Menschen immer in die Ferne: Sie suchen Anschluß an das ersehnte Europa, das einmal ihre Heimat war, und suchen die USA bewundernd nachzuahmen. Immer ist der Blick nach außen gerichtet, selten in das eigene Land.

So erklärt sich vielleicht auch, warum dieses Land sich trotz seines Reichtums der Natur immer wieder in Existenzkämpfen windet. Ein anderer Grund ist vielleicht auch die Gelassenheit der Menschen; ihre Fähigkeit, das Heute zu leben und das Morgen zu vergessen. Und ihre Liebe für das Extreme. Alles oder nichts. Das heißt oft genug: nichts.

Tango Argentino und Argentinien scheinen vom Namen her in direkter Verbindung zu stehen. Wer an Argentinien denkt, denkt auch gleich an den

Tango. Doch so ist es nicht. Der Tango ist *urban*, das heißt „aus der Stadt".
Seine Heimat ist die dichtgedrängte Vierzehn-Millionen-Großstadt Buenos
Aires. Und auch hier ist er keineswegs überall zu sehen. Tango wird nicht an
jeder Straßenecke getanzt, wie häufig angenommen. Er spielt sich vielmehr
in einer kleinen in sich abgeschlossenen Welt ab. Der Kreis der *tangueros* ist
eine in sich geschlossene Gruppe und es ist nicht immer einfach, erste Kon-
takte zu knüpfen.

Im Landesinneren tanzt das Volk eigene Folkloretänze. Zu der argentinischen Folklore zählen beispielsweise *el gato*, *la chacarera* und der *malambo*, der
Tanz der *gauchos*. Die argentinische Folklore an sich ist poetisch und liebevoll,
die Begegnung zwischen den Geschlechtern rituell und verhalten. Der Tango
hingegen ist in seinem Ausdruck dual und aggressiv: Ausdruck einer Stadt, die
sich zeitweise fast gänzlich isoliert vom Rest des Landes entwickelt hat.

Die Bevölkerung

Der Ureinwohner Argentiniens ist ein Nachkomme der *indios* oder *indígenas*,
Völker indianischer Abstammung. Die weißen Eroberer und Einwanderer haben ihre Zahl jedoch stark dezimiert und auch ihre Kultur fast vollständig ausgerottet. Sowohl die Engländer als auch die Spanier haben die *indígenas* in der
Kolonialzeit verfolgt, vertrieben und getötet. Die letzten Vertreibungen fanden
Ende letzten Jahrhunderts unter Präsident General Roca statt, der auf jeden
getöteten Indianer ein Kopfgeld ausgesetzt hatte. Wer nicht in Folge der Hetz-
jagden starb, den rafften die fremden eingeschleppten Krankheiten dahin.

Heute sind nur noch in wenigen Gebieten Argentiniens einzelne Gruppen
dieser Völker angesiedelt. Im Nordwesten und im Süden trifft man auf Ein-
geborenenstämme wie die *quechuas*, *aymaras* und *mapuches*. Insgesamt leben
noch ca. 30 000 in Argentinien, davon kaum einer in Buenos Aires. Die india-
nischen Eingeborenen werden wegen ihrer dunklen Haut- und Haarfarbe im
Volksmund *negro* oder *morocho* genannt, „Schwarzer" oder „Dunkler".

So ganz genau weiß kaum ein Argentinier, wohin die Wurzeln seiner Familien führen und reichen. Das Volk ist so bunt durcheinander gewürfelt, daß
jeder einzelne eine ganz individuelle Herkunftsgeschichte hat, die jedoch selten vollständig rekonstruiert werden kann.

Es gab Einwanderungswellen, und in einigen Landstrichen leben Völker-
inseln eingewanderter Kulturen, die oft über Jahrzehnte fast völlig isoliert Tra-
ditionen und Sprachformen der „alten Heimat" bewahrten. Zu den größten
solcher Kolonien gehören die der Wolgadeutschen wie auch andere deutsche
Kolonien in der Gegend um Bariloche und Córdoba. Insgesamt leben heute in
Argentinien über 200 000 deutschstämmige Argentinier.

Buenos Aires, das Paris Lateinamerikas

Buenos Aires ist einzigartig: inmitten Lateinamerikas eine europäische Großstadtinsel, ein Schmelztiegel europäischer Kulturen vermischt mit einer Prise Indianerblut. Das ist kein Nachteil: „El hibridaje es siempre fértil" („Die Kreuzung ist immer fruchtbar") bemerkt Ernesto Sábato.

Buenos Aires ist das Paris Lateinamerikas. Die Architektur ist Zeugnis europäischer Baukunst. Überall erkennt man das im Herzen der Einwanderer mitgenommene Europa. Buenos Aires wurde größtenteils von europäischer Hand erbaut, teils sogar mit eigens importiertem Baumaterial. Wenn man durch die Straßen wandert, kann man für Momente vergessen, daß man sich in Lateinamerika befindet. Mal erinnert es uns an Paris, dann wieder stehen wir plötzlich in Rom oder in einem Stadtteil von Madrid. So ist die *Avenida de Mayo* typisches Zeugnis spanischer Baukunst.

Die ältesten Häuser der Stadt tragen die Handschrift spanischer Kolonialzeit. Die große *Avenida Libertador* glich früher einer französischen Avenue, verschiedene Baumaßnahmen haben ihr Bild inzwischen jedoch stark verändert. Auch in der Verkehrsplanung ist der Einfluß Europas nicht ohne Spuren: Die *metro* wurde von den Engländern für Linksverkehr erbaut. Niemand, der die Stadt

Buenos Aires: Bei der alten Brücke im Hafen La Boca (oben).
Blick über die Stadt (rechte Seite)

nicht selbst gesehen hat, kann sie sich wirklich vorstellen. Ihr Charakter ist so anders: weder typisch lateinamerikanisch noch europäisch. Diese Stadt ist ein Unikum, das beide Charakteristika in sich vereint, mit eigenem Rhythmus und eigener Kultur. Eine Stadt, die – unglaublich lebendig und aufregend – das Zentrum der Welt zu sein scheint. Und doch trügt der Schein. Internationale und kulturelle Entwicklungen erreichen Argentinien oft erst um Jahre verspätet. Rein geographisch befindet sich dieses Land am anderen Ende der Welt. Unglaublich weit weg vom internationalen Geschehen.

Immer mehr Menschen strömen in die Metropole. Vor allem junge Leute versuchen, gelangweilt von der Monotonie ihrer Heimatdörfer, einen Studien- oder Arbeitsplatz zu ergattern. Die Zahl der Einwanderer aus den Nachbarländern Peru und vor allen Dingen Bolivien hat in den letzten zehn Jahren massiv zugenommen. Das Potential der Stadt ist bald gesprengt. Kriminalität und Arbeitslosigkeit steigen seit 1995 dramatisch an.

Die Straßen sind mit Löchern übersät. Der Verkehr ist chaotisch und ungeregelt. Unendliche Schlangen von Autos, davon größtenteils die schwarzen Taxen mit den gelben Dächern, winden sich durch die Straßen. Immer soviele Spuren, wie Autos nebeneinander passen. Jeder fährt offensiv: Platz ergattern, schneller sein, überholen – links oder rechts vorbei – Rücksicht auf andere? Wieso?

Aber hier pocht keiner auf sein Recht. Der Verkehr regelt sich nach dem Gesetz des Stärkeren. Busse und Lkws haben Vorfahrt, gefolgt vom Auto. Aufpassen und warten muß immer der Fußgänger. Radfahrer sieht man kaum.

Wenige Städte dieser Welt weisen eine solche Anzahl Stundenhotels auf. Gut sichtbar durch ihre bunten Lampen, und doch sehr dezent die Öffentlichkeit ausschließend, liegen die Einfahrten halb versteckt vor dem Auge des Fremden. Samstagabend sieht man die Paare schon mal Schlange stehen. Die Stundenhotels sind absolut kein Tabuthema. Sie werben in Fernsehzeitschriften oder in Kinos, man ist an ihre Existenz gewöhnt.

Die Gründe sind nicht schwer zu verstehen. Einerseits sind die Jugendlichen (genau wie die Erwachsenen) permanent mit dem Flirt beschäftigt, andererseits sind sie bis zur Heirat strikt in die Familie eingebunden. Ein Entkommen kann es nur für Stunden geben: im *alberge transistorio*, im Stundenhotel.

Buenos Aires ist so voll von Menschen, daß man sich dem Körperkontakt gar nicht entziehen kann. Alleine eine Busfahrt ist ein Erlebnis. Der Bus ist meist überfüllt. Körper finden nur aneinandergedrängt Platz. Aber das stört niemanden sehr. Man ist solche Fahrten gewohnt. Jeder belegt soviel Platz,

Oben: Avenida de Mayo und die Straße Bolivar. Bis heute hat sich dieses Viertel in seiner
stark spanischen Architektur kaum verändert.
Darunter: Die alte Straße Libertador. Im Hintergrund der Platz von Retiro, einer der Bahnhöfe.

wie sein Körper gerade braucht, um stehen oder sitzen zu können. Jeder
weitere Zentimeter Platz wird von anderen Körpern belegt: Arme, Beine,
Rücken lehnen gegeneinander, greifen an einem vorbei, fast durch einen

durch. Man ist gewohnt sich anzufassen. In jeder Situation. So ist die Umarmung üblich zur Begrüßung, auch mit mehr oder weniger Fremden. Ganz anders als in Deutschland, wo der Handschlag Respektabstand sichert, oder in Japan, wo der schlichte Austausch von Visitenkarten den Körperkontakt gänzlich ersetzt.

In Buenos Aires zu Hause ist man schnell gewöhnt an all das. Diese spezielle Mischung von Leben. Und man gewöhnt sich nicht nur daran, man beginnt diese Stadt zu lieben. Die Luft, das Flair, die Menschen, ihre Arten und Unarten. Diese Stadt gibt Reize, die uns aus dem Grauwert des Alltags herauslösen: *vida* „Leben" ist das Wort dafür.

Die Luft riecht intensiv. Zusammengesetzt aus einer teils aufdringlichen, teils aufregenden Mischung von Feuchtigkeit, Muff, Straßenschmutz, Deodorant, billigen Parfüms und Frisiercremes. Eine Mischung, von der einer Nase schnell schwindelig werden kann. Durch die hohe Luftfeuchtigkeit wird auch der Tastsinn intensiviert; die Haut ist feucht, die Poren sind weit geöffnet. Alles ist „hautnaher", die Wahrnehmung ist sensibler.

Allerdings sind diese Eindrücke sehr massiv. Nie kommt man in dieser Stadt zur Ruhe. Das ewige „Leben" zehrt kräftig an den Nerven. Der Kreislauf des Lebens heißt: Dieses einzigartige Vibrieren einatmen und Tango ausatmen.

Der „porteño"

Der Bewohner von Buenos Aires wird *porteño* genannt, abgleitet vom spanischen bzw. italienischen Wort für Hafen: *puerto* bzw. *porto*. *Porteño* bedeutet soviel wie „Der aus dem Hafen kommt". Aber ist das nicht jeder Argentinier: Einer, der aus dem Hafen kommt – bzw. einer von dessen Nachkommen?

Jeder Dritte hat italienische Vorfahren. Einige von ihnen besitzen neben ihrem argentinischen Paß noch einen europäischen. Denn trotz mehrerer Generationen Leben auf argentinischem Boden reißen die Verbindungen nach Europa nicht ab.

Im Großen und Ganzen haben sie alle die gleiche Geschichte. Irgendwann einmal um die letzte Jahrhundertwende kam ein Vater, ein Großvater, eine Urgroßmutter mit einem Schiff aus Spanien, Italien, Polen, Deutschland – oder sonstwoher. Gelandet oder gestrandet sind sie alle in *La Boca*, dem Hafenviertel von Buenos Aires. Am *puerto*, dem Hafen, sind sie angekommen, und die meisten von ihnen sind auch dort geblieben.

So gleich die Geschichte der Immigranten scheint, so unterschiedlich ist sie doch von Fall zu Fall in Bezug auf die Zusammensetzung von Herkunft und Heimat der Vorfahren. Aus allen Ecken Europas strömten die Immigranten ins Land. Dann heirateten sie untereinander, und es wurden Kinder geboren mit bunter Familiengeschichte. *Hijos de los barcos*, Kinder der Schiffe. Hin und wieder – doch eher selten – heirateten auch Einheimische in diese Familien ein, vermischte sich europäisches Blut mit dem der *criollos*.

Innerhalb der Familien erhalten sich die Bräuche der am stärksten vertretenen Nationalität. Von Generation zu Generation werden Rituale, Gewohnheiten und Erinnerungen der alten Heimat an Kinder und Enkelkinder weitergegeben. Die Speisen beispielsweise erzählen von alter Familiengeschichte: Die *ñoqui* stammen aus Italien (original: *gnochi*); der Weihnachtsstollen aus Deutschland; der *puchero* ist das typische Essen der Spanier; *locro* (Eintopf) und *empanadas* sind die Speisen der *criollos* und der berühmte *asado*, der Braten vom Grill, erzählt vom Leben der *gauchos* und der Weite der Pampa.

Der Körperbau des *porteño* ist stark geprägt von italienischen und spanischen Einflüssen: dunkelhäutig, klein, schwer und muskulös. Er spielt in der Qualität der Bewegung eine große Rolle. Der tief liegende Schwerpunkt beispielsweise verleiht einen guten und festen Stand. Kurze Beine erleichtern kleine und schnelle Trippelschritte. Wendig und schnell. Bewegungen, die bei großen Menschen linkisch wirken. Diese sehr eigene Art zu gehen und zu stehen ist ein sehr markanter Zug der Bewegungsstruktur des *porteño*.

Im Landesinneren ist der *porteño* nicht sehr beliebt. Man hält ihn für

Oben: Die späte Mittagssonne brennt auf die Straße Corrientes nieder. Unten: Am Plaza Congresso.

einen Aufschneider. Seine Züge seien arrogant, angeberisch und rücksichts-
los. Und wahrhaftig: Wenn man einmal das Landesinnere bereist hat, trifft
man auf einen deutlich wärmeren Menschenschlag.

Woher kommt sie, diese zur Schau getragene Überlegenheit? Ist sie vielleicht das Resultat eines permanenten und oft aussichtslosen Kampfes um
Anerkennung, Freiheit und Identität? Mit Sicherheit ist der *porteño* ein „geritzter Typ". Schnell läßt er überall seine Beziehungen spielen. Inszeniert ein
Geschäft, wo man keines vermutet, und versucht immer das Beste aus der
momentanen Situation für sich herauszuschlagen. Weitsichtig in die Zukunft
planen, das ist seine Sache nicht. Die Geschichte hat ihn oft gelehrt, daß es
eine sichere Zukunft nicht gibt, eine Planung also absurd ist. Geschäfte werden schnell gemacht.

Er vermeidet den Gedanken daran, daß er selbst das Volk ist und seine eigene Geschichte schreiben und mitbestimmen könnte. Vielmehr sieht er sich als
Opfer des Schicksals und der Ungerechtigkeit. „Gott sei Dank" ist er bei alledem davon überzeugt, daß er der Größte ist, Opfer einer Gesellschaft voller
Dummköpfe. Angeber sind für ihn Helden, Realisten verachtet er. Schüch-
ternheit und Zurückhaltung sind ihm ganz einfach fremd.

Der Mann, der sich beweisen muß in der Welt der Männer. Einer, der gelernt hat, ums Überleben zu kämpfen. Einer, der aber auch erfahren hat, daß
es letztendlich mehr zu träumen und zu hoffen gibt als zu leben. Ein Mann,
der in einer Welt von Illusionen groß geworden ist.

Bus im Buenos Aires der 30er Jahre.

Er weiß alles. Er beschäftigt sich hauptsächlich mit dem, was er kann. Also mit dem, was er nicht kann, nicht. Das gehört zum Kampf ums Überleben. Er kennt keine Fehler und irrt sich nie. Lieber ändert er schlagartig sein Vorhaben. Droht ein Scheitern, wird improvisiert. Denn dort wo kein Ziel ist, kann man auch keines verfehlen. Das Leben bezeichnet er als unzumutbar, andere Menschen als *boludo*, Dummkopf – und er bekundet sein Erstaunen darüber, daß er in dieser Welt noch nicht zu Grunde gegangen ist. Der *porteño* rettet sich vom Heute ins Morgen, vom Morgen ins Übermorgen.

Die Sprache

Wie gesagt, seit der Kolonialzeit spricht man in Argentinien Spanisch, genauer gesagt Altspanisch, auch *castellano* genannt. Die spanische Sprache macht im Gebrauch der Adjektive deutliche Unterschiede zwischen maskulin und feminin. Ist jedoch in einer Gruppe Frauen auch nur ein männliches Wesen anwesend, wird bereits die maskuline Form benutzt. Eine sehr maskuline Sprache.

Das argentinische Altspanisch unterscheidet sich von dem Schulspanisch, dem Spanisch der Spanier, durch die Anrede in der zweiten Person Plural und Singular und die Konjugation der entsprechenden Verben. Statt *tu* wird das *vos* gebraucht, statt „Du" also „Ihr", und an Stelle *vosotros* das *ustedes*, statt „Ihr" „Euer". Aus dem „Altspanisch" hat sich in Buenos Aires insgesamt ein eigener Slang entwickelt, der sogenannte *lunfardo*.

Der „lunfardo"

Der *lunfardo* ist der Slang des *porteño*. Als Geheimsprache entstand der *lunfardo* Mitte letzten Jahrhunderts in kriminellen Kreisen. Geboren als „Rotwelsch" (Gaunersprache) in der Welt der Ganoven, wird er die Sprache der Armen, des Volkes. Zuhause in einem Milieu, bevölkert von Immigranten aus Europa auf der Suche nach dem schnellen Glück, bleibt er verpönt von der vornehmen Oberschicht. Heute ist der *lunfardo* das sprachliche Symbol für die Authentizität des *porteño* und die Insidersprache der *tangueros*. Wahre *tangueros*, seien es Intellektuelle oder *tangueros de alma* (der Seele), beherrschen den *lunfardo* virtuos. Sie lieben ihn. Schließlich sollte, wer den Tango liebt, auch seine Texte verstehen.

Anfang dieses Jahrhunderts entdeckt die Tangowelt den *lunfardo* als eigenes Ausdrucksmittel. Rebellisch versucht der *tanguero* sich über eine eigene Sprache zu definieren und von fremden Gruppen, insbesondere der verhaßten

Eine typische Bar im Barrio. Diese hier liegt am Parque Lezama im Viertel Barracas.

Oberschicht, abzugrenzen. Der *lunfardo* kann Situationen und Charaktere des Tango benennen, für die es in der normalen spanischen Sprache keinen spezifischen Ausdruck gibt. Seine Sprache ist frech, doppeldeutig und direkt. Für Außenseiter ist er vollkommen unverständlich.

Sprachliche Eigenheiten der Immigranten, vor allen Dingen der Italiener, schlagen sich nieder im Vokabular. Außerdem weist der *lunfardo* eigene Wortkreationen auf, deren Herkunft oft unbekannt geblieben ist. Besonders charakteristisch ist das typische *hablar al verre* (von *hablar al reves*), das rückwärts Sprechen der Wortsilben. Aus *vino* wird *novi*, aus *muchachos chochamus* und aus *Tango Gotan*. Dieses „rückwärts Sprechen" der Wortsilben ist eine sehr eigenartige Form der Codierung einer Sprache: scheinbar sinnlose Worte gewinnen ihre Bedeutung, sobald man die Silben wieder zurücktauscht. Manche Worte führen aber auf eine falsche Fährte, da sie mit und ohne Verdrehung der Silben einen Sinn ergeben: beispielsweise *sacar* (wegnehmen) und *casar* (heiraten). So bleibt diese Sprache doppeldeutig. So ist es dem *porteño* recht.

Es gibt regelrechte Spezialisten dieses Dialektes. Verschiedene *diccionario de lunfardo* sind auf dem Markt erhältlich. Die *academia del lunfardo* beschäftigt sich ausschließlich mit ihm und Texten aus der Tangowelt. Böse Zungen behaupten, der *lunfardo* sei eine bloße Erfindung der Tangowelt. Fest steht jedenfalls, daß er untrennbar mit dem Tango verbunden ist. In fast allen Tangotexten taucht er auf, manche Texte (viel gesungen von Edmundo Rivero) sind regelrechte Meisterwerke dieses Dialektes.

Erst ein Verbot des *lunfardo* bewirkte die Komposition eines Tangotextes, der auf den *lunfardo* völlig verzichtete. So entstand der Tango *Uno*: in argentinischem Spanisch von Enrique Santos Discépolo geschrieben, erstmals 1943 von seiner Frau Tania gesungen.

Und es gibt noch eine weitere Gemeinsamkeit von Tango und *lunfardo*. Der *lunfardo* ist – genau wie der Tangotanz – eine mögliche Form, sich von der feinen Gesellschaft abzugrenzen und gegen sie aufzulehnen. Sich einen eigenen Raum für eine eigene Identität zu schaffen.

Spitznamen

Der *porteño* hat die Angewohnheit, Personen mit einem Spitznamen zu benennen. Worte wie *doctor* und *maestro* versteht man auch als Ausländer sofort, andere muß man lernen, z.B. *gordo* (Dicker) oder *flaco* (Dünner), *diosa* (Göttin), *jefe* (Chef), *cabezón* (großer Kopf), *tano* (Italiener), *gallego* (Galizier, Synonym für Spanier), *polaco* (Pole), *ruso* (Russe, für Menschen jüdischer Abstammung), *turco* (Türke, für Menschen arabischer Herkunft), *morocho* und *negro* (Dunkler, Neger). Spitznamen sind häufig mehr treffend als schmeichelhaft, gelten aber nicht als aggressiv. Sie drücken Vertrautheit, Freundschaft und Zugehörigkeit aus. Sie überbrücken das Fremde und Andersartige, vermitteln Nähe und Vertrauen.

Jeder weiß, wer gemeint ist. Jeder kennt die Person, aber keiner weiß wie sie wirklich heißt. Nicht wo sie herkommt und vielleicht auch nicht, was sie macht. Aber man kennt sie. Ihr Gesicht, ihren Gang, ihre Gewohnheiten. In der Familie werden Namen durch Kosenamen ersetzt: *Pancho, Pepe, Tito, Mecha* stehen für Francisco, José, Domingo, Mercedes.

Man muß sich als Fremder an den Gebrauch dieser Spitz- und Kosenamen gewöhnen. Es ist, als zeichne man eine sprachliche Karikatur des anderen und würde selbst als solche gezeichnet. Anfangs erscheint einem dies frech und unhöflich. Schnell wird aber deutlich, wieviel Akzeptanz der persönlichen und individuellen Eigenschaften damit ausgedrückt wird. Herkunft und „persönlicher Makel", das „Anders-sein" wird nicht totgeschwiegen, sondern benannt. Man wird, man ist „jemand".

Tangosänger wie *el polaco* Roberto Goyeneche, *la tana* Rinaldi und *el negro*

Lavié wären dem Argentinier ohne ihre populären Beinamen fremd. *El gordo pichuco*, der geniale Bandoneónist Aníbal Troilo, trägt gleich zwei Spitznamen. Der Spitzname von Carlos Gardel ist ein Spiel der Ironie: seine stimmliche Genialität war so groß, daß das Volk ihn den Stummen, *el mudo*, taufte.

Sprichwörter

Viele Sprich- und Schimpfworte, auch Redewendungen, sind wie kleine Geschichten der Vergangenheit. Sie erzählen über alte Zustände, Gewohnheiten, verraten Geschichte der großen und der kleinen Leute. Oft werden sie heute dahingesagt, ohne daß ein Gedanke an ihre ursprüngliche Bedeutung verschwendet wird. Zwei Beispiele:

Andá a la concha de la Lora. – Dieser Ausspruch ist ein Fluch bzw. ein Schimpfwort, denn *concha* steht im spanischen Wörterbuch für Muschel. In Argentinien bezeichnet man damit umgangssprachlich die Vagina („Muschi"). *Lora* ist ein gängiger Papageienname, steht also für Papagei. Seinen Ursprung findet dieser Ausspruch in der Immigration der Jahrhundertwende inmitten der florierenden Bordelle. Als Nachschub werden Frauen aus Europa zur Prostitution eingeschifft, bevorzugt Polinnen. Die Sprache dieser Frauen ist für den Spanisch sprechenden Freier der gehobenen Mittelklasse unverständliches Geplapper. Es scheint ihm wie das Gerede eines Papageis, und so verpaßte er diesen Damen kurzerhand den Spitznamen *Lora.* So entsteht der Fluch „Geh doch zur Hure", im Sinne von „Geh doch zum Teufel".

Arrugar. – Wörtlich übersetzt heißt *arrugar* zerknittern und bedeutet soviel wie „Angst bekommen" oder „kneifen". Die Herkunft dieses Ausdrucks hat folgende Bewandtnis: Früher trugen Männer einen dicken weißen Seidenschal über dem Hemd. Ein Zeichen des Stolzes. Sobald sie aber die Schultern einzogen und den Nacken versteckten, zerknitterte ihnen dieser Schal: *se arruga* – er kneift.

DIE GEBURT DES TANGO

Über die Entstehung des Tango gibt es unterschiedliche Versionen. Es handelt sich um eine Volks- und Alltagskultur, die natürlich nie reglementiert und auch nie schriftlich fixiert worden ist. Folglich ist es nicht möglich, seine Wurzeln eindeutig zurückzuverfolgen. In den Worten von Jorge Luis Borges: „Vincente Rossi, Carlos Vega und Carlos Muzzio Sañez Peña, alles gründliche Forscher, haben den Ursprung des Tango auf verschiedene Weise dargestellt. Ich erkläre unumwunden, daß ich alle ihre Schlußfolgerungen und jedwede andere unterschreibe." Jorge Luis Borges (*1899) war ein Zeitzeuge. Wie sollte da jemand zwei Generationen später, gestützt auf Dokumente, Bücher und Erzählungen, mehr geben können als ein ungefähres Bild, eine Annäherung.

Wissen wir wenigstens, woher das Wort *Tango* kommt? Einige behaupten, der Name käme von *tanguere* (berühren), andere sagen, er sei abgeleitet von *tocar tambor* (Trommel schlagen). Wieder andere erzählen, der Name sei aufgrund eines Schreibfehlers in einem Dokument aus Uruguay, in denen das Treffen der Schwarzen in Melkstätten verboten wird, entstanden. Und so gibt es noch viele andere Versionen . . .

Um die Entstehung und Entwicklung des Tango zu verfolgen, standen mir als Informationsquelle Bücher, Dokumente und Filme und auch Gespräche mit Spezialisten zur Verfügung. Insbesondere hat mir die Möglichkeit, mit Zeitzeugen selbst sprechen zu können und sie als Mensch, als Tänzer oder als Künstler erleben zu können, sehr geholfen, ein lebendiges Bild der Geschichte zu bekommen. Alle Einzelelemente fügen sich schließlich zusammen zu einem recht vollständigen Bild.

Das Rezept

Der Tango entsteht praktisch aus dem Nichts. Plötzlich ist er da, und keiner weiß woher er kommt. Viele verschiedene Einflüsse scheinen für seine Existenz verantwortlich oder haben zu seiner Entstehung zumindest beigetragen. Die Elemente, der richtige Zeitpunkt, die Gedanken, Nöte und Wünsche eines Volkes – in diesem Fall vieler Völker, im Prozeß der Verschmelzung zu einem neuen begriffen – kanalisieren sich zu einer neuen Kultur: dem Tango. Hier besteht ein enormes Potential an Sensibilität und Kraft für etwas noch Unausgesprochenes.

Wie eine hochpotente Verbindung gelingt das Rezept erst durch bestimmte

Zutaten. Ihre exakte Vermischung bei genauer Temperatur, Zeit und Dauer läßt das Rezept gelingen. Die Zutaten?

Argentinien, Buenos Aires, die Jahrhundertwende, die schwarzen Sklaven aus Uruguay, die *criollos*, die Immigranten, der *candombe*, der *tango andaluz*, die *habanera*, die Erinnerungen an Europa, alte Tänze aus der Heimat der Immigranten (wie die Polka), Arbeitslosigkeit, Frauenmangel, Rebellion, Melancholie, Sprachlosigkeit, Heimatlosigkeit, Vergangenheit aus spanischen Eroberungskriegen, der Rio de la Plata . . . was sonst noch?

Alle diese Faktoren in ihrer jeweiligen Dosierung haben den Tango einst hervorgebracht. Das Lebensgefühl, das unter diesen Bedingungen entstanden ist, können wir die Essenz des Tango nennen. Es ist das Symbol seiner Entstehung.

Das Gefühl, aus dem der Tango sich ernährt, die *tanguidad*, wird immer wieder mit anderem Gesicht erscheinen. Denn niemals wieder wird es dieselbe Situation zu gleichen Bedingungen geben. Doch der Grundgedanke, das Warum und das Wofür, dieser Kampf um eine Stimme für ein Volk, das innere Bewegen dieser Menschen hier fernab ihrer Heimat, kann und muß immer wieder neu entstehen. Möglicherweise in jedem von uns.

Der Urtango, ein Vorläufer

Ursprünglich entwickelte sich der Tango beiderseits des Rio de la Plata. Eine Art Urtango findet sich in der zweiten Hälfte des vorigen Jahrhunderts am Rio de la Plata auf der Seite Uruguays in Montevideo.

Nach einer allgemein anerkannten Theorie wurde damals von den Schwarzen in Uruguay eine Art Urtango getanzt, der ursprünglich *milonga* genannt wurde. Dieser Tanz weist deutliche Spuren des *candombe* und der *habanera* auf. Die Tänzer wurden *milongueros* genannt, ihr Tanz war rhythmisch und kraftvoll-maskulin.

Die Schwarzen in Uruguay waren damals Sklaven der Reichen. Sie tanzten den Urtango, um sich zu befreien. Er ist ihre Auflehnung gegen die weiße Welt, die sie als dekadent empfanden – ein Symbol der Freiheit.

Von Montevideo aus, der Hauptstadt Uruguays, gelangte der Urtango auf die andere Seite des Rio de la Plata, an die Ufer Argentiniens, direkt nach Buenos Aires. Er verläßt die *academias*, die Tanzlokale der Schwarzen, um sich im Schatten der in Buenos Aires entstehenden Unterwelt vollends zu entwickeln: zum Tango.

Der Rio de la Plata ist die Wiege des Tango, Buenos Aires ist sein Geburtsort, seine Heimat, und bis heute seine Hauptstadt.

Die Situation in Argentinien

Buenos Aires vor 1900

Die Stadt Buenos Aires (zu Deutsch: „Gute Lüfte" wegen der guten Windbedingungen für die Schiffahrt) wird 1536 erstmals als kleine Siedlung *Puerto de Nuestra Señora de Buenos Aires* von dem aus Spanien ausgesandten Don Pedro de Mendoza gegründet. Die Spanier wurden jedoch von Indianerstämmen wieder vertrieben. Der spätere Siedlungsversuch von Don Juan de Garay (1580) hatte schließlich Bestand. Diese Siedlung hatte ihren Hauptsitz an der heutigen Plaza de Mayo. Buenos Aires wird 1776 Hauptstadt des neuen spanischen Vizekönigreichs La Plata. 1778 gibt Spanien den Handel mit allen Häfen des Mutterlandes frei. Im folgenden Jahr zählt Buenos Aires bereits 32 000 Einwohner.

Napoleon wird 1804 „Kaiser der Franzosen" und Spanien gehört zu seiner Gefolgschaft. Da versucht England, sich an der La Plata-Mündung festzusetzen, und hat um 1800 den Schmuggel mit Buenos Aires fest in der Hand. Der Versuch der Engländer, Buenos Aires und das Landesinnere zu besetzen, scheitert. Die *porteños* verteidigen sich erfolgreich. 1880 wird Buenos Aires Landeshauptstadt.

Im 19. Jahrhundert beginnt in Argentinien eine allgemeine Landflucht. Im Laufe der Zeit siedeln sich immer mehr Menschen aus dem Umland in der Stadt an. Ganze Völkergruppen ziehen vom Land in die Stadt auf der Suche nach einer neuen Heimat und nach Arbeit.

Es sind vor allem entlassene Soldaten und befreite Sklaven. Hinzu kommen die vom Land vertriebenen *gauchos*, die freien Landarbeiter und Viehtreiber. Die Großgrundbesitzer beschließen 1870, alle *estancias* einzuzäunen. Das bisher freie Land wird dadurch Privatbesitz. Zuvor war es dem *gaucho* erlaubt, sich von umherlaufendem Vieh selbst zu ernähren, und er war nur verpflichtet, die kostbaren Felle der für den Eigenverzehr erlegten Rinder abzuliefern. Durch die Einzäunung wurde ihm diese Möglichkeit genommen. Es gab nun kein freies Land mehr, auf dem er sich aufhalten konnte, und kein Vieh, um sich zu ernähren. Er war gezwungen, in die Stadt zu ziehen.

Der aus dem Landesinnern stammende Mann spielt im damaligen Straßenbild von Buenos Aires eine große Rolle. Bisher hat er mit dem Pferd und dem Messer gelebt. Das ist in der Stadt nicht mehr möglich. Aber die Gesten der Aufschneiderei, das Sitzen im Sattel und das Provozieren mit dem Messer verliert er nicht. Diese Gesten haften ihm an. Er steht an der Ecke, mit der Schwere in den Beinen und im Becken; der dunkle Blick, wachsam und gleich-

Das alte Barrio Constitución.

sam verschlossen. Augen, die um sich blicken, ohne den Kopf zu bewegen. Der Körper ist provozierend ruhig, bereit, sich durch einen Angriff zu verteidigen. Der *malevo* ist eine wichtige Figur im Tango. Seine Körpersprache fließt ein in den nun entstehenden Tanz.

Die in die Stadt strömenden Menschenmassen verändern das Stadtbild. Neben den Gebäuden, die bereits von der Ober- und Mittelschicht erbaut waren, entstehen nun erstmals Wohnplätze für die obdachlos gewordenen Menschen. In dieser Zeit werden die „schwarzen" Wohnviertel *San Telmo* und *Montserrat* aus dem Boden gestampft. Es sind die sogenannten *barrios negros*, bewohnt von *pardos* und *mulatos*.

Doch nicht nur vom Land her kommen viele Menschen in die Stadt. Über den Hafen gelangen Immigranten aus Europa nach Buenos Aires. Einige wenige wollen bleiben und sich eine neue Zukunft aufbauen. Meist Engländer, Iren und Belgier mit dem Ziel und den Fähigkeiten, Landbau und Viehzucht zu betreiben. Sie haben die Chance, als Großgrundbesitzer später Teil der Oberschicht zu werden. Immigrierende Ärzte, Anwälte, Maler, Architekten, Lehrer und Musiker bilden in der Regel die spätere Mittelschicht.

Unterschiedliche Beweggründe haben den Einzelnen dazu getrieben, Heimat, Angehörige und Familie zu verlassen. Manches Mal waren politische Diskrepanzen der Grund, doch der größte Teil der Immigranten sind Flüchtlinge. Sie fliehen vor Krieg und Armut, einfaches Volk und desertierende Marineoffiziere; meist Italiener und Spanier. Sie bilden zusammen mit den ehemaligen Sklaven, den landlosen *gauchos* und den Soldaten ohne Armee die große Unterschicht. Für sie geht der Zukunftstraum nicht in Erfüllung. Arbeitslosigkeit, Hunger, Einsamkeit und Armut erwarten sie. Sie bilden die zahlenmäßig starke Klasse im Kampf um Arbeit, Geld und Brot. Bereits bei ihrer Ankunft sind sie konfrontiert mit großer Frustration.

In den Kneipen der Vororte, einer etwas verqueren Mischung aus Bar, Café, Billardsaal und manches Mal auch anliegendem „Haus der Bedienung", in diesen regelrechten *cambalaches* (von denen Enrique Santos Discépolo in seinen Texten noch sprechen soll) spielt sich vieles ab. Orte, an denen eine neue Kultur zum Leben erwacht. Man teilt hier ein Schicksal mit Fremden in der Fremde. Das verbindet. Zwischen Gitarre, Anisschnaps, Bier und kubanischem Rum, zwischen Besen, Töpfen, Gesang und Lasso findet der erste kulturelle Austausch statt zwischen den Leuten vom Land und der Stadt, den Schwarzen und Weißen, den befreiten Sklaven und den von Zäunen ausgeschlossenen *gauchos*, den Einheimischen und den Fremden vom Schiff. Man führt Gespräche, man arrangiert sich, gestikuliert und fühlt sich doch immer fremd. So wie der Nachbar sich fremd fühlt und man immer fremd sein wird. Eine Einsamkeit, die auch in der Menschenmenge Einsamkeit bedeutet. Die Einsamkeit des Tango, wie auch Horacio Ferrer sagt: „Tambien entre multitudes, el Tango siempre es soledad." („Auch in der Volksmenge bedeutet der Tango immer Einsamkeit.")

Das Buenos Aires der Jahrhundertwende

Ende des neunzehnten Jahrhundert zählt die Stadt Buenos Aires 700 000 Einwohner und ist die führende Stadt Lateinamerikas. Inzwischen überschwemmt von Einwanderern aus Europa, hat sich eine europäische Atmosphäre entwickelt. Dichtgedrängt treffen im Hafenviertel unterschiedliche Kulturen aufeinander, meist untergebracht in Mietskasernen, den sogenannten *conventillos*.

Fremde Kulturen und unbekannte Sitten – wem konnte man da trauen? Was war vom anderen zu erwarten? Buenos Aires war ein unberechenbares Pflaster geworden. Hoffnungslosigkeit vermischt sich mit Sehnsucht, Armut mit Einsamkeit und Melancholie. Der Wunsch nach Kommunikation ist groß. Die Suche nach Freiheit, und die Frage: Wer bist Du?

Generationen wachsen auf, denen die Kennzeichen mehrerer Kulturen gleichzeitig anhaften. Wie z.B. der Italiener, der Gestik und Kleidung des *criollo* übernimmt, dabei jedoch seine italienischen Gesichtszüge nicht verbergen kann. Die Söhne der zugezogenen Immigranten wollen sein wie der Fremde an der Ecke, nicht wie ihre Väter. Sie imitieren den *malevo*, den „üblen Typen".

Der „compadrito"

In dieser Zeit taucht erstmals ein wichtiger Charakter der Tangowelt auf: der *compadrito*. Ein Abenteurer, der nach Buenos Aires kommt, auf der Suche nach dem schnellen Glück; der sofort imponieren will und sich die entsprechenden Gesten aneignet.

Dieser Mensch ahmt den *compadre* nach, den ehrenwerten Gevatter; angezogen durch dessen imponierende Gesten und fasziniert von dessen Ausstrahlung. Hier entsteht eine Imitation, verzerrt bis ins Lächerliche. Der Name *compadrito* ist nicht zufällig die Verniedlichung des Originals, eine Namengebung voller Ironie. Bis heute ist dieser Typ ein bekanntes Gesicht in der Tangowelt.

Der *compadrito* ist der Aufschneider mit goldener Uhr und großem Gehabe. Er wirft sich in die Brust, trägt dick auf und bindet sein Halstuch, als sei es aus teuerster Seide. Wenn er die Straße betritt, klappern die hohen Absätze seiner weibisch eleganten Schuhe, und billiges Gold blitzt im Licht. Er ist der Größte. Mit wichtigem Gehabe und auffälliger Kleidung versucht er Aufmerksamkeit auf sich zu ziehen. Was ihm auch gelingt. Doch aufgrund fehlender innerer Werte, mangelnder Erziehung und übertriebenem „zur Schau stellen" zeigt sich ein fast großkotziger Charakter von schlechtem Geschmack und fragwürdigem Benehmen. Ein Mann, der beim Tanzen mit einer Dame den Hut nicht abnimmt. Nicht selten ist sein Tanz voller Verzierungen. Selbstverliebt wird die Frau zum puren Beiwerk der eigenen Schau.

Der Charakter des *compadrito* ist stark mit homophilen Zügen besetzt. Die Frau spielt in seinem Leben eine nebensächliche Rolle. Das „Sichproduzieren" geschieht anderen Männern gegenüber. Die Frau wird hier zum reinen Vehikel. Das Ziel des *compadrito* besteht darin, sich vor anderen Männern zu beweisen und Anerkennung in der streng in sich gefügten Männerwelt zu erwerben. Das Übertreiben der männlichen Attribute, das „Gegockel", weist im Grunde auf eine labile Männlichkeit hin, die ständig bemüht ist, sich zu beweisen.

Immigranten

Hergekommen sind die Immigranten um 1900 mit dem Traum und der Hoffnung auf eine bessere Welt. Die meisten Einwanderer sind Männer. Nur wenige kommen mit Familienangehörigen. Wenige Ehefrauen begleiten ihre Männer, viele von ihnen reisen – wenn überhaupt – erst später nach.

Die Männer sind in der Hoffnung gekommen, daß es ihnen hier auf diesem fernen Kontinent besser gehen würde. Besser als in der alten Heimat, wo sie vor Krieg und Armut geflüchtet sind.

Aber Argentinien bietet ihnen nicht das, was ihnen versprochen wurde. Die Hoffnung auf Geld und Reichtum entpuppt sich als Realität von Armut. Einige der Einwanderer kehren sofort wieder nach Europa zurück. Doch die meisten bleiben. Was hatten sie schon zu verlieren? Ein Zurück ohne Geld würde bedeuten, total versagt zu haben. Viele von ihnen haben auch die letzten Ersparnisse in die Reise investiert und müssen einfach bleiben. Ihr Leben spielt sich von nun an ab in den *conventillos*, den Hinterhofkasernen, wo sie eng zusammengepfercht hausen müssen.

Blick in ein Conventillo.

Das Leben der Menschen im Conventillo.

1869 leben in Buenos Aires 187 000 Einwohner. Dreißig Jahre später sind es fast viermal so viele, und fast die Hälfte von ihnen sind Einwanderer. Unendlich viele Kulturen treffen aufeinander. Es entsteht Sprachlosigkeit durch Sprachen, die sich nicht verstehen, und Einsamkeit durch Gesten, die sich

fremd bleiben. Ein starker Männerüberschuß tut sein übriges. Der Frauenmangel ist ein ernstzunehmendes Problem. Die Prostitution gedeiht.

Das Aufeinandertreffen divergenter Kulturen bedeutet ein Fehlen gemeinsamer Sprache, Erinnerung und Kultur. Menschen, zusammengewürfelt aus
allen Himmelsrichtungen, können sich kaum verstehen, Nachbarn sind sich
fremd. Auseinandersetzungen und Mißverständnisse sind an der Tagesord-
nung. Kompromisse müssen geschlossen werden. Der eine bringt die Polka
mit, der andere den spanischen Tanz, der nächste italienischen Gesang. Das
verlangt bereits im Alltag die Fähigkeit zur Improvisation. Die Lebensumstände sind unerwartet, unverhofft und fremd.

Aber eines haben sie alle gemeinsam: das universelle Bedürfnis nach der
wahren Begegnung von Mann und Frau. Die Suche nach dem anderen Geschlecht ist nicht nur die Suche nach Sex, sondern vor allen Dingen die Suche
nach Kommunikation. Der Wunsch, in der Umarmung der Einsamkeit zu
entfliehen. Hier liegt die Bedeutung der engen Umarmung des Tango. Im
Tango treffen sich alte Geschichten aus Europa und Argentinien, und fremde
Kulturen umarmen sich zu einer neuen.

Der Tango entsteht auf dieser Basis der Vermischung vieler Kulturen, getrieben von der Rebellion gegen die Hoffnungslosigkeit. Eine Sprache, die
eine Kommunikation sucht zwischen den Geschlechtern: *macho y hembra*,
Männchen und Weibchen, Mann und Frau.

Frauenmangel

Die Männer leiden sehr unter dem Frauenmangel. Alles dreht sich um die
Frau. Höchstes Glück ist es, eine Frau im Arm halten zu können, sei es auch
nur für einen Moment. Dieser Frauenmangel spielt eine große Rolle im Ritual
des Tango: das Werben um die Frau, sie führen, beschützen, ja besitzen zu
können. Sei es auch nur für drei Minuten Tanz.

Alleine durch den Frauenmangel bedingt, hat die Frau viel mehr Übung im
Tanz als ihre Partner. Sie tanzt ständig, während der Mann nur selten eine Frau
abbekommt. Die Frauen beherrschen auf diese Weise indirekt den Tanz. Und
erst ihre große Erfahrung machte es den Männern überhaupt möglich, Schritte mit *cortes* zu tanzen.

Der *corte* ist ein abrupter Stop der Tanzbewegung. Diese „Schnitte" setzen
bei der Frau viel Erfahrung und großes Geschick der Bewegung voraus. Ohne
ihr Wissen, ihre Ruhe und ihr Können wäre ein solches Unternehmen eine
einzige Stolperei. Die Frau hat somit von Beginn an im Tango eine sehr starke,
aktive und gleichwertige Rolle. Mit einer unerfahrenen und ängstlichen Frau
könnten Figuren wie der *corte* niemals getanzt werden. In den Worten Ricardos:

„Ein guter Tänzer zeichnet sich dadurch aus, daß er mit der schlechtesten Tänzerin noch gut aussieht. Mit einer guten Tänzerin? Das ist einfach. Das ist wie ein Geschenk."

Viele, die den Urtango aus Uruguay kennengelernt haben, mochten seine Entwicklung auf argentinischem Boden nicht. Sie nahmen massiven Anstoß an dem nun in den Tango einfließenden sexuellen Aspekt.

Nach Vincente Rossis Ansicht wurde der Urtango noch um des Tanzens Willen getanzt, während die Mann-Frau-Beziehung den nun entstehenden Tango stark verwässert. Eine Meinung aus den dreißiger Jahren, die bereits den Untergang des Tango prophezeit. In seinem Buch *Cosas de Negros* (Sache der Schwarzen, 1927) schreibt er: „Die Schwarzen haben das Tanzgefühl beim Segeln auf einem Boot in wilden Gewässern entwickelt, während der Weiße den Tango auf einem elastischen Boden tanzt."

Die Prostitution

Mit der Mangelware Frau wird natürlich auch Handel getrieben: die Prostitution floriert. Man ist sich heute ziemlich sicher, daß der Tango nicht nur, wie häufig angenommen, in den Vorstädten beheimatet gewesen sein kann, sondern auch in den Bordellen. Zu dieser Erkenntnis kam man, als Unterlagen und Partituren gefunden wurden, die früh die Existenz wertvoller Instrumente wie beispielsweise der Violine, des Pianos und der Querflöte belegen. In den Vorstädten hätte man sich solch teure Instrumente nicht leisten können und mußte sich mit der Gitarre begnügen. Für die Entwicklung des Tangos in musikalischer, sprachlicher und tänzerischer Hinsicht war dieses Nebeneinander der luxuriösen Bordelle und der proletarischen Vorstädte (*barrios*) natürlich ein fruchtbarer Nährboden.

Die Frauen der ansässigen Familien und die wenigen europäischen Frauen, die damals ihre Männer begleiten, werden wie ein Heiligtum geschützt vor „den bösen Einflüssen der harten Welt". Der Ehemann gibt sich alle Mühe, Ehefrau und Tochter von sexuellen Versuchungen fernzuhalten. Ein Mann, der seine Frau vor den Versuchungen nicht schützen kann, gilt als Versager, als gehörnter Schwächling (*cornudo*). Den Damen der feineren Gesellschaft wird der Tangotanz deshalb verboten. Aus demselben Grund wird dem Tango der Zugang zum Zentrum der Stadt verweigert. Genügend Frauen in den Vororten waren diesem Verderben bereits verfallen.

Die Prostitution war ein sehr einträglicher Markt. Frauen waren eine kostbare und begehrte Ware. Zum Bild der Prostitution gehört natürlich der *rufián*, der Zuhälter. Er verkauft die Frauen. Angeblich beschützt er sie, in Wahrheit

*Diese und folgende Seite: Was einst die Vorführung der käuflichen Frau durch
den rufián (Zuhälter) war, hat sich zu einer Kunstform entwickelt.*

nimmt er sie aus. Er bestimmt die Szene der Unterwelt. Eine Dreieckssituation
entsteht: die Frau zwischen Zuhälter und Klient.

In dem Film *Tango desnudo* (*Naked Tango*) wird erzählt, wie Frauen mit
dem Versprechen einer ehrbaren Heirat angelockt werden. Die Heirat hat dann
zwar auch stattgefunden, aber nur zu dem Zweck, die Frau auf dem Markt der
Prostitution anzubieten. Da diese Frauen sich voller Hoffnung und Vertrauen
in ein vollkommenes Abhängigkeitsverhältnis begeben haben, konnten sie sich
aus dieser Situation meist nicht befreien.

In den Tanzlokalen und Bordellen steht die Frau unter dem Einfluß des
Nachtlebens. Ständiger Genuß von Tabak und Alkohol macht sie rauh,
und der Versuch, sich selbst zu schützen, läßt sie derb, maskulin, frech
und gewagt werden. Sie beginnt sich dem „Schutz" des Mannes zu entziehen, wird aktiver. Das kommt dann auch im Tango zum Ausdruck, kommt
dem Tango zugute.

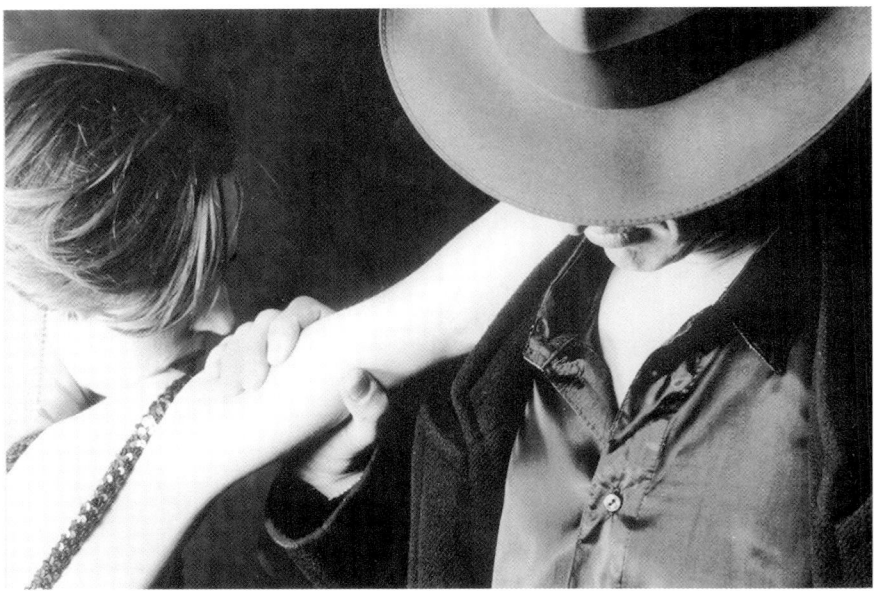

Die fehlende Identität

Das Zusammentreffen so vieler unterschiedlicher Kulturen hat bewirkt, daß bestehende Grundregeln der Einzelkulturen aufgehoben sind. Dies wird besonders deutlich, wenn man sich anschaut, wie in Buenos Aires Verabredungen getroffen werden. Eine Absprache ist keineswegs bindend. Sie wird immer ergänzt durch Zweit- und Drittabsprachen: Plan A, Plan B, Plan C. Auf den ersten Blick wirkt das für den Europäer als Unzuverlässigkeit, aber genauer betrachtet ist dieses Phänomen Ausdruck fehlender Identität und fehlender Umgangsformen. Der Tango übernimmt hier einen wichtigen Part in der Gestaltung des neuen Miteinander.

Diese Identitätskrise drückt sich auch in der starken Ambivalenz aus. Der heutige *porteño* lebt mit einem großen Zwiespalt: Er liebt seine Stadt, aber er haßt sie auch. Wegen der schlechten Lebensbedingungen. Und weil er weiß, daß es ihn auch besser hätte treffen können. Er ist stolz, Argentinier zu sein, aber dieser Stolz wird untergraben durch die Sehnsucht nach der alten Heimat.

Es fällt dem *porteño* sehr schwer, Verantwortung für sein eigenes Leben zu übernehmen. Es scheint, als sei er nur zu Besuch hier, durch einen unglücklichen Zufall hier gelandet. Eigentlich stünde es ihm zu, unter besseren Bedingungen zu leben. Schließlich hätte das Schiff auch woanders anlegen können. Schließlich ist er doch eigentlich Europäer.

Europa, das Synonym für Reichtum, Qualität und Erfolg. Viele träumen von ihrer Rückkehr nach Europa, träumen von einer Zukunft in der „ersten Welt". Fühlen, daß sie ein Recht darauf haben, dazuzugehören. Hoffen, daß es ihnen in Argentinien doch irgendwann einmal so gut gehen wird, wie dem Bruder in Europa. Immer den Blick in die Ferne gerichtet, dorthin, wo das Leben besser erscheint. Scheinbar gestraft von der Ungerechtigkeit des Zufalls.

Der *porteño* möchte gerettet werden. Doch es gibt kein Zurück. Viele Immigranten haben bei ihrer Einreise nicht nur ihr Land und ihre Angehörigen zurückgelassen, sondern außerdem auch noch ihren Namen eingebüßt. Man stelle sich das vor: Ein

Eines der ältesten erhaltenen Tango-Fotos

Schiff aus Europa kommt im Hafen von Buenos Aires an. Ein Schiff vollgepfercht mit Immigranten. Tausende von Personen, deren Ankunft und Einreise von der Behörde verarbeitet werden soll, und zwar im Eiltempo. Zeitknappheit, Massenabfertigung und Verständigungsschwierigkeiten erschweren die Situation. Fremde Menschen, fremde Sprachen, fremde Namen. Schnell gelangt ein Name falsch in die Papiere. Falsch verstanden, fehlerhaft geschrieben, vielleicht vom Beamten schnell in vertrautes Spanisch übersetzt. Vielleicht ist der Grund einfach ein Mißverständnis? „Wo wir herkommen? Aus Rom! Di Roma!" – „*Diroma* heißen Sie also. Soso." Der Name, eine letzte Verbindung an die alte Heimat, ein letzter Hinweis auf Nationalität und Zugehörigkeit zur Familie war plötzlich verstümmelt oder verschwunden.

Tausende Menschen haben so ihre Identität verloren. Oft konnten sie auch ihren alten Beruf nicht mehr ausüben und wurden zu Handlangern degradiert. Menschen ohne Namen und ohne Beruf.

Und so bildet der *porteño* ein Volk, das vor der Armut geflüchtet ist und dieser Armut nicht entrinnen kann. Ein Volk, das die Jahrtausende der Geschichte seiner Vorfahren weder leben noch abschütteln kann. Der *porteño* ist wurzellos. Nicht hier ist er zu Hause, und auch nicht dort. Nicht hier und auch nicht dort will er sich niederlassen.

DIE MUSIK

Der Ursprung

Die Frage, was zuerst da war, der Tanz oder die Musik, wird wohl immer offen bleiben. Zwar fragt man sich: Wonach, wenn nicht zur Musik, tanzt der Mensch? Doch schließt dies nicht die Frage danach aus, welche Rolle die Musik ursprünglich hatte? Eine den Tänzer rhythmisch begleitende (dann stünde im Mittelpunkt der Tanz) oder eine kreative und schöpferische, sich selbst genügende? Zu der sich dann der Tanz gesellte?

Horacio Ferrer weist im ersten Band seines Buches *El libro del Tango* auf mögliche musikalische Wurzeln wie die *habanera*, die *milonga* und den *tango andaluz* hin. Er sieht einerseits den Tango als den Nachfolger dieser damals am Rio de la Plata existierenden drei Musikrichtungen. Andererseits, so räumt er ein, ist der Tango genaugenommen eine vollständig neue und eigenständige Musik, entstanden aus der Seele des Volkes. Demnach wäre der Tango kein Nachfolger der drei, sondern sozusagen deren Bruder oder Vetter, eine vierte Richtung.

Ein musikalischer Einfluß sowohl der *candombe* wie der Polka ist ebenfalls nicht auszuschließen. Doch es hat den Anschein, daß der Impuls anfänglich wie bei afrikanischen Tänzen von der Musik ausging. Andererseits wissen wir, daß die Tänzer nicht allein die reine Musikstruktur tanzen, sondern in hohem Maße auch ihre Gefühle und Erlebnisse zum Ausdruck bringen. Fernando O. Assunçao vertritt die Meinung: „El Tango nació como baile. Antes que ser proximamente Tango, fue figura, paso ritmo, expressión corporal." („Der Tango wurde als Tanz geboren. Bevor er Tango wurde, war er Figur, Rhythmusschritt, Körperausdruck.")

Zwischen Musiker und Tänzer, Tanz und Musik kann ein wunderbares Wechselspiel stattfinden. Der Tänzer tanzt zur Musik der Orchester, aber ein Orchester läßt sich auch beeinflussen von der Stimmung auf der Tanzfläche; und es kann schon mal vorkommen, daß ein Orchesterleiter, wie beispielsweise Juan D'Arienzo, seine Musiker anfeuert, um das tanzende Publikum anzutreiben.

Es ist bemerkenswert, daß wenige der an der Entstehung des Tango beteiligten großen Musiker eine Ausbildung als solche hatten. Die meisten spielten die Melodien nach Gefühl und nach Gehör. Der Bandoneónist Aníbal Troilo drückte das mit den Worten aus: „No soy un buen músico. Soy un buen tanguero." („Ich bin kein guter Musiker. Ich bin ein guter *tanguero*.") So entstanden Kreationen, die Lebensrhythmus und Musik zugleich sind.

Musikstruktur

Bis 1915 ist der Tango im 2/4-Takt geschrieben. Danach ändert er sich zum 4/8-Takt und erreicht damit die eigentliche Stimmung des Tango. Ursprünglich rhythmisch und bewegt, ja fast amüsant, wird der Tango nun melodisch, ruhig und romantisch. Dem ursprünglichen 2/4-Takt verdankt der Tango sein Synonym: *Dos Por Cuatro* (zwei auf vier).

Die klassische Form traditioneller Tangos ist die *A-B-A* Form mit *trio* (*adagio*) und *variación*. Die Länge eines traditionellen Tangos beläuft sich auf zwei bis dreieinhalb Minuten, aber das ist bedingt durch die begrenzte Aufnahmetechnik der Schellackplatten. Ein traditioneller Tango kann sich klassisch in dieser Grundstruktur präsentieren, aber auch variiert werden.

Instrumentale Besetzung

Von den Musikinstrumenten ist die Gitarre von Anfang an dabei. Sie ist das Instrument der einfachen Leute, für jedermann erschwinglich, außerdem ist sie transportabel und leicht zu handhaben.

Ansonsten zählen zu den ersten Instrumenten Querflöte, Klarinette, Geige und Piano. Sie stehen dem Tango in den „betuchten" Kreisen zur Verfügung.

Obwohl das Bandoneón inzwischen unumstritten das zentrale Instrument

Anfang dieses Jahrhunderts: Ein Orchester der Einwanderer, in dem auch ein Gitarrist spielt.

Orchester von Eduardo Rodriguez (2.v.l.): Man sieht die typische Besetzung eines Orchesters um die Jahrhundertwende, Hinweise sind die Instrumente Klarinette und Trompete.

des Tango ist, gesellt es sich doch erst recht spät hinzu. Erst um die Jahrhundertwende gelangt es nach Buenos Aires – es wird noch die Rede davon sein.

Von den ursprünglichen Instrumenten verliert die Querflöte schon früh, nämlich mit dem Ende der *guardia vieja*, ihre Bedeutung als typisches Tangoinstrument. Statt dessen formieren sich Tangoorchester mit der Besetzung Bandoneón, Piano, Baß und Violine, manchmal auch mit Violoncello.

Die Gitarre hingegen bleibt noch lange Zeit Begleitinstrument der Tango-Sänger. Sie wird erst viel später abgelöst durch sogenannte *conjuntos*, kleine Musikgruppen, die den Sänger meist als Duo oder Trio begleiten. Später werden Orchester und Gruppen auch mit elektrischen Instrumenten (E-Baß, E-Gitarre), Schlagzeug und Saxophon besetzt.

Die Musik der Stadt

Tango ist die Musik von Buenos Aires. Hier fließen die Geräusche der Stadt ein, die Straßengeräusche, der Verkehrslärm, Hektik und Aggression. In alten Tangos kann man die Szenerie des alten Buenos Aires erkennen; Autohupen, Pferdegeklapper, die Kastagnetten der Spanier, den Nachmittag in der Bar. Die Friedlichkeit eines *café con leche* (Milchkaffee) und den *medialunas* (Croissants, wegen ihrer Form heißen sie Halbmond) oder die verlorene Liebe im tristen Regen eines Winters.

Wie das Leben der Stadt so pulsiert die Musik. Mit wenigen Noten kann Tangogefühl entstehen. Eine Melodie summen ist wie das Erzählen einer Geschichte. Ein Lebensmoment festgehalten in Noten.

Individualisten

Der Tangomusiker hinterläßt immer und überall seine Handschrift. Obwohl er Teil eines Orchesters ist, bleibt er musikalisch Solist. Das unterscheidet das Tangoorchester entscheidend von anderen Orchestern. Die Instrumente wollen nie mit „einer Stimme" sprechen, sondern sind immer Individualisten, die miteinander kommunizieren. Instrumente, die wie Mann und Frau im Tanz einen Dialog führen. Männliche und weibliche Stimmen der Musik.

Das Bandoneón

Die Seele des Tango

Der Klang eines Bandoneón ist Tangogefühl pur. Ein faszinierendes Instrument mit tausend Stimmen! Alle denkbaren und noch unentdeckten Gefühle vermag es zu wecken, sobald es seine Stimme erhebt. Der Blasebalg, der sich unter den Händen seines Spielers öffnet und schließt, auf den Knien seines Herrn sich weitet und biegt, um sich dann wieder stumm in den viereckigen Kasten zurückzuziehen.

Das Bandoneón kann klingen wie die Hupe eines Oldtimers: kurz, knapp und röhrend. Es kann auch ertönen wie das Hornsignal eines im Nebel verschwindenden Dampfers. Erinnerungen eines Immigranten? Es kann tröpfeln wie Regen an einem traurigen Nachmittag, grölen  wie ein Betrunkener am Morgen und klingen wie die helle Stimme einer jungen Frau im Sonnenschein. Es kann sogar lachen und frech mit dem Rhythmus spielen. Vergnügt, gewappnet mit einem schelmischen Lächeln. Aber es kann dir auch den Tod vor Augen halten. Ich denke da z.B. an *Responso*, komponiert von Aníbal Troilo im April 1951 in Erinnerung an den kurz zuvor verstorbenen Homero Manzi.

Ein Werbeplakat für das „Doble A"

Das Bandoneón kann tiefen Schmerz beklagen. Lang, unendlich lang, können diese Klagen sein. Ein Weinen, das im Ein- und Ausatmen nicht verstummt.

Es windet sich zwischen den Händen des Musikers. Er bearbeitet und liebkost es. Es klagt. Wölbt sich auf. Scheint sich gar aus seinen Händen lösen zu wollen. Doch Arme und Instrument sind eins. Ein Schnaufen begleitet das Notenspiel.

Ist es der Schmerz? Ist es die Lust? Lustvoller Schmerz, schmerzhafte Lust? Schnaufend legt sich das Bandoneón wie ein Geliebter um das Gehör und schmeichelt sich in die Seele ein. Plötzlich schneidet ein schriller Ton den Raum entzwei. Stille und Nichts. Ruhe wie ein Segelboot ohne Wind. Eine Stille, die nur darauf wartet, von vorne zu beginnen. Eine Musik, die einen unbarmherzig voller Liebe durch die Täler und über die Berge trägt.

Tief und beruhigend legt die letzte Note sich um die Nacht. In der Dunkelheit liegt der Tango verborgen. Das Bandoneón bittet um die Seele. Es fordert auf zum Tanz, es fordert den Tanz.

Die Geschichte des Bandoneón

Das Bandoneón wird 1846 in Deutschland von dem Krefelder Heinrich Band erfunden und zu Zwecken religiöser Umzugsprozessionen hergestellt. Später produziert der deutsche Hersteller Alfred Arnold Instrumente der angesehenen Marke „AA" *(Doble A)*. Sie sind bis heute hochgeschätzte Instrumente. Professionelle Musiker besitzen eines oder mehrere Instrumente der berühmten Marke. Nach dem Zweiten Weltkrieg jedoch wird seine Produktion eingestellt. Seitdem werden solche Instrumente sehr teuer gehandelt und gehen als Kostbarkeit in den Besitz von Sammlern über.

Das für den Tango so typische Instrument gelangt erst ein halbes Jahrhundert nach seiner Erfindung nach Buenos Aires. Man weiß nicht genau wann und wie, doch es kursieren auch hier liebevolle Geschichten um das Mysterium seiner Erscheinung. So wird erzählt, daß 1908 ein Matrose in Buenos Aires an Land geht und in einer Nacht sein ganzes Geld verspielt. Es bleibt ihm keine andere Wahl, als seinen liebgewonnenen Begleiter, das Bandoneón zu verkaufen, um die Spielschulden zu begleichen. Manches spricht aber auch dafür, daß das Instrument bereits gute zehn Jahre früher das Land erreicht hat.

Heute ist es aus dem Tango Argentino nicht mehr wegzudenken. Schwerpunkt seiner Ausdruckskraft ist die Melancholie geworden.

Sein Gebrauch

Das Bandoneón wird mit beiden Händen gleichzeitig gespielt, wobei jede Hand unabhängig von der anderen Töne und Akkorde spielt. Die Knopftastatur befindet sich auf der Außenseite der beiden Holzkästen, die in der Mitte mit einem Blasebalg verbunden sind. Insgesamt hat das Instrument 71 runde Tasten, die *botones* genannt werden. 33 dieser Knöpfe befinden sich auf der linken Hand, 38 auf der rechten. Das Instrument wird durch ein Auseinanderziehen und Zusammenschieben der Holzkästen gespielt, wobei das Instrument wie eine Ziehharmonika Luft einzieht oder ausströmen läßt.

Das Bandoneón ist viertönig. Dies bedeutet, daß es praktisch aus vier unterschiedlichen Instrumenten besteht, die gleichzeitig gespielt werden müssen. Diese Tatsache sichert allen Bandoneónspielern hohen Respekt, manchmal aber auch die Nachrede, ein wenig verrückt sein zu müssen, um überhaupt ein solches Instrument spielen zu können.

Bei gleicher Tastatur produziert das Instrument beim Auseinanderziehen andere Töne als beim Zusammenschieben. Während die rechte Hand helle Töne spielt, die wir *voces* (Stimmen) nennen, spielt die linke Hand die *bajos* (Tiefen). Hinzu kommt, daß das Anschlagen links und rechts keine gleichen Noten produziert, sondern höchst unterschiedliche. Zusammengenommen, also in allen Kombinationen von links, rechts, Zusammenschieben und Auseinanderziehen entstehen hier für jede Note 142 unterschiedliche Töne.

Das Bandoneón kann klagen und weinen, sagen die Argentinier. Es scheint durch sein Atmen und Schnaufen (man kann hören, wenn das Instrument Luft zieht) zu leben. Bandoneónspieler verwachsen regelrecht mit ihrem Instrument, wenn sie spielen, als wäre der *fuelle*, der Blasebalg, eine Verlängerung der Arme oder gar der Lungen. Spieler und Instrument scheinen sich gegenseitig zu bearbeiten und auch zuzuhören. Beide eigenständig und eigenwillig.

Der innere Bau

Das Herz des Bandoneón besteht aus dem *peine,* einem Kamm aus Metall. Der Kamm ist mit insgesamt vierzehn Zinken bestückt, wobei sich acht auf der rechten Seite und sechs auf der linken befinden. Die Legierung dieses Metallkammes ist das große Geheimnis des Instrumentes. Heute scheint niemand mehr in der Lage, diese Legierung herzustellen und den typischen Klang des Bandoneón zu erzeugen. Deshalb spielen alle großen Musiker auf Instrumenten, die Jahrzehnte alt sind. Das Ein- und Austreten der Luft wird durch ein Ventil geregelt, dessen Hebel mit dem Daumen der rechten Hand betätigt wird.

Epochen der Musik

1895 – 1917: Guardia Vieja, Tango-Milonga

Nach vielen Vorläufern und Vorformen wird das erste Erscheinen des eigentlichen Tango auf das Jahr 1895 datiert. Mit diesem Datum tritt die *Guardia Vieja*, die „Alte Garde" auf. In dieser ersten Phase stoßen wir auf den Begriff der *Tango-Milonga*, welche nicht zu verwechseln ist mit der heute bekannten *milonga*. Als *Tango-Milonga* werden die frühen Tangos bezeichnet, welche noch im ursprünglichen 2/4-Takt komponiert wurden. Partituren für Piano werden geschrieben. Die *Guardia Vieja* dauert bis ca. 1917. Vertreter dieser Epoche sind folgende Musiker: Juan Maglio (*1880), Vincente Greco (*1888), Roberto Firpo (*1880), Eduardo Arolas (*1892), Julio de Caro (*1899).

Linke Seite: Orquesta Abel Bedrune. Bandoneonist aus Rosario.
Oben: Roberto Firpo (4. v.l.), Pianist. 1933 dirigiert er einhundert Musiker im Teatro Colon.
Unten: Eduardo Arolas, genannt „El Tigre". Bandoneonist. Er stirbt als junger Mann in einem
Pariser Krankenhaus und hinterläßt für seine kurze Lebenszeit erstaunlich viele Kompositionen.

1917 – 1924: Vom Ende der Guardia Vieja zum Tango Canción

Das Ende der *Guardia Vieja* steht in Verbindung mit den ersten Schallplatten-
aufnahmen, aber auch in direktem Zusammenhang mit dem Aufkommen der
Tango Canción, dem gesungenen Tangolied.

Um 1915 wechselt der Rhythmus des Tango vom 2/4- zum 4/8-Takt. Die

Tangos werden ruhiger und langsamer, damit auch ausdrucksstärker. Mit dem Rhythmuswechsel werden Flöte und Gitarre aus den Musikgruppen größtenteils verdrängt. Die Gitarre behält trotzdem weiterhin ihren Stellenwert als wichtigstes Begleitinstrument der Sänger bei.

1917 wird die erste *Tango Canción* durch Carlos Gardel (geboren um 1888) gesungen: *Mi noche triste*, komponiert von Samuel Castriota (*1885). Der Text stammt von Pascual Contursi (*1888). In der *Tango Canción* steht die Stimme im Vordergrund, die Instrumente sind reine Begleitung. Carlos Gardel hat meist nur von zwei Gitarren begleitet gesungen.

Oben: Carlos Gardel, der Mann, dessen Stimme zum lebenden Mythos wurde. Heute noch wird er verehrt, als sei er nie gestorben. „Sos Gardel!" bedeutet: „Du bist der Größte!"
Unten: Aníbal Troilo, der berühmteste Bandoneonist der traditionellen Tangos.
Rechte Seite: Danksagung an Aníbal Troilo im Namen der Poeten und der Radiostation L.R.1, Radio El Mundo.

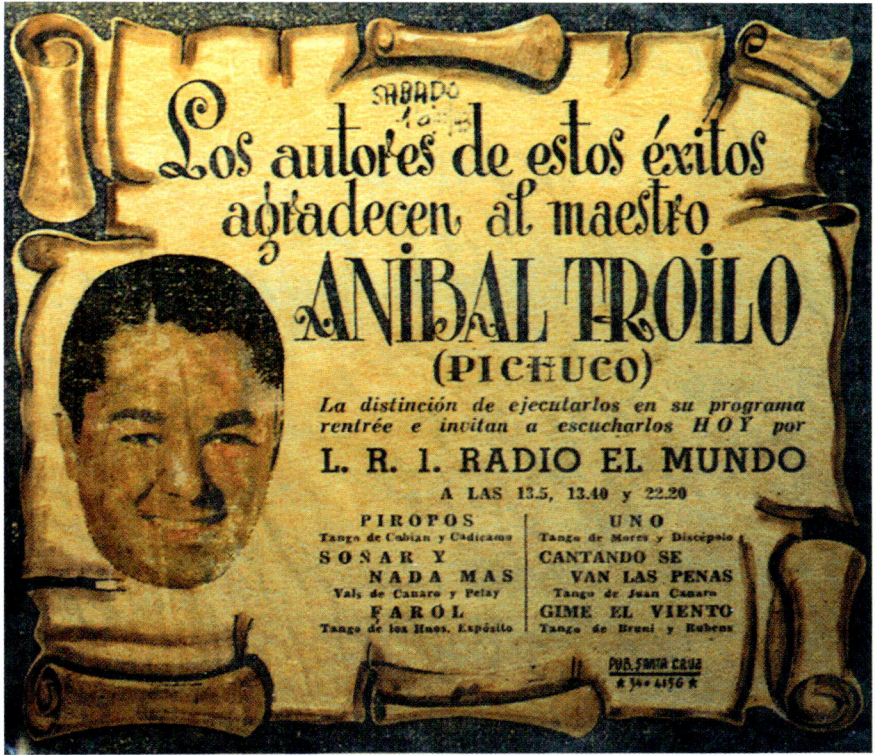

Die Goldene Ära

Die Goldene Ära beginnt ungefähr um 1920 und dauert bis Mitte der fünfziger Jahre.

1924 – 1940: Guardia Nueva

Etwa ab 1924 setzt die „Neue Garde" ein, die *Guardia Nueva*. Die Musik wird virtuoser, Tango beginnt Kunst zu werden. Die Verbesserung der allgemeinen Wirtschaftslage wirkt sich aus. Musiker können Ausbildungen genießen und sich aufgrund ihrer Fähigkeiten komplexer ausdrücken. Auch die Stimmung der Musik spiegelt den sozialen Fortschritt.

Ursache für diesen Wandel sind der soziale Aufstieg des Arbeiters und die Einführung des allgemeinen Wahlrechts. In den Tango mischte sich nun der Ausdruck von Stolz und das damit verbundene Bedürfnis zu zeigen, was man kann und wer man ist. In dieser Zeit eroberte der Tango die Welt. Carlos Gardel wird in Paris gefeiert. Orchester spielten nicht nur in Europa, sondern auch in New York.

Vertreter dieser Epoche sind Alfredo Gobbi (*1912), Aníbal Troilo (*1914), Roberto Grela (*1913) und Pedro Laurenz (*1902).

1940 – 1955: Die berühmten vierziger Jahre. Der Höhepunkt

Die Zeit der Neuen Garde geht in die eigentliche Goldene Ära des Tango, *la década de oro* über. Der Tango erreicht seinen absoluten Höhepunkt. Ganze Volksmassen sind vom Tango ergriffen. Die Einrichtung der Tanzsalons erzeugt einen unglaublichen Bedarf an großen Orchestern.

Im Zentrum der Stadt, in den Vororten und sogar im Landesinneren ist der Tango Gegenstand einer Massenbewegung. Musiker aus dieser Zeit erinnern sich noch an die Nächte der mehrfachen Auftritte, an die vollen Säle und die vielen Tänzer. Cafés, in denen man vom Nachmittag bis spät in die Nacht exquisiten Orchestern zuhören konnte. Zahlreiche Orchester konkurrieren auf höchstem Niveau. Die Formation der *orquesta típica* wird berühmt: Orchester, von denen bis heute noch jeder spricht. Ein Tanzstil entsteht, der die heutige Basis des Tangotanzes bildet. Aufnahmen werden gemacht, die bis heute in den Tanzsalons gespielt werden. Diese glorreiche Zeit dauert bis Mitte der fünfziger Jahre.

Bekannte Orchester der vierziger Jahre sind die von Aníbal Troilo (*1914), Juan D'Arienzo (*1909), Carlos Di Sarli (*1900), Osvaldo Pugliese (*1905), Horacio Salgan (*1916), Francini-Pontier (Enrique Mario Francini *1916 und Armando Pontier *1917). Im Laufe der Zeit gewinnt innerhalb der großen Orchester das Piano einen immer wichtigeren Stellenwert. So sind viele der namhaften Orchesterdirektoren Pianisten wie z.B. Sebastian Piana, Héctor Stamponi, Horacio Salgan, Atilio Stampone, Osvaldo Pugliese, Carlos Di Sarli und Mariano Mores.

Linke Seite: Der junge Aníbal Troilo (vierter von links) und sein Orchester.
Oben: Das Orchester von Don Anselmo Aieta (Mitte), Bandoneonist und Komponist (*1896).
Unten links: Carlos Di Sarli (*1900), Pianist. Stets mit seinem Markenzeichen: der
dunklen Brille. Man sagt, daß man von seiner Musik betrunken werden kann.
Unten rechts: Osvaldo Pugliese.

Oben: Rodolfo Alberto Biagi (*1906), Pianist. Als junger Musiker spielt Biagi im
Orchester von Juan D'Arienzo, gründet dann 1938 sein eigenes Orchester.
Unten links: Sebastian Piana. Komponist brillianter Tangos und Milongas.
Unten rechts: José Libertella, Erster Bandoneonist vom Sexteto Mayor.

Um 1955: Das Ende der Goldenen Ära

Mitte der fünfziger Jahre endet die glorreiche Zeit des Tango. Die Tango-
musik erlebt starke Einbrüche, seit ausländische Musik die Jugend erreicht,
insbesondere Musik aus den USA. Große Orchester können nicht mehr überleben und werden durch kleine Ensembles (auch *conjuntos* genannt) ersetzt.
Das *trio*, *cuarteto*, *quinteto* und *sexteto* setzt sich durch.

Musiker, die in dieser Epoche bekannt werden, sind das Duo Baffa-Berlinghieri (Ernesto Baffa *1932, Osvaldo Berlinghieri *1929), Leopoldo Federico (*1927), José Colangelo (*1940), das Orchester von Francini-Pontier. Es entsteht das berühmte *Quinteto Real* (Horacio Salgan, Enrique Francini, Umbaldo De Lio, Ráfael Ferro, Pedro Laurenz).

1955 – 1970: Avantgardisten

Aus der Reihe der Erneuerer spaltet sich in den fünfziger Jahren die Richtung der Avantgardisten ab. Die Kompositionen der Avantgardisten sind eigenwillig und werden beeinflußt durch tangofremde Musikelemente. Direkt tanzbar im populären Sinn sind sie nicht und bleiben deshalb vor den Toren der Tanzsalons. Vertreter dieser Richtung sind Horacio Salgan (*1916) und Atilio Stampone (*1926), sowie insbesondere Astor Piazzolla (*1921). Warum die Tanzsalons sich an die traditionelle Musik halten, begründet Eduardo Arquimbaud (Eduardo y Gloria) im Hinblick auf letzteren folgendermaßen: „Den Tango sollen ein Mann und eine Frau tanzen können, die sich nicht kennen. So, wie der Tango einst entstanden ist: zwischen einem Mann und

Astor Piazzolla mit seinem Oktett. Die Musiker: Horacio Malvicino (verdeckt), Adalberto Cevasco, Enrique „Zurdo" Reuzner, Antonio Agri, Santiago „el Tio" Giacobbe, Juan Carlos Cirigliano und Piazzollas Sohn Daniel.

Oben: Sexteto Canyengue (aus den Niederlanden).
Rechte Seite: Pablo Mainetti von der „guardia joven" (der „jungen Garde").

einer Frau fremder Kulturen und unterschiedlicher Sprachen. Der Tänzer braucht eine Musik, die dem Paar als Führung, als Leitfaden dient. Eine Musik, auf die sich beide bewegen können ohne Absprache. Eine Musik mit eindeutigem Takt. Das kann nur Musik sein, die einen regelmäßigen Rhythmus vorgibt. Astors Musik hat diese Charakteristik nicht."

Ab 1970: Tango Nuevo

Astor Piazzolla (1921-1992) zählt nicht nur zu den Avantgardisten, sondern ist darüber hinaus Begründer des *Tango Nuevo*. Dieser Stil hat den Tango weltweit bekannt gemacht. Bereits seit 1955 sind Piazzollas Tangokompositionen stark beeinflußt von Elementen des Jazz. In der Entwicklung des Tango Nuevo blieb vorerst der typische Timbre des Tango erhalten, mitbestimmt durch den sehr eigenwilligen Klang des Bandoneóns. Im Laufe der Entwicklung finden jedoch auch neue Instrumente Zugang zum Tango. Darunter das Saxophon, Schlagzeug und elektrische Instrumente wie E-Gitarre, E-Baß und Synthesizer. Erst ab 1970 löst sich der *Tango Nuevo* endgültig von traditionellen Strukturen und stellt sich im eigenen Land damit ins Abseits. Der normale *tanguero* lehnt ihn strikt ab.

Ab 1990: Internationale Bewegung

Der Tango boomt weltweit. International formieren sich argentinische und nicht-argentinische Orchester, Musikgruppen, Sänger und Musiker und liefern so im Ausland ihren Beitrag zur Entwicklung des *Tango Argentino*. Tangos mit eigenem und eigenwilligem Charakter entstehen. Einige in starker Anlehnung an die Kultur Argentiniens, andere mit deutlicher Färbung einer fremden Kultur. Das holländische Orchester *Sexteto Canyengue* und das japanische Orchester *Astorico* zählen zu den herausragenden Ensembles.

Guardia Joven

Nach einer langen Durststrecke nähert sich die junge Generation von Buenos Aires dem Tango. Neue interessante, sehr junge Orchester entstehen. Die sogenannte *Guardia Joven*. Sie findet Unterstützung der Medien und der Kulturzentren. Viele junge Orchester bzw. Musikgruppen entstehen neu, so z.B.: *El Arranque, Sexteto Sur, Tango en Dúo, La Camorra, Cruz de Diablo, Cuarteto Almagro*. Marcello Nissiman, Pablo Mainetti und Horacio Romo zählen zu den vielversprechenden jungen Bandoneónisten.

Die Entstehungszeit bekannter Tangos

Es ist interessant, sich anzuschauen, welche der heute bekannten Stücke wann komponiert wurden.

1895-1924: Um die Jahrhundertwende entstehen *El enterriano* (R. Mendizábal), *Don Juan* (E. Ponzio, R. Podestá) und *El choclo* (A. Villoldo, C. Marambio Catán, E. S. Discépolo), später *La cachila* (E. Arolas), *Chiqué* (R. Brignolo), *Gallo ciego* (A. Bardi) und *La cumparsita* (G. Rodriguez).

Linke Seite: Die Partitur für den Tango „Flor del Campo" von Francisco Lomuto. Rechts: „El pollo Ricardo".

Colección de la Guardia Vieja

L.A. FERNANDEZ

El pollo Ricardo

TANGO

BUENOS AIRES
RICORDI AMERICANA
SOCIEDAD ANONIMA EDITORIAL Y COMERCIAL
1941

1924-1940: Repräsentativ für diese Zeit sind die Tangos *Boedo* (J. de Caro), *Amurado* (Pedro Maffia, P. Laurenz) und *Quejas de bandoneón* (Juan de Dios de Filiberto).

1940-1955: *La yumba* (O. Pugliese), *A fuego lento* (H. Salgan) und *La bordona* (E. Balcarse) sind bekannte Tangos dieser Jahre.

1955-1970: *Verano porteño* (A. Piazzolla), *Danzarin* (J. Plaza) und *Tanguera* (M. Mores) werden komponiert.

1970-1980: Das international, auch in der Popwelt (gesungen von Grace Jones) bekannte Stück *Libertango* (A. Piazzolla) entsteht.

ab 1985: *Tiempo cumplido* (N. Marconi) und *Todos los sueños* (José Colangelo) zählen zu den jüngsten Kompositionen.

In der Regel sind fast alle Tangos, die heute im Salon gespielt werden, Aufnahmen der vierziger und fünfziger Jahre. Die Kompositionen der Stücke stammen aus den zwanziger, dreißiger und vierziger Jahren. Einige wenige aus den fünfziger Jahren. Alle späteren Kompositionen werden von Tänzern zwar auf der Bühne getanzt, im Salon jedoch nicht gespielt (*A fuego lento, Verano porteño, Libertango, Tiempos cumplidos, Todos los sueños*).

Auch *El choclo* wird im Salon nicht gespielt, ist aber einer der meist gesungenen Tangos der Bühne und hat die Bedeutung einer Erkennungsmelodie.

Traditionalisten – Erneuerer

Innerhalb aller Orchesterformationen können wir zwei Strömungen ausmachen: Auf der einen Seite die Traditionalisten, auf der anderen die Erneuerer. Bereits um 1920 spaltet sich die Entwicklung der Orchester erstmals.

Die Musik der Traditionalisten ist gekennzeichnet durch die *tendencia criollista*, den kreolischen, also urargentinischen Ursprung. Die Musikstruktur

Links: Francisco Lomuto, Pianist (*1893).
Rechts oben: Orchester von Carlos Di Sarli
(mit Brille), eines der bedeutendsten
Orchester der 40er Jahre.
Rechts unten: Alberto Castillo, Sänger und
Schauspieler (*1914). Der Gynäkologe war
ein berühmter Sänger der 40er Jahre.

ist die der *corte milonga*. Die letzen Kompositionen der Traditionalisten stammen aus den späten vierziger Jahren, nur wenige auch noch aus den frühen Fünfzigern. Danach versiegt dieser Strang. Bis heute gibt es innerhalb der Traditionalisten keine neue und aktuelle Entwicklung.

Zu den Traditionalisten zählten die Musiker Francisco Lomuto (*1893), Francisco Canaro (*1888), Juan de Dios de Filiberto (*1885) und Juan D'Arienzo (*1900).

In die Tangos der Erneuerer fließen andere, dem Tango fremde Elemente ein. Musikstudium und Kenntnis weiterer Musikgenre lassen das Populäre in den Hintergrund treten. Die Musikstrukturen werden verfeinert.

Zu den Erneuerern zählen Musiker wie Osvaldo Fresedo (*1897), Juan Carlos Cobian (*1896), Julio De Caro (*1899), Carlos Di Sarli (*1900), Aníbal Troilo (*1914), Osvaldo Pugliese (*1905) und Miguel Caló (*1907).

Die „orquesta típica"

Die *orquesta típica* formiert sich erstmals um 1920. In seiner Grundform handelt es sich um ein Septett mit je zwei Bandoneóns und Violinen, Piano, Violoncello und Baß. Die Zahl der Bandoneóns und Violinen konnte jedoch verdoppelt werden. So wächst die *orquesta típica* auf seine charakteristische Formation von elf Musikern und mehr an.

Gegen Ende der zwanziger Jahre gliedert sich die Stimme als weiteres Instrument in die Gruppe ein. Sie findet ihren Einsatz in harmonischem Gleichgewicht zum Spiel der Musikinstrumente. Deshalb sind diese gesungenen Aufnahmen – im Gegensatz zu denen der *Tango Canción* – tanzbar.

Einige Kombinationen von Orchester und Sänger sind als „goldene" Kombinationen in die Geschichte eingegangen, so z.B. das Orchester von Aníbal Troilo in Verbindung mit der melodischen, unglaublich romantischen und lieblichen Stimme von Francisco Fiorentino.

Eine ganz andere Stimme ist die von Julio Sosa: sie ist sehr *varonil*, sehr männlich und tief, weshalb er auch *el varón del Tango* genannt wird. Besonders erwähnenswert sind hier die Plattenaufnahmen mit dem Orchester Francini-Pontier (Enrique Mario Francini Violine, Armando Pontier Bandoneón).

Es hat aber weitere berühmte und beliebte Kombinationen von Orchester und Sänger gegeben: beispielsweise das Orchester Osvaldo Fresedo mit dem Sänger Ricardo Ruiz; Alfredo de Angelis und auch Aníbal Troilo mit dem Sänger Floreal Ruiz; Osvaldo Pugliese mit den Stimmen von Roberto Chanel und Alberto Moran; Angel D'Agostino mit Angel Vargas; Ricardo Tanturi mit Alberto Castillo; Lucio

Links: Julio Sosa, auch „el varón del tango"
genannt, da seine Stimme sehr männlich
(varonil) war.
Rechte Seite: Edmundo Rivero und Juan
D'Arienzo.

Demare mit Raúl Berón; Carlos Di Sarli mit Roberto Rufino; Aníbal Troilo und Horacio Salgán mit Edmundo Rivero. Die Orchester Carlos Di Sarli, Francini-Pontier, Pedro Laurenz und Miguel Caló haben alle sehr erfolgreich mit Alberto Podestá aufgenommen. Osvaldo Fresedo arbeitete zusammen mit einer der wenigen Frauenstimmen dieser Zeit, mit Blanca Mooney. *Orquesta típica* spielen nicht nur in Theatern, Bars, Cafés, Tanzsalons und Varietés, sondern auch (bis ca. 1930) in Kinos.

Persönlichkeiten der Orchester

Traditionelle Orchester

Generell muß man wissen, daß mit *orquesta* im Tango Musikgruppen gemeint sind. Die wohl bedeutendste Zeit der Musikentwicklung tanzbarer Tangos sind die vierziger Jahre. Obwohl alle Orchester in ihrer Besetzung eine ähnliche Grundstruktur und Besetzung aufweisen, sind sie doch von Grund auf verschieden in ihrer Musik.

Eine erste wichtige Unterscheidung, die wir hier treffen müssen, sind reine Tanzorchester im Unterschied zu Musikorchestern. Zu den reinen Tanzorchestern zählen solche, deren Hauptanliegen die Tanzbarkeit der Musik ist. Meist ist die Musik solcher Orchester deshalb in ihrem Rhythmus sehr klar und unkompliziert strukturiert. Als Repräsentanten kann man die Orchester von Carlos Di Sarli und von Juan D'Arienzo anführen.

Zu den Musikorchestern zählen solche, die in erster Linie aus Liebe zu ihrer Musik spielen und nicht die direkte Tanzbarkeit in den Vordergrund stellen. Ihre Musik ist anspruchsvoll und zeigt ein breites Ausdrucksspektrum. Mariano Mores, Aníbal Troilo und Horacio Salgan wären hier zu nennen.

Die Musik ist für die Tänzer sowohl in stilistischer wie auch in choreographischer Hinsicht maßgeblich. Anhand der folgenden Orchester lassen sich die Hauptströmungen der traditionellen Orchester aufzeigen.

Juan D'Arienzo

Der rhythmische Tango schlechthin. Juan D'Arienzo wird auch *el rey del compas* genannt, der König des Rhythmus. Sein Orchester ist wohl das populärste Tanzorchester und sprüht von schwungvoller Lebendigkeit.

Carlos Di Sarli

Der ruhige, satte, kontemplative Tango. Das Orchester von Carlos Di Sarli spielt im konstanten, fast monotonen Rhythmus und vermittelt damit eine fast meditative Ruhe. Von diesem Tango, sagt man, kann man betrunken werden.

Osvaldo Pugliese

Eine aufregende Musik mit starken Spannungsbögen (*El canyengue*). Der Tango von Osvaldo Pugliese zeichnet sich aus durch kraftvollen Rhythmus, dem typischen *empuje*, ein kraftvolles Vorwärtstreiben der Musik durch rhythmische Gegenbewegung einzelner Instrumente oder ganzer Orchesterteile. Diesen Rhythmuspassagen sind rhythmusfreie und stark phrasierte Melodiebögen und Solopassagen gegenübergestellt.

Aníbal Troilo

Der harmonische Tango. Der wohl berühmteste Bandoneonist traditioneller Tangos verleiht seiner Musik ausgeglichene Harmonie. Er ist der erste wirklich virtuose Bandoneonist und zugleich einer der wichtigsten Interpreten der Tangomusik.

Tango Nuevo

Astor Piazzolla

Oscar López Ruiz sagte in einer Rede vor der *Academia Nacional de Tango* im Juli '97 folgendes: „Astor era un otro. Un differente. Adelantado en su tiempo. Pero tenía todo un país en contra. No miles der personas. Todo un país." („Astor war anders. Ein Andersartiger. Seiner Zeit voraus. Aber er hatte ein ganzes Land gegen sich. Nicht Tausende von Personen, nein, ein ganzes Land.")

Ohne Zweifel ist Astor Piazzolla der meistdiskutierte Vertreter der Tangomusik. Seine Kompositionen sind komplex und von verschiedenen Genren der Musik beeinflußt, z.B. auch vom Jazz. Aber damit verläßt Astor die populäre Ebene des Tango. Vor allen Dingen jene Kompositionen, die nach 1970 entstehen, bewegen sich im Bereich der Freiheit eines genialen Musikers. Der Rhythmus variiert, die Melodie tritt in den Vordergrund und verläßt den Takt. Solche Momente, die an Improvisation erinnern, sind für seine Tangos charakteristisch.

Die Musik von Astor Piazzolla ist vor allen Dingen im Ausland bekannt geworden und wird in der internationalen Musikszene sehr geschätzt. Seine Kompositionen werden von den großen Sinfonieorchestern gespielt. Manches Mal spielte Astor Piazzolla selber das Bandoneón.

Linke Seite: El Quinteto (Antonio Agri, López Ruiz, Astor Piazzolla, Enrique Kicho Díaz, Jaime Gosis). Oben: Astor Piazzolla und Aníbal Troilo. Der Gründer des Tango Nuevo und der Meister der traditionellen Tango-Musik. Astor Piazzolla begann seine Karriere als junger Musiker im Orchester von Aníbal Troilo. Zum Tod seines Meisters im Jahre 1975 schreibt Astor Piazzolla die „Suite Troileaner". Rechts: Liebevoll nennt das Volk Aníbal Troilo „El Gordo" und „Pichuco".

Sein eigenes Volk hat er hiermit jedoch nicht überzeugen können. Er hat vielmehr Haß und Verachtung geerntet. Für das tanzende Volk ist seine Musik zu kompliziert und zu konzertant, sie paßt einfach nicht in den Tanzsalon.

Der gleichbleibende *compas*, der den Tango für die populäre Masse im Rahmen öffentlicher Veranstaltungen tanzbar macht, fehlt hier. Sie ist dafür auch nicht gedacht. Jedoch sind seine Werke im Bereich des Bühnentanzes äußerst beliebt. Seine Kompositionen sind für den Künstler eine sehr attraktive Herausforderung. Die musikalischen Wechsel sind massiv, unterschiedlich und aufwühlend und lösen somit heftige Emotionen aus. In der Zeitschrift CD war zu lesen: „Astor Piazzolla zu Ehren tanzt dieses Paar einen neuen Stil. Sie tanzen so frei, daß dieser Stil *Tango Aereo* (Tango der Lüfte) genannt wurde."

Astor Piazzolla hat kein Stück zweimal gleich gespielt. Immer wieder hat er seine Themen verändert. Er improvisiert. Und improvisiert dann wieder über die entstehenden Variationen. Die Musik Astor Piazzollas drückt Gefühle starker Dualität, Schmerz, Rebellion und Sehnsucht aus. Sie reflektiert das Buenos Aires auf dem Weg ins nächste Jahrhundert.

Das Volk konnte Astor Piazzollas Musik auch nicht als reine Kunst akzeptieren. Es fühlt sich betrogen um seinen Tango und reagiert mit Unverständnis. Nur einige wenige sind auf seiner Seite und bezeichnen sich als *piazzollano*. Erst nach seinem Tod bekommt er allmählich allgemeine Anerkennung in seiner Heimat.

Néstor Marconi

Ein weiterer wichtiger Vertreter des *Tango Nuevo* ist heute der Bandoneonist und Komponist Néstor Marconi (*1942). Im Alter von 17 Jahren beginnt er seine professionelle Karriere in Rosario. Mit 20 Jahren spielte er erstmals in Buenos Aires im Orchester von José Basso. Als Solist wird Néstor Marconi 1970 in der Zeit des berühmten Lokals *caño 14* bekannt. Hier tritt er zusammen mit Enrique Francini auf und gründet sein eigenes Trio unter dem Namen *Vanguardia*. International macht er sich 1987 durch den Film *Sur* einen Namen. Seit mehreren Jahren tritt er regelmäßig im *Club del vino* auf und spielt dort sowohl als Solist als auch im *Nuevo Quinteto Real* (H. Salgan, U. De Lio, N. Marconi, O. Giunta und H. Peressini).

Gesang

Zur Musik gesellt sich der Gesang. Die Poesie findet Worte, die vom Schmerz, der Freude, von Sehnsucht und auch vom Scheitern erzählen. Worte, die treffen, anklagen, trösten, träumen und kritisieren. Viele der einzelnen Strophen

Néstor Marconi. Musiker und Komponist der Moderne. Ein Zeitgenosse. Ein Meister. Er beherrscht das Bandoneón mit exzellenter Technik. Die meisten Nachwuchsbandoneonisten haben ihre Ausbildung bei ihm absolviert.

sind inzwischen in den täglichen Sprachgebrauch eingegangen. Hinter ihnen stehen komplexe Gedanken, eine Melodie, Erinnerung, eine Geschichte, ein Leben – ein ganzer Tango. *Te acordas hermano?* Erinnerst du dich, Bruder?

Oben: Horacio Ferrer mit Astor Piazzolla. Links: Angel Paya Diaz 1992 auf der Bühne des „Café Homero". Er sang im Orchester von Alfredo Gobbi und Horacio Salgan. Später ist er zusammen mit „Polaco" Roberto Goyeneche aufgetreten. Rechte Seite: Mercedes Simone, ein Star der alten Zeit.

Texte

Die Themen des Gesanges sind meist individueller Art, häufig werden Verlust und Schmerz besungen. Die Themen stehen jedoch immer in Verbindung mit Kampf und Rebellion. Selten ist der Tango weinerlich, meist ist er voller Kraft und Auflehnung.

Tango-Texte verwenden die „Ich-Form" (erste Person Singular) oder sprechen ein Gegenüber an (zweite Person Singular). Selten sind sie kollektiv (Plural) oder beschreibend (dritte Person Singular).

Die großen Poeten des Tango haben einige sehr schöne Tangotexte hinterlassen, z.B. Celedonio Flores: *Mano a mano, La mariposa*; Alfredo Lepera: *Por una cabeza, El día que me quieras*; Enrique Cadícamo: *Madame Ivonne, Nostalgias*; Homero Manzi: *Barrio de Tango, Ninguna, Malena*; Cátulo Castillo: *Tinta roja, Caserón de tejas*; José María Contursi: *Vieja amiga, Como dos extraños, Toda mi vida, En*

esta tarde gris, Grisel; Enrique Santos Discépolo: *Cambalache, Martirio, Yira Yira*; Homero Expósito: *Percal, Yuyo verde, Naranjo en flor, Que me van a hablar de amor, Trenzas*; Cacho Castaña: *Café la humedad*.

Die großen Poeten der Gegenwart sind Eladia Blázquez (mit *Contame una historia, Sin piel, Somos como somos, El corazón al sur*) und Horacio Ferrer. Die meisten von Ferrers Werken sind in zwanzigjähriger Zusammenarbeit mit Astor Piazzolla entstanden: *Balada para un loco, Bicicleta blanca, Chiquilin de Bachin*. Hier ein Thema von Enrique Santos Discépolo:

Martirio

Sola, increiblemente sola / vivo en drama de esperarte / hoy, mañana, siempre igual. // Dolor de bestia perdida / que quiere huir del puñal / yo me revuelco sin manos / para olvidarme tu mal // Sola, despiadadamente sola / como estan los que se mueren / los que sufren/ los que quieren / asi estoy yo por tu impiedad. // Sin comprender por que razón te quiero / ni que castigo de Dios / me condene al horror / de que seas vos / vos solamente, sólo vos / nadie en la vida mas que vos / lo que deseo. // Y entre la risa y la burla / yo arrastré mi amor / llamandote. // Fiebre, de pasiones maldecidas / que uno arrastra de otras vidas / y que sufre, hasta morir. // Dolor que muerde la carne / herida que hace gritar. / Verguenza de no olvidarte. / Si yo se, que no vendrás. // Sola. Pavarosamente sola / mientras grita mi conciencia / tu traición, la de tu ausencia, / hoy, mañana, siempre igual.

*Oben: Der Sänger und Schauspieler
Raúl Lavié (*1937) auf der Bühne des
Café Homero in „Pacto de Tango".
Links: Edmundo Rivero ist einer der
bedeutendsten Sänger der goldenen Jahre.
Rechte Seite: Eine Szene aus dem Film
„Tangobar" mit Carlos Gardel. Diese Szene
wurde später im Film nicht verwendet.*

Sänger

Die Rolle der Sänger verändert sich mit
den Jahren. Mal sind sie Mittelpunkt,
dann wieder nur Begleitung. Ganz zu
Beginn der Tangogeschichte, in der
zweiten Hälfte des letzten Jahrhunderts, zogen Sänger umher und impro-
visierten frei. Manche der Lieder wurden von mehreren Sängern gleichzei-
tig gestaltet. Solche frei umherziehenden Sänger heißen *payadores*, damals wurden sie auch *milongueros* genannt.

Anfang dieses Jahrhunderts tritt der Sänger erstmals im Rahmen eines Orchesters auf, doch seine Rolle ist sekundär. In einem Tango, strukturiert in der
A-B-A Form, wird nur einer der Teile gesungen, meist der letzte oder vorletz-
te. Mit dem Erscheinen der *Tango Canción* tritt der Sänger schließlich in den

Mittelpunkt des Geschehens. Sänger werden zu Idolen und nicht selten auch Kinohelden. In der Zeit der *orquesta típica* gliedert sich die Stimme ein als ein zusätzliches Instrument. Von den sechziger Jahren bis heute ist die Stimme absoluter Protagonist. Hier handelt es sich ausschließlich um Darbietungen, die sich selbst genügen und die Interpretation des Tangotextes wie auch das stimmliche Vermögen in den Mittelpunkt stellen.

Je nach den Strömungen der Zeitgedanken sind Männerstimmen kräftig und maskulin (Julio Sosa, Raúl Lavié, Rubén Juárez) oder weich und liebevoll (Francisco Fiorentino, Angel Vargas, Luis Cardei). Frauenstimmen können hell und schrill sein (Tita Merello), weich und melodisch (Viviana Vigil, Maria Graña, Lidia Borda) oder auch rauh und tief von gelebtem Leben und überwundenem Schmerz (Adriana Varela).

Zu den herausragenden Frauenstimmen der Geschichte zählen Tita Merello (*1904), Azucena Maizani (*1902), Libertad Lamarque (*1909) und Mercedes Simone (*1904). Heute sind es Susana Rinaldi, Viviana Vigil und Maria Graña.

Zu den bemerkenswerten Männerstimmen der Geschichte zählen Carlos Gardel (*1888), Edmundo Rivero (*1902), Julio Sosa (*1926) und Roberto Goyeneche (*1926). Heute sind es Rubén Juárez, Raúl Lavié und Daniel Cortès. Luis Cardei wird aufgrund seines Repertoires alter Tangos geliebt, die er mit dem Timbre der vierziger Jahre singt, das man sonst nicht mehr hört.

Kennzeichen aller Sänger, die als Solisten Geschichte geschrieben haben, sind – abgesehen von der hervorragenden Stimme – die Eigenwilligkeit der Interpretationen und der ausgeprägte Charakter.

Carlos Gardel

Er ist das unsterbliche Idol des Volkes. Ein Sänger, dessen Talent ebenso in seiner herausragenden Stimme wie in seiner Volksnähe lag. Carlos Gardel verstand es, nicht nur die argentinische Nation zu repräsentieren, sondern im Grunde alle Nationen Lateinamerikas.

1917 machte Carlos Gardel seine ersten Plattenaufnahmen. Die *Tango Canción* ist durch ihn geprägt. Außer auf Plattenaufnahmen bleibt seine Persönlichkeit in unzähligen Filmaufnahmen dokumentiert. Er hat sich aus armen Verhältnissen ganz nach oben gearbeitet, aber nicht durch Arbeit, sondern durch seinen Gesang. Eine Tatsache, die dem Volk neue Hoffnung gab, Hoffnung auf ein besseres Leben.

Carlos Gardel lebt auch heute noch weiter in den Herzen der Argentinier. 1935 bei einem Flugzeugabsturz ums Leben gekommen, ist er nie in Vergessenheit geraten. In vielen Bars der Stadt hängt sein Photo, an fast jedem Zeitungskiosk und in den kleinen Trödelläden. Seine Stimme erklingt täglich im Radio, sein Bild bleibt durch die alten Filme, die das Fernsehen zeigt, unvergessen. Ein Großteil der Argentinier spricht von ihm, als lebte er heute noch unter ihnen. *Cada día canta mejor.* Jeden Tag singt er besser. Das sagt man heute noch, über 60 Jahre nach seinem Tod. An seinem Grab, wo eine Statue in Lebensgröße steht, steckt in seiner Hand immer eine Zigarette. Immer wird es jemanden geben, der mit ihm zusammen eine Zigarette rauchen wird. Eine Person, die sich selbst und ihm eine Zigarette anzündet und sie ihm dann zusteckt. Das höchste Kompliment, welches man erhalten kann, ist *Sos Gardel!* – Du bist Gardel. Es bedeutet: Du bist der Größte, du bist unschlagbar. Du hast es geschafft. Dir kann keiner mehr etwas.

Linke Seite: Carlos Gardel in dem Film Tangobar.
Oben: Astor Piazzolla und Roberto „El Polaco" Goyeneche: das Genie und
die Legende, der Erneuerer und die Stimme des Volkes.

Roberto Goyeneche: „El polaco"

Er ist der Mythos der heutigen Zeit. Er ist der Sänger, der die Tangos spricht. Er wird in den vierziger Jahren als junger schlanker Mann bekannt, dem sein blondes Haar den Spitznamen *el polaco* einbringt. 1944 gewinnt er einen Wettbewerb, 1953 wird er Sänger im Orchester von Horacio Salgan. Bis 1961 singt er im Orchester von Aníbal Troilo, hat aber vorher schon seine Karriere als unabhängiger Solist gestartet.

Seine Stimme war außerordentlich klar und intensiv, doch es ist nicht seine stimmliche Qualität, die ihn letztendlich zum Mythos werden läßt. Im Alter verläßt ihn sein Stimmvolumen und er beginnt, die Tangos zu sprechen. Seine Ausdruckskraft hier ist beeindruckend. Je weniger Stimmvolumen er hat, umso faszinierter zeigt sich sein Publikum. Er beschimpft sein Publikum. Es liebt ihn dafür. Frei von stimmlichen Kunststücken reift sein Tango zur puren Essenz.

Roberto Goyeneche lebt den Tango. Er spricht mit ihm, spricht mit dem Bandoneón und erzählt mit jeder Strophe Szenen aus seinem Leben. Jede Zeile ist glaubwürdig; jeder Tango, den er singt, scheint ihm auf den Leib geschrieben, jede Geschichte scheint er selbst zu leben . . . Zu seinen berühmten Tangos zählen *Afiche, Naranjo en flor, Fuimos* und *La última curda.* Er stirbt 1995.

Rubén Juárez

Rubén Juárez (*1947) ist der meistversprechende Sänger der siebziger Jahre. Im *Caño 14,* einem der bedeutendsten Musikklubs der Zeit, wird man erstmals auf ihn aufmerksam: ein überdurchschnittlich gut aussehender junger Mann mit hervorragender Stimme und außerordentlich leidenschaftli-

Linke Seite: Roberto Goyeneche in jungen Jahren. Das Volk nannte ihn liebevoll „El Polaco", den Polen. Er war einer der letzten Mythen des Tango. Herausragend als Begleiter wie als Solist. „Er singt die Texte nicht, er spricht sie", sagt man. Daneben ein Bild mit Piazzolla. Oben: Rubén Juárez ist wohl eine der wichtigsten Persönlichkeiten seiner Generation. Seine Musik ist sehr eigenwillig und temperamentvoll. Unten: Susana Rinaldi.

cher Interpretation auf dem Bandoneón. Unerhört und unwiederholbar: einer, der sich selbst unglaublich virtuos und talentiert auf dem Bandoneón begleitet. Der große Musiker und Sänger in einem.

Er ist ein Revolutionär des Tango. Seine musikalischen Arrangements sind geprägt von einem kraftvollen, mit dem Rock verwandten Rhythmus. Er ist der *rockero* unter den Tangokünstlern. Sein geliebtes Repertoire beinhaltet Themen wie *Tinta roja, Café la humedad, Pasional, Toda mi vida.*

Susana Rinaldi

Susana Rinaldi (*1935) wird vom Volk liebevoll *La tana* genannt. Sie macht den Gesang zur Kunst. Sie verblüfft nicht nur als Sängerin mit extrem gut ausgebildeter Stimme, sondern auch als Schauspielerin. Sie

ist eine wahre Diva und inszeniert jeden ihrer Tangos als eigenes Kunstwerk. Zu ihrem Repertoire zählen die Stücke *Canción desesperada, Martirio, Che bandoneón, Los mareados* und *Soledad.*

DER TANZ

„ ... Es war der Tango. Er wurde
geboren in den Füßen."

Aus: *Génesis* von
Ricardo Ostuni

DANSONS Magazine

LE PREMIER TRIMESTRIEL EUROPEEN DE LA DANSE DE COUPLE

de la valse au tango

N°8

Einhundert Jahre Tangotanz

Vom schwarzen „Urtango" wissen wir nicht viel mehr, als daß es ihn gegeben hat, vielleicht schon um die Mitte des 19. Jahrhunderts. Ein erstes Bilddokument liefert das um 1880 entstandene Bild *negros milongueando*. Erst ab 1895 können wir vom Tango in dem Sinne sprechen, in dem wir das Wort heute verstehen. Wir blicken also zurück auf hundert Jahre Tango.

Charaktere wie der *rufián* (Zuhälter), die *milonguita* (rebellischer Frauentyp im Tango), *el guapo* (ein geritzter Typ) und der *compadrito* (die „angeberische" Figur) bestimmen das Bild. Als Laster der Unterwelt ist der Tango von den Reichen verpönt und in gewisser Weise auch gefürchtet, zumindest aber verachtet. Im Zentrum der Stadt ist er deshalb verboten.

Doch lange bleiben die sozialen Schichten nicht so säuberlich getrennt. Trotz oder gerade wegen der verruchten Atmosphäre betreten die „schlechten" Söhne der „guten" Familien aus der gehobenen Mittelklasse das Bordell und den Tanzsalon. Auf der Suche nach Abenteuer und Sex geraten die wohlerzogen jungen Herren aus gutem Hause in zwielichtige Situationen. Die jungen Männer kümmern sich nicht um ihren Ruf und schlagen auf ihren nächtlichen Streifzügen manchmal sogar alles kurz und klein. Sie wissen, daß der Vater am nächsten Tag kommen wird, um die Situation zu vertuschen. Etwaige Rechnungen werden dann auch von ihm beglichen.

Das Ambiente vermischt sich. Guten Manieren dringen ein in das zwie-

Historische Darstellungen des europäischen „Salon-Tangos" aus der Zeit vor dem Ersten Weltkrieg.

lichtige Tangomilieu, und der Tango schlüpft gewissermaßen durch die Hintertür in die feineren Kreise.

Auch auf einer anderen Ebene vermischen sich soziale Schichten und filtrieren den Tango in neue Gesellschaftskreise. Die Schiffe, mit denen Immigranten in Buenos Aires landen, nehmen auch Passagiere mit auf ihre Rückfahrt. So hält der *Tango Argentino* Einzug in Europa. 1907 veranstaltet Camille de Rhynal mit seiner Partnerin ein Tangoturnier in Nizza. Schließlich boomt dann 1912 der Tango in der Pariser Oberschicht. Das Tangojahr ist angebrochen. Alles geschieht unter dem Tangoaspekt: Tangokleider, Tangofarben, Tangococktail und Tangotanztees bestimmen das gesellschaftliche Leben. Tango ist der letzte Schrei! Der „Pariser Tango" ist chic, exotisch und exzentrisch. Oberflächliche und extrovertierte Bewegungen verzerren ihn zu einem snobistischen Modetanz der feinen Gesellschaft. Der Tango kann in Europa die Oberschicht für sich gewinnen. Erstmals in der Geschichte spielt er sich in offiziellen Kreisen ab und erhält gesellschaftliche Anerkennung.

Die großen Erfolge in Paris katapultieren den Tango schließlich in die feine Gesellschaft Argentiniens. Bisher verpönt und verachtet, öffnen sich nun, den Blick nach Frankreich gerichtet, die Tore der eleganten Salons. Und so kommt es 1912 zu einer ersten öffentlichen Tanzveranstaltung in den Sälen des vornehmen *Palais de Glace*, heute eine exquisite Galerie. Man tanzt

Linke Seite: Der Innenraum des Armenonville. – Rechts: ein Tango mit diesem Titel. Armenonville war ein elegantes Restaurant-Cabaret der 20er und 30er Jahre. 1913 hat Roberto Firpo dort seine Premiere. Das ursprüngliche Armenonville zieht später um, wechselt dann aber auch schnell den Namen. 1998 eröffnet im Hotel Alvear wieder ein Lokal mit dem Namen Armenonville.

den Tango – jedoch mit gewissen Einschränkungen. Es wird nicht versäumt, Verbote auszuteilen. *Cortes* und *quebradas* dürfen, zumindest in den Salons des Zentrums, nicht getanzt werden. Auch werden Schilder aufgehängt, die dazu ermahnen, *con luz*, „mit Licht", also mit körperlichem Abstand zu tanzen.

Ein inneres Bedürfnis nach Tango hat diese reiche Gesellschaft jedoch nicht. Der Tanz bleibt Teil der alltäglichen Unterhaltung, unverfängliches Amüsement. Man tanzt, und man läßt tanzen.

Der Tanzstil verfeinert sich deutlich in diesem Rahmen. Der Tanz, der sich auflehnen wollte gegen die Reichen und gegen die Unterdrücker, wird nun von diesen selbst getanzt. Das Volk ist gezwungen, neue Ausdrucksformen zu finden. Anrüchige Tangotexte entstehen. Der *lunfardo* wird als Tangosprache entdeckt. Verschwörerisch werden Nachrichten verschlüsselt. Hier kann das Volk wieder seine Wahrheit herausschreien, seine Meinung äußern, sich auflehnen und provozieren. Der Tango will und soll provozieren.

In den dreißiger Jahren ergreift die Begeisterung für den Sänger Carlos Gardel, seinen Gesang und seine Persönlichkeit, ganz Lateinamerika. Und 1935 trauert ganz Lateinamerika um ihn.

Nach dem Militärputsch von 1930 werden in Buenos Aires die Bordelle verboten. Der Wirkungskreis des Tango verändert sich drastisch. In den vierziger Jahren tanzen Millionen von Menschen Tag für Tag und Nacht für Nacht den Tango. Zahlreiche Orchester spielen in Cafés, Theatern, Bars und Tanzsalons. Die Entwicklung der glorreichen Tango-Epoche, der *época gloriosa*, geht einher mit der starken Wirtschaftslage Argentiniens seit dem Ersten Weltkrieg. Ende des Zweiten Weltkrieges verschlechtert sich die wirtschaftliche

Im Unterschied zum argentinischen Tangosalon war der europäische „Salon-Tango" eine Sache der „eleganten Welt".

Situation dramatisch. Viele können sich das Vergnügen, Tango tanzen zu gehen, kaum noch leisten. Große Orchester werden für die Clubs unbezahlbar.

In den sechziger Jahren verschwindet der Tango fast gänzlich von der Bildfläche. Über Funk und Fernsehen verdrängt ausländische Musik argentinische Folklore und Tangos aus den argentinischen Haushalten. Die Jugend ist fasziniert von allem, was aus dem Ausland kommt. Tango ist nun Sache der „Alten".

In den siebziger Jahren, während der Militärdiktatur, sind rebellische Tangotexte verboten. Die innere Freiheit, die sich im Tango ausdrückt, ist auch hier Bedrohung für Autoritäten. Tango ist ein Tanz, dessen „Gedanken" man nicht kontrollieren kann. Die nächtlichen Ausgangssperren tun ein übriges. Ein Nachtleben wie der Salontanz kann nicht weiter funktionieren. Eine ganze Generation fehlt in der Kette des Tango. Viele wollen sich distanzieren und deshalb möglichst wenig mit argentinischer Kultur zu tun haben. Geschichte wird lange Zeit verdrängt und totgeschwiegen, eigene Kultur negiert. Einige wenige Filmproduktionen zum Thema Exil entstehen. Der Tango steckt tief in der Krise. Inzwischen hat Argentinien den Anschluß an den Weltmarkt verloren. *Industria Argentina* ist ein Zeichen schlechter Qualität. Importgut ist begehrt, ist Garantie für hohe Qualität. Der junge Argentinier verliert sein Interesse am nationalen Produkt und auch an nationaler Kultur. Tango ist verschrien als verstaubtes Relikt der Alten.

Einige wenige Tänzer begreifen, daß der Tango nicht zurückkehren kann zum Tango der „guten alten Zeit". Sie präparieren erstmals Bühnentango in Anlehnung an getanzte Szenen durch Fred Astaire. Juan Carlos Copes ist hier einer der wichtigsten Initiatoren. Hier betritt der Tangotanz erstmals die Bühne. Ein wichtiger Schritt in der Entwicklung. Denn von nun an soll sich die Entwicklung des Tango für längere Zeit aus dem Bühnengeschehen heraus ernähren.

Ende der achtziger, Anfang der neunziger Jahre kommt erstmals wieder eine Zeit des Aufschwungs. Ausgelöst durch Showerfolge im Ausland kann der Tango endlich wieder das eigene Volk überzeugen. Durch die große, auf Tanz basierende Tangoshow *Tango Argentino* gewinnt der Tangotanz über Nacht an Prestige. Die Musik Astor Piazzollas feiert internationale Erfolge.

Inzwischen ist Tango eines der wichtigsten Exportgüter. Immer mehr Shows gehen auf Tournee. Weltweit eröffnen Tangoschulen ihre Tore. Ausländische Orchester werden gegründet, Festivals veranstaltet. Sänger aus Europa, Japan und den Staaten nehmen Tangos in ihr Repertoire auf. Das Ausland lernt den Tango kennen und lieben.

Der Tangotourismus beginnt. Argentinien wird als Reiseziel entdeckt. Touristen, die nach Buenos Aires kommen, wollen Tangoshows sehen. Der Markt boomt. Umso mehr, als der Tourist stabile Dollars mitbringt. Die Nachfrage nach professionellen Tangotänzern ist plötzlich sehr groß. Tänzer aller Genre (Ballett, Modern, auch Folklore) nehmen kurzerhand Tango in ihr Repertoire auf. Schnell kommerzialisierbare Tangos werden gemacht. Sie verarbeiten das Klischee und möglichst viele spektakuläre Figuren zu Choreographien. Der *Tango for export* entsteht. Ein zu Recht kritisierter Stil, mit wenig Anspruch auf authentische Qualität.

Das weltweite Interesse läßt letztendlich den *porteño* nicht kalt. Er erinnert sich seiner „verlorenen" Kultur. Plötzlich dreht sich in Buenos Aires alles um den Tango. Die Jugend entdeckt ihn für sich. Tangotanzen ist in. Tangosalons schießen wie Pilze aus dem Boden. Neue junge Musikgruppen formieren sich. Die Film- und Fernsehwelt tut ein übriges. Es entstehen Filmproduktionen wie *Evita* von Allen Parker, mit Madonna in der Hauptrolle. Der Tango wird staatlich gefördert. Tango wird an Schulen unterrichtet und durch attraktive Medien wie den Fernsehkanal *Solo Tango* an die Öffentlichkeit getragen. Es entstehen Institutionen wie die *Academia Nacional del Tango* und die *Universidad del Tango*. Tangozeitschriften erobern den Markt (*Club de Tango, Tango XXI*). Der erste Tangoführer *El Compadrito* erscheint im Verlag *El*

Juan Carlos Copes mit Maria Nieves. Er ist Gründer des Tango-Balletts. 1952 gewannen beide den „Campeonato" im Luna Park. Später feiern sie Welterfolge in der Show „Tango Argentino". Sie sind eines der wichtigsten Paare in der Geschichte des Tango.

Holandés; BA *Buenos Aires Tango* und *El Tangauta* ziehen nach. 1994 findet erstmals die *Semana del Tango*, die Tangowoche, statt. Sie schließt mit dem *Día del Tango*, dem „Tag des Tango" am 11. Dezember, dem Geburtstag von Carlos Gardel. Im Rahmen dieser Woche werden täglich auf allen städtischen Bühnen Tangoshows und Konzerte aufgeführt.

Auch der *porteño* ist wieder stolz auf seine Kultur. Er selbst wird wichtiger Konsument des Tango. Veranstalter, die jahrelang ausschließlich mit Touristen gearbeitet haben, strukturieren um und richten Shows für das lokale Publikum ein. Ende 1996 findet die erste *Expo Tango* statt, eine Tangomesse. Im selben Jahr wird ein Gesetz verabschiedet, das den Tango als Gut nationalen Interesses definiert.

Trotz alledem leidet der Tango unter der in den sechziger und siebziger Jahren entstandenen Lücke in Form einer gewissen Orientierungslosigkeit. Es gibt die Alten und die Jungen, es fehlt die überbrückende Generation.

Viele Rituale sind verloren gegangen. Nur einige wenige Tänzer, in der Hauptsache professionelle, bilden eine kleine Gruppe dieser mittleren Generation. (Miguel Angel Zotto y Milena Plebs, Carlos y Alicia, Carlos y Inés Borquez, Alejandro Aquino y Vanina Bilous, Ricardo y Nicole, Norma y Luis Perreyra, Pablo Verón y Carolina).

Baile und Danza

Neben unterschiedlichen Stilen unterscheidet man im heutigen Tango zwei Hauptgruppen: Salontanz und Bühnentanz.

Während sich der Tanz auf der Tanzfläche zum Genuß der Paare abspielt, gelten für Bühnentänzer berufliche Bedingungen und künstlerische Herausforderungen – und nicht zuletzt auch Verantwortung dem Zuschauer gegenüber.

Fernando O. Assunçao macht folgenden Unterschied: Der Tanz kann *baile* benannt werden, wenn er dem Volk gehört, diesem entspringt und von diesem auch geliebt wird. Hierbei handelt es sich um ein Liebesspiel der Tänzer auf der Tanzfläche. Sobald der Tanz sozialen Regeln unterworfen ist oder eine Bestimmung als Bühnentanz hat, sprechen wir von *danza*.

Bei Bühnentanz und Salontanz bzw. Tanz auf der Tanzfläche handelt es sich meiner Ansicht nach um völlig unterschiedliche Konzepte. Ich persönlich (und hier kann ich wirklich nur für mich sprechen) sehe im populären Tanz die Voraussetzung, die Basis meines Bühnentangos. Er stellt die Wurzeln meiner Bühnenarbeit dar und liefert mir die Essenz. Auf der Bühne kann ich Gefühle, die ich auf der Tanzfläche erlebt habe, visuell umsetzen und potenzieren. Beidem liegt, das möchte ich betonen, das gleiche Gefühl zugrunde.

Der Bühnentanz kann und muß, trotz dieser unmittelbaren Verwandtschaft, anderen Regeln und Zielen unterliegen als der populäre Tanz. Dies schließt Parallelen nicht aus, markiert jedoch den Unterschied.

Im Rahmen dieses Buches habe ich mich entschieden, intensiv auf den populären Tanz und damit die Basis des Tango einzugehen und sozusagen nur Seitenblicke auf den künstlerischen Part zu werfen. Meine Auslegungen werden sich im Folgenden also in der Hauptsache auf den Tanz der *aficionados*, der Hobbytänzer, beziehen; insbesondere im Bereich der traditionellen Salons.

Die feste Basis

Der Tango ist Spiegel des sozialen, geschichtlichen und kulturellen Geschehens und verändert sich mit diesem. Einige Aspekte jedoch bleiben über das Jahrhundert hinweg konstant. Neben der Beziehung von Mann und Frau (Symbolik der Umarmung) sind Improvisation und Freiheit konstante Elemente in der Entwicklung des Tango. Sie bilden gemeinsam eine feste Basis.

Die Begegnung von Mann und Frau im Tango ist fundamentaler Teil des Rituals. Dennoch kommt es im Laufe der Geschichte zu Ausnahmesituationen. So z.B. dazu, daß Personen gleichen Geschlechtes miteinander tanzen. Doch ausnahmslos sind dies gewissermaßen Notstände.

Die Ausnahmen

Männertango

In den Anfängen des Tango ist es üblich, daß Männer untereinander Tangoschritte üben. Historiker haben darüber debattiert, ob dies Nachwehen des

Männertango

Urtango seien (Schwarze, die miteinander getanzt haben), homosexuelle Ge-
lüste oder schlichtweg eine Notlösung aufgrund des Frauenmangels.

D. Vidart schreibt hierzu in *El Tango*: „Wenn zwei Männer zusammen tanzten, so taten sie dies, um schwierige Schritte zu lernen. Aus simplen pädagogi-
schen Gründen." Aufgrund des Frauenmangels war es kaum denkbar, daß Frau-
en mit Männern üben würden, aber auch unvorstellbar, die heißbegehrten Ge-
schöpfe zu Übungszwecken zu mißbrauchen. Ziel war es schließlich, die Frau
zu erobern.

Das miteinander Tanzen und sich gegenseitig Schritte zeigen, gehört bis heute in die Männerwelt Argentiniens. Ein Mann gibt ungern Fehler in Anwesen-
heit einer Frau zu. Er zeigt seinen Tanz erst, wenn er ihn beherrscht. Juan Carlos
Copes: „Manche haben bis zu zwei Jahren gewartet, bis sie das erste Mal eine
Frau auffordern konnten. Die Hierarchie im Salon war damals sehr streng. Es
gab viel Respekt vor den guten Tänzern. Man traf sich, bevor der Tanzabend
begann, um Schritte zu üben. Wir waren einige hundert Männer."

Wenn er sich dann das erste Mal traut, mit einer Frau zu tanzen, wählt er wohl-
weislich eine Anfängerin, der er trotz eigener Fehler immer noch etwas voraus
haben wird. Erst wenn er sicher ist, wagt er sich an eine gleichwertige Partnerin.

Frauentanz im Bordell und Schwesterntanz

In den Bordellen der Jahrhundertwende kann man erstmals den Tanz der Frau-
en untereinander beobachten. Frauen, die miteinander tanzen, um sich zu be-
schäftigen und Langeweile zu vertreiben. Vielleicht auch, um den Kunden auf
sich aufmerksam zu machen. Im Gegensatz dazu kommt der Schwesterntango
aus den Häusern der gehobenen Mittelklasse und der *clase alta*, der sogenannten
„High Society". Die jungen Damen der wohlbehüteten Mittel- und Oberschicht
bleiben nicht unberührt von den Lastern der Welt. Sie sehen den Tangotanz an
der Straßenecke hinter einem Zaun und hören von ihm hinter verschlossenen
Türen, wenn der Bruder von seinen nächtlichen Streifzügen erzählt. Verstohlen
und kichernd imitieren die jungen Damen den unzüchtigen Tanz. Umarmt, aber
ohne Führung tanzen ihre Körper beziehungslos umeinander herum.

Entwicklung von Figuren und Stil

Stilelemente, wobei wir hier Rhythmus, Ausdruck und Haltung benennen
können, unterliegen einem ständigen Wandel. Eine sich verändernde Lebenseinstellung spiegelt sich in Körper- und Tanzhaltung wieder. Durch Ausbildung, Schulsystem und Sportunterricht verbessern sich Techniken der Kör-
perbeherrschung und ästhetisches Verständnis. Körper finden leichter ihre

Balance, Schamgrenzen werden überwunden, Kleiderregeln befreien sich von der Strenge und erlauben größere Bewegungsfreiheit der Tänzer. Die Männer- und Frauenwelt nähert sich an und kann unbefangener miteinander umgehen. Neben neuen Stilen entstehen auch neue Tanzschritte und Figuren.

Im Bereich der Choreographie erleben wir ein besonderes Phänomen. Zwar entstehen, parallel zur Änderung des Stils, ständig neue Bewegungskonzepte und Schrittfolgen. Im Gegensatz zum Stil lösen sich diese jedoch nicht ab, sondern summieren sich zu einem immer komplexer werdenden Figurenrepertoire. Alte und neue Figuren bestehen nebeneinander und werden miteinander kombiniert. Das potentielle Repertoire der Tänzer wächst ständig.

Das spezifische Verhältnis von summierten Figuren und sich ablösenden Stilen ist wichtig, um getanzte Tangos ihrer Zeit zuordnen zu können. Eine getanzte Figur kann uns nur bedingt Auskunft über Epoche und Stil geben. Wir können aufgrund des Figurenrepertoires eine erste Entstehungszeit des Tanzes vermuten. Da der Tänzer aber frei ist in der Wahl der Figuren, werden immer Zweifel an einer genauen Zeitbestimmung bleiben. Das „Wie" des Tanzes jedoch kann ziemlich deutlich Auskunft über Epoche und Stil geben. Tanzhaltung, Dynamik, Ausdruck des Tanzpaares, aber auch Kleidung und räumliches Umfeld definieren nicht nur die Entstehungszeit eines Tangos, sondern darüber hinaus auch das soziale Umfeld der Tänzer.

Epochen des Tangotanzes

Die Entwicklung des Tangotanzes unterteilt sich anhand markanter Veränderungen in Hauptabschnitte. Rodolfo Dinzel hat diese Entwicklungsstufen als „Epochen des Tangotanzes" bezeichnet.

Erste Epoche: „cortes y quebradas"

Gegen Ende des 19. Jahrhunderts wird der Tango im 2/4-Takt rhythmisch stark akzentuiert mit einfachem gegangenen Schrittmaterial ohne feste Figurenabläufe getanzt. Figuren und Schritte verlaufen geradlinig. Rhythmische Fußwechsel und *taconéos*, ein Klopfen mit dem Absatz, sind typisch. Die Dynamik des Tanzes ist schnell und frech.

In dieser Zeit weist der Tanz choreographische Stops auf, die sogenannten *cortes*. Hierbei handelt es sich um abrupte Stops, die den Bewegungsfluß plötzlich unterbrechen. Nicht selten wird die Frau vom Körper des Mannes „aufgefangen". Häufig werden die *cortes* verbunden mit einer in der Körpermitte abknickenden Pose, einer sogenannten *quebrada*.

Um 1900 zeigt sich eine Mann-Frau-Beziehung in der Öffentlichkeit distanziert. Ein Körperkontakt bedeutet viel. Solche Bewegungen sind Freiheiten, die das allgemeine Moralempfinden deutlich überschreiten, was dazu führt, daß der Tango als obszön empfunden wird.

Die damalige Mode langer im Kniebereich eng zulaufender Röcke schränkt die Bewegungsfreiheit der Dame stark ein. Sie muß das Becken leicht nach hinten weg ziehen und sich mit kleinen Trippelschritten fortbewegen.

Beide Partner knicken im Oberkörper leicht nach vorne zueinander ab, die Knie sind gebeugt, der linke Arm des Mannes plaziert sich exakt in der Mitte des Paares.

Einige noch heute bekannte Figuren sind bereits in dieser ersten Epoche entstanden, wie beispielsweise die *corrida*, ein kurzer schneller Lauf, die *parada*, der Halt, die *sentadita*, ein angedeutetes Sitzen auf dem Bein des Mannes und die *salida*, die Eröffnung des Tanzes. Orte des Geschehens sind Hinterhöfe von städtischen Mietskasernen, Innenhöfe und Bordelle.

Tango als Massenbewegung in den vierziger Jahren

Zweite Epoche: „Eleganz und Plane Figuren"

Die zweite Epoche beginnt nach dem Ersten Weltkrieg (um 1920). Erstmals spielt im Tango Eleganz eine große Rolle. Die verbesserte soziale Situation des Volkes spiegelt sich in der Körperhaltung der Tänzer wieder.

Die Tanzhaltung ist bewußt aufrecht. *Una buena postura*, eine gute Haltung und *estar bien parado*, sich aufrecht hinzustellen, sind wichtige Werte des Tangotänzers. Was nützt eine gute Schrittkombination, wenn der Tänzer dabei nicht gut steht?

Beim Mann verändert sich die Position des linken Armes. Er plaziert sich hoch erhoben und weiter hinten auf der Seite des Mannes.

Es entwickeln sich Figuren, die in ihrem Ausdruck „plan" sind. Sie zeichnen in ihrer Schrittabfolge Motive auf den Boden. Hierzu zählen *la medialuna*, der Halbmond; *el habanico*, der Fächer und *el ocho*, die Acht.

Dritte Epoche: „Figuren im Raum"

Die dritte Epoche findet in den dreißiger Jahren statt und reicht in die vierziger Jahre hinein. Die in der zweiten Epoche begonnene Entwicklung der aufrechten Tanzhaltung setzt sich fort und auch Bewegungsabläufe gewinnen an Eleganz und Ästhetik.

Die Körper stehen nun in vollkommener Aufrichtung ihrer Achsen dicht voreinander. Die Kleidermode der Damen wird kürzer und rutscht bis über das Knie. Der Beinbereich als nutzbarer Tanzraum wird nun entdeckt und es entstehen Figuren, die in den Beinraum des Partners eingreifen. Zum ersten Mal wird das Bein vom Boden gelöst und nutzt den dreidimensionalen Raum und nicht wie bisher nur die Fläche des Bodens. Der Haken, *el gancho* findet hier seinen Ursprung.

Vierte Epoche: „Época Gloriosa". Tango als Massenbewegung

Die vierte Epoche ist – im Tanz wie in der oben besprochenen Musik – die Zeit der berühmten vierziger Jahre. Das Tangofieber ergreift die breite Masse. Ganz Buenos Aires lebt im Rhythmus des Tango. Alles dreht sich um ihn. Wer eine Frau kennenlernen möchte, muß Tango tanzen können. Sogar im Landesinneren wird jetzt Tango getanzt. Eine gesamte Nation tanzt Nacht für Nacht in den Salons, die in dieser vierten Epoche überall aus dem Boden schießen. Über 40 große Orchester arbeiten in den Tanzsalons der Stadt.

Der populäre Tanz entwickelt sich jetzt zu seinem absoluten Höhepunkt. Durch die täglichen Tanzveranstaltungen und die Massenbegeisterung stei-

Dieses Bild ist in den Mauern der berühmten Straße Caminito von La Boca zu sehen.

gern sich die Tänzer gegenseitig. In den Worten von Maria Nieves (*Volver*): „Nadie se queria parecer a nadie. Copiaban los pasos, para despues volver a cambiarlos." („Niemand wollte einem anderen auch nur ähneln. Sie haben Schritte kopiert, aber nur um sie verändert neu zu präsentieren.")

Durch die überfüllten Tanzflächen lernen die Tänzer in dieser äußerst kreativen Phase, mit wenig Raum umzugehen und die Figurenvielfalt im eigenen Beinraum zu entdecken. Es werden Drehungen in allen möglichen Varianten getanzt. Dies hat zu tun mit der notwendigen Ökonomie des Raumes: In der Drehung kann der Mann am Platz verweilen. Er läßt die Frau um seine eigene Achse tanzen, während er die Figur raffiniert verzieren und variieren kann.

Noch heute schwärmen die Leute von dieser Zeit: der *Época Gloriosa*. Die in den vierziger Jahren getanzte Version ist die bis heute gültige Basis des Tango Argentino.

Fünfte Epoche: „Tango in Clubes"

In den fünfziger Jahren schließt sich die durch die Massen ausgelöste Entwicklung ab. Die Wirtschaftslage verschlechtert sich und damit die finanzielle Situation der Bürger. Der Tango verebbt im Zentrum der Stadt und zieht sich

Oben: Gerardo Portalea und seine Frau Marta 1954 im Club Ateneo Cultural Pueyrredon. – Links: Der legendäre Maestro Antonio Todaro.

zurück in die Vororte, in die *clubes* der *barrios*. Durch die räumliche Isolation können in jedem *barrio* eigene Stile entstehen. So tanzt man in *Mataderos* frech und rhythmisch, in *Villa Urquiza* dagegen fein und subtil. Man erkennt am Stil des Tänzers, aus welchem *barrio* er kommt.

Einige wenige der damaligen *clubes* existieren noch heute, z.B. *Glorias Argentinas,* der *Club Helenico*, auch *Canning* genannt, *Sunderland* und *Sin Rumbo.*

Sechste Epoche: „Krise und Einfluß der Bühnenelemente"

In den sechziger und siebziger Jahren erlebt der Tango einen fast vollständigen Stillstand. Internationale Musik gelangt über Radio und TV in die Haushalte der Argentinier. Der junge Argentinier ist fasziniert von der großen weiten Welt und verliert das Interesse an nationaler Kultur. Auch in Zeiten von Finanzkrisen geht es dem Tango nicht gut.

Erst Bühnenproduktionen beleben die Tangowelt wieder. Von der populären Tanzfläche steigt der Tango zur darstellenden Kunst auf. Die Entwicklung des Bühnentangos überholt rasch das Repertoire des Salontangos. So mancher Tänzer lernt den Tango für die Bühne und betritt dann erst als Profi den Salon. Bühnenelemente fließen somit in den populären Tanz ein und erweitern das Bewegungspotential.

Die Damen heben ihre Beine im Spiel höher als je zuvor. *Sacadas*, Posen und komplexe, in den Raum greifende Figurenabläufe finden hier ihren Ursprung; auch der Anspruch der Frauen, mit extrem gestreckten Beinen tanzen zu wollen. Ein Bild, das sie den professionellen Tänzern abgeschaut haben.

Siebte Epoche: „Universalisation"

Die siebte Epoche findet statt in den achtziger Jahren und ist geprägt von Einflüssen aus dem Ausland. Tangoshows feiern weltweit Erfolge. Der Tangotourismus boomt. Ausländer besuchen Argentinien auf der Suche nach dem Tango. Nostalgie, erotische Ausstrahlung, Machismo und Sinnlichkeit verleihen ihm exotisches Flair. Die inzwischen an High Tech erkrankte Welt hat Sehnsucht nach dem klassischen Bild von Mann und Frau, will zurück zu Gefühl und Leidenschaft. Besonders Länder mit stark feministischer Entwicklung zeigen wachsendes Interesse am Tango und dem mit dem Tango verbundenen alten und traditionellen Rollenspiel von Mann und Frau. Tango beginnt, das attraktivste Exportgut Argentiniens zu werden. Der Erfolg im Ausland zeigt seine Wirkung im eigenen Land, Argentinien entdeckt seine eigene Kultur wieder.

Die Musik der Künstler ist gefärbt von internationalen Einflüssen. Professionelle Tänzer ziehen durch die Welt und werden beeinflußt durch internationale Aspekte. Auch die Medien eröffnen die weltweite Kommunikation. Typische Gesten des *porteño* werden abgelöst durch internationale Verhaltensweisen. Auch kommen ausländische Besucher nach Buenos Aires und bringen den Tango ihrer Heimat in die Salons von Buenos Aires. Das Bild vermischt sich.

Achte Epoche: „Modetanz"

Der Tango entwickelt sich zum Modetanz. Die Jugend Argentiniens entdeckt in den neunziger Jahren den Tango für sich. Auffällig viele professionelle Tänzer aller Genre (Ballett, Modern etc.) nähern sich dem Tango. Nicht zuletzt, weil Tango zur Erfolgsformel geworden ist. Nicht Rock ist „in", sondern Tango.

Die Innenstadt ist plötzlich überschwemmt von neuen Salons und Tango-treffpunkten. Junge Salons haben das Flair einer Tango-Disco. Die alten Rituale werden hier über Bord geworfen, der Tango verliert viele seiner ursprünglichen Inhalte. Der Tanz der Jugend ist frei und experimentell, wenig reif im Ausdruck, dabei jedoch äußerst virtuos. In einigen wenigen traditionellen Salons zeigen sich die alte und junge Generation direkt nebeneinander.

Natürlich sind es nicht immer Tangoliebhaber, die sich dem Tango nähern, sondern oft Mitläufer. So haben auch Rock- und Pop-Musiker den Tango in ihr Repertoire übernommen und die Werbe- und Kinowelt hat das Thema für sich entdeckt.

Stil

Jeder Tänzer legt in den Tango seinen persönlichen Ausdruck. Der Ausdruck wird bestimmt von der Qualität der Bewegung, dem „Wie" des Tanzes, der Art, die Musik zu „vertanzen", und der Fähigkeit, jeder Bewegung eine ganz eigene und persönliche Qualität zu geben. Wie der Pinselstrich eines Malers, der unterschiedlichste Nuancen darstellen kann, von fein bis kräftig, lang, kurz oder punktiert, präzis oder diffus, kann auch die Bewegungsqualität unterschiedlichste Gesichter haben.

Strömungen

Dem persönlichen Stil eines Tänzers liegen große Strömungen zugrunde.

Schon Anfang des Jahrhunderts entwickeln sich unterschiedliche Tanzstile gleichzeitig. Erste Stile sind der *Tango con corte y quebrada*, *Tango orillero*, der Tango der Vorstadt, und der *Tango canyengue*, ein stark rhythmischer Stil mit Bewegungen im Oberkörper und Gesten des *compadrito*. Später entwickelt sich der *Tango liso*, der „glatte Tango", ein einfacher, in der Figurenwahl monotoner Tanzstil. Der *Tango refinado*, der verfeinerte Tango der eleganten Kreise, trägt Einflüsse der Pariser Glitzerwelt der zwanziger Jahre. Die virtuosen Bewegungen des *Tango orillero* verbinden sich mit der Eleganz des *Tango refinado* zu einem neuen, sehr populären Stil, dem *Tango de salón*. Hier handelt es sich um einen anspruchsvollen Stil, der Eleganz und Virtuosität in sich vereint.

Tanzstile definieren sich innerhalb der Gesamtentwicklung, aber auch in Relation zum spezifischen sozialen Umfeld der Tänzer. Auch das Motiv spielt eine große Rolle, sei es der Genuß des Tanzes an sich oder aber der Wunsch mit einem Partner näher in Kontakt zu treten. All dies schlägt sich in der Entwicklung des Stils bzw. der Stile nieder. Deshalb ist es möglich, daß zur gleichen Zeit in Buenos Aires an unterschiedlichen Orten verschiedene Stile entstehen.

Innerhalb einer Gruppe mit gleichem oder ähnlichem Interesse, Niveau oder Alter treten bestimmte Gesten in den Vordergrund und verstärken sich in der abgeschlossenen Gruppe – gleichsam als mimischer Jargon –, während sich fremde Aspekte verlieren. So entstehen im abgeschlossenen sozialen Umfeld charakteristische Stilvarianten.

Tangostile im Überblick

Con corte y quebrada: Wörtlich „mit Schnitten und Brüchen". Ein Stil der Jahrhundertwende. Anfang des Jahrhunderts ist er im Zentrum von Buenos Aires verboten. Choreographische Stops definieren diesen Stil. Abrupte Unterbrechungen des Bewegungsablaufes (*cortes*), oft verbunden mit in der Körpermitte abknickenden Posen (*quebrada*).

Tango criollo: Tangotanz, beeinflußt von dem Tanz der Schwarzen, den ersten Wurzeln des Tango. Hier tauchen erstmals Charaktere wie der *ruffino*, *malevo* und *compadrito* auf. Ein Tango der Unterwelt. Merkmale: Die Tänzer stehen in der Körpermitte leicht abgeknickt, im Oberkörper leicht vorgebeugt. Der Becken- und Beinbereich ist zurückgezogen. Diesem Stil sieht man die Einflüsse der vom Land in die Stadt geflohenen Gelegenheitsarbeiter (Viehtreiber) an. Auf der Bühne unterstreicht der Mann den Tanz in diesem Stil mit der Kleidung und der Gestik des *compadrito*. Ein gestreifter Anzug mit weißen Paspeln eingefaßt, Halstuch und Hut – das ist eigentlich ein Phantasiekostüm, ein *traje de fantasía*. Als Ausdruck der Koketterie und der schlechten Manieren behält der Mann den Hut beim Tanzen auf.

Tango orillero: Von *orilla*, Stadtrand. Vorstadttango. Einzelne Stadtviertel, die *barrios*, entwickelten einen für ihre Lebensweise typischen Tanzstil. Der *Tango orillero* ist „schräg". Voll von *picardía*, von frechem Witz, wie auch der Umgang der Leute untereinander in diesen Vierteln. Hier tanzen die Tänzer einen Tango reich an Schritten, Variationen und Rhythmus. Meist ist der Tango das einzige, was sie haben und was sie vorzeigen können. Im Tango bringen sie ihre gesamte Existenz zum Ausdruck.

Tango arrabalero: etwa gleichbedeutend mit *Tango orillero*. *Orilla* ist das Wort für Stadtrand, *arrabal* steht für Vorort bzw. Armenviertel.

Tango liso: Dieser Stil entsteht als einfache Variante des an sich komplizierten Tanzes, eine Version, die nicht viel tänzerisches Können und damit auch nicht viel Studium und Besessenheit des Tänzers voraussetzt. Der Begriff leitet sich ab aus dem Italienischen. In Italien ist der *Ballo liscio* („glatter Tanz") bekannt als eine meist auf dem Dorfplatz stattfindende Tanzveranstaltung. Der einfache Mann geht hier tanzen. Bezeichnend für diesen Stil ist die relativ parallele Stellung der Oberkörper zueinander und das in der Hauptsache geradlinig-simple Figurenrepertoire. Der Mann tanzt *de frente*, frontal nach vorne ausgerichtet. Der Tanzstil des inzwischen verstorbenen *maestros* Antonio Todaro findet seinen Ursprung hier. Jedoch konnte Antonio Todaro das Figurenmaterial auf eine geniale Weise weiterentwickeln. Siehe auch *Tango de los clubes*.

Tango canyengue: *Tango canyengue* beschreibt sowohl einen rhythmisch stark akzentuierten Musikstil wie auch einen frühen Tanzstil. Die markante Musik kommt im Oberkörper zum Ausdruck: Die Schultern bewegen sich abwechselnd links und rechts sowohl auf und ab als auch vor und zurück. Die Schritte sind stark akzentuiert und schwer auf den Boden gesetzt. Bewegungsrichtungen werden angesetzt und durch Gegenbewegungen wieder abgebrochen.

Tango de Paris: Der vor dem ersten Weltkrieg in Paris entstandene Stil. Der Tango als Modeneuheit, als „letzter Schrei". Die Tänzer übertreiben ihre Haltung und sind im Oberkörper dem Partner abgewandt und zurückgebeugt. Statt des 45-Grad-Winkels der Oberkörper zueinander stellen sie sich in einen 90-Grad-Winkel aufgefächert. Nicht das Gefühl ist ihr Anlaß zu tanzen, sondern der Effekt. Die Bewegungen sind stark überzogen, der innere Stolz des Argentiniers wird hier fehlinterpretiert. Der Tanz wirkt affektiert, es fehlt ihm aber nicht an Eleganz und Exklusivität.

Tango refinado: Ein Tanzstil der feinen Gesellschaft Argentiniens in Anlehnung an das elegante Flair, das den Tango in Paris umgibt. Man verzichtet auf populäre Elemente. Der Stil ist aber weder wirklich attraktiv noch langlebig.

Tango de salón: Aus einer Verbindung aus *Tango refinado* und *Tango orillero*, d.h. aus Eleganz und Virtuosität, entsteht ein neuer Stil, der *Tango de salón*. Die Tänzer sind in ihrem Oberkörper aufgerichtet. Der Mann trägt seinen linken Arm hoch erhoben. Die Beine zaubern Figuren, jedoch niemals auf Kosten der Eleganz. Der richtige Tangotänzer kann sich sehr für diesen Stil begeistern, vielleicht ist es der anspruchsvollste Stil überhaupt. Die Bezeichnung „Salontango" ist etwas irreführend, denn eigentlich handelt es sich um den Tanz auf der Tanzfläche, im Gegensatz zum *Tango de espectáculo*, dem Bühnentanz.

Tango de los clubes: Eine Entwicklung ab Ende der vierziger Jahre bzw. eine Weiterentwicklung des *Tango de salón*. Es ist umstritten, ob hier von einem eigenen Stil zu sprechen ist oder nur eine weitere Facette innerhalb des *Tango de salón* entsteht. Regelrechte Tangofanatiker entwickeln in den *clubes* einen

eleganten und expressiven Stil.
Trotz der vollen Tanzfläche bemü-
hen sie sich um Ausdruck und das
Setzen langer Schritte. Sobald der
Platz auf der Tanzfläche es erlaubt,
tanzen sie raffinierte Figuren. In
den *clubes* ist es üblich, anderen
Tänzern zuzuschauen, gute Tänzer
und ihr Können zu beobachten.

Das Vorwärtskommen auf der
Tanzfläche ist ein wichtiger Aspekt.
Niemals stagniert die *rueda*, die Bewegung in Tanzrichtung. Immer sind alle
damit beschäftigt, gemeinsam Raum zum Tanzen zu schaffen. Die Tänzer be-
mühen sich um Virtuosität in den Beinen, Kreativität in der Wahl des Bewegungsablaufes, überraschende Rhythmik, Raffinesse und aufrechte Eleganz. Wäh-
lerisch in der Wahl des Tanzpartners bringen sie es auf der Tanzfläche manchmal
zu wahren Tanzkunstwerken. Auffallend ist der aktive Part der Frau, wofür teilweise auch Männer den Anstoß geben. Unter all den alten Meistern ist hier
besonders Antonio Todaro zu nennen. Er stammte aus *Mataderos* und frequen-
tierte den Club *Glorias Argentinas*. Auf sehr kreative Weise hat er den Part der
Frau ausgearbeitet, hat ihr zur tänzerischen Gleichwertigkeit verholfen und damit auch einen attraktiven Bühnenstil geprägt.

Tango de confitería: Der *Tango de confitería* entsteht im Zentrum der Stadt. In
der *confitería* treffen sich Mann und Frau abends oder in der Teestunde zum
Tanzen. Allerdings weniger des Tanzens wegen, sondern wegen der Suche nach
einem Partner. Die Tanzflächen sind hoffnungslos überfüllt. Aber das stört die
Tänzer nicht weiter. Eng umschlungen tanzen sie in kleinen Schrittchen auf der
Stelle, damit beschäftigt, der Frau „ins Ohr zu flüstern". Der Tanzstil, der hier
entsteht, zeichnet sich aus durch eine extrem passive Rolle der Frau, kleine oder
sehr kleine Schritte und einfache Schrittmuster. Das deutsche Wort „Schwofen"
dürfte am deutlichsten den Charakter dieses Stils treffen. Die *confiterías* sind im
Zentrum in der Gegend um die Straßen *Corrientes* und *Callao* zu finden. Einige
wenige existieren noch heute.

Tango americano: Ein Tanzstil, der in den USA entsteht, stark beeinflußt von
den Bedürfnissen der Traumwelt Hollywoods.

Tango de espectáculo: *Tango de espectáculo* heißt Theater- oder Bühnentango.
Genaugenommen kann man bei diesem Ausdruck nicht von Stil sprechen; er
definiert vielmehr eine Sonderform, ein weiteres Genre des Tango.

Ricardo Klapwijk: „Diese Brief-marke entstand im Rahmen eines von der argeninischen Post veranstalteten Wettbewerbs zu Ehren des 'Fileteado', einer typisch argentinischen Malweise (zu sehen in der Mitte). Es war für meine Frau und mich eine große Ehre und eine große Überraschung, uns darauf als Repräsentaten des argentinischen Tango abgebildet zu finden." Rechte Seite: Mingo und Esther Pugliese, zwei bekannte Tango-Lehrer der älteren Generation.

Tango danza: Auch hier handelt es sich nicht um einen Stil, sondern einen Begriff, der jede Form des Tangotanzes umschreibt, die sich aufgrund eines tänzerischen Studiums in der Ästhetik weiterentwickelt und damit aus dem populären Tanz herauslöst. Meist ist der Bühnentanz, oft auch der studierte Tanz akademischer Art gemeint.

Tango de fantasía: Dieser Stil beinhaltet die Möglichkeit, „frei erfundene" Elemente in den Tangotanz einzubauen. So kann sich das Paar z.B. aus der festen Umarmung lösen oder bislang unbekannte Figurenelemente einbrin-gen. Die Übersetzung von *Tango de fantasía* bedeutet nicht, wie oft fälsch-lich angenommen, „Phantasietango" im Sinn von „irgendwie" oder „phanta-stisch", sondern umschreibt einen Stil, der die Phantasie ermuntert und Ein-fälle in der Gestaltung erlaubt. Die Tänzerin Milena Plebs erklärt z.B.: „Ich habe ein Foto aus den dreißiger Jahren, auf dem eine Frau kopfüber abgebil-det ist." Dieser Stil wird in reiner Form niemals auf einer vollen Tanzfläche im Salón getanzt, sondern nur auf der Bühne, während einer Vorführung im Salon oder im Training *(práctica)*. Einzelne Elemente und Inspirationen sind jedoch gern gesehener Gast auf der Tanzfläche. Paare genießen das kreative Spiel, das hier entstehen kann.

Tango estilo Valentino: Der Tango im Stil Valentinos ist der sogenannte „Apachentango" (Apache, Zuhälter). Gekleidet wie ein Gaucho, ausgerü-stet mit Münzgürtel, Hut, Stiefel und Peitsche, entsteht hier ein Klischee des Macho. Die Partnerin weicht dem Peitschenschlag ängstlich aus, liegt ihrem Partner aber gleichzeitig, angezogen durch seine fast brutale Männ-lichkeit, unterwürfig zu Füßen. Der Filmstar Rudolf Valentino gibt diesem Stil seinen Namen.

Kompatible Basis

Die uns heute bekannte Version des Tangotanzes wurzelt, wie gesagt, in den vierziger Jahren. Sie wird deshalb auch „Tango der vierziger Jahre" genannt. Allerdings ist sie in mancher Hinsicht ebenso Resultat der vorangegangenen Dekaden wie Kreation dieses Jahrzehnts.

Obwohl jeder Tänzer einen persönlichen Stil entwickelt, ist die Basis, die Sprache des Tanzes immer allgemeinverständlich. Jeder kann mit jedem tanzen. Deshalb spielt es auch keine Rolle, ob Mann und Frau denselben Stil tanzen. Es ist auch nicht notwendig, vor dem Tanz Absprachen zu treffen.

Die Stilform respektieren

Ein Tänzer sollte die Bedeutung von Haltung und Stilelementen kennen. Ein wahlloses Mischen aller oder vieler Stilelemente ist ein nur allzu häufiger Fehler. Ebenso der Glaube, man könne jede Bewegung zu jeder Musik tanzen und Elemente jeder Epoche beliebig miteinander kombinieren. Letztlich läuft das auf eine Entwertung des Begriffs „Stil" hinaus.

Man kann einen Stil durchaus variieren, vorausgesetzt man respektiert ihn – und man kennt ihn!

Konkret bedeutet das: Eine historische Tanzhaltung schränkt automatisch auf das zeitlich entsprechende Repertoire ein. Eine Tanzhaltung aus den Anfängen des Jahrhunderts kann daher nicht Basis eines Tänzers sein, sondern höchstens eine Facette seines Tanzes.

Persönlicher Stil

Unabhängig von den historisch definierten Stilen sprechen wir im Tango von einem persönlich individuellen Stil. Aus der großen Masse ragen jedoch nur einige wenige prägnante Tanzpaare heraus, die ein bekanntes und wiedererkennbares Bild prägen. Oft sind sie das Vorbild für viele und werden kopiert.

Mitbestimmend für den persönlichen Stil sind z.B. die Musikwahl und der soziale Hintergrund. Doch im Mittelpunkt für die Formung stehen Persönlichkeit und Charakter der Tänzer. Auch die jeweilige Ausbildung ist wichtig. Besonders bei Bühnentänzern können wir beobachten, daß durch fundierte Tanzausbildung tangofremde Elemente einfließen. Dies wird z.B. sichtbar bei Milena Plebs (*Zotto / Plebs*) und Gloria Dinzel (*Los Dinzel*) anhand von Elementen des klassischen und modernen Balletts; bei dem Tänzer Hèctor Falcón (Hèctor y Susana) und dem Paar Norma y Luis Perreyra ist die Basis der Folklore sichtbar. Bei Juan Corvalan und Viviana Laguzzi trifft die Welt der Folklore auf die des klassischen Balletts.

Ein Stil formt sich innerhalb eines Paares. Durch das ständige Reagieren aufeinander, die wechselseitige Wahrnehmung, formt der eine sich am anderen und umgekehrt. Betrachtet man Mann und Frau jedoch unabhängig voneinander, so ist der Mann derjenige, der den Tanzstil im Paar prägen kann, nicht umgekehrt. Dies alleine durch die Tatsache, daß der Mann führt und damit den Tanzablauf grundlegend bestimmt.

In Ricardos Augen bin ich selbst ein gutes Beispiel: „Für Nicole kann es sehr spannend sein, mit anderen Männern zu tanzen. Sie tanzt den Tango des Mannes. Da steckt immer viel Neues drin. Ich sehe im Salon gerne zu. Selber zu tanzen, ist für mich nicht immer spannend. Denn dadurch, daß ich führe, ist mein Tango immer mein Tango. Es gibt nicht viele Frauen, die eine starke Persönlichkeit einbringen in den Tanz. Dann kann es uns Männern schon langweilig werden. Deshalb tanze ich gerne mit Nicole. Sie ist bereit, Neues und Aufregendes mit in den Tanz zu bringen. Sie ist als Person präsent . . .“

Die Frau paßt sich automatisch dem Stil des Mannes an. Doch verändert sie dabei niemals die Art ihres Seins. Ihre Art zu stehen und sich zu bewegen gehören zu ihr. Ihr „Swing“, ihre Haltung und Dynamik beeinflussen das Paar zumindest indirekt. Wenn ich mit Überzeugung tanze, dann kann es tatsächlich schon mal sein, daß ich den Mann dazu verführe, Dinge zu tanzen, die nicht er, sondern ich zuerst gefühlt habe. Doch geschieht dies auf eine derart subtile Weise, daß er diesen Einfluß nicht merkt und er meine, sagen wir Nachricht fast unbewußt aufnimmt. Wir sind dann so gut verbunden, daß meine Gedanken auch seine werden.

Manche Paare definieren ihren Stil sehr früh und endgültig, andere bleiben in einem ständigen Prozeß der Veränderung, meist jedoch innerhalb einer einmal angestrebten Stilrichtung. Es kann aber auch vorkommen, daß ein Paar plötzlich seinen Stil komplett ändert. Doch dies ist sehr selten der Fall und geschieht bei besonders massiven Änderungen im Leben des Tänzers. Interessant bleibt die Tatsache, daß sich im Tanz jedes Paares ein individueller Lebensabschnitt ausdrückt.

Der Streit der Tänzer um den Stil

Von jeher gibt es Diskussionen der Tänzer untereinander um die „Wahrheit des Tango", den wahren Stil und die wahrhaftige Version des eigentlichen Tango. Diese Diskussionen gehen weit über die Beurteilungen einzelner Tänzer hinaus. Die Frage ist nicht, ob der eine oder andere gut oder schlecht tanzt. Die Frage lautet: Ist das Tango? Die Authentizität des Tango läßt sich aufgrund der großen Freiheit äußerst verschieden auslegen. So diskutieren alle Gruppen sämtlicher Tänzer untereinander über Stile und Ansichten.

Die hitzigste Diskussion findet jedoch zwischen den *milongueros* und den Professionellen statt. Die einen behaupten, der Bühnentango sei kein Tango, die anderen bezeichnen den Tanz der *milongueros* als veraltet und verschroben. Eine Diskussion, die sich im Ansatz bereits abfangen ließe, denn der Bühnentanz und der Tanz der *pista*, der Tanzfläche, sind keine Konkurrenten, sondern Varianten. Man kann das eine nicht aus der Sicht und mit den Kriterien des anderen beurteilen. In manchen Punkten haben beide Recht: Es gibt viele Beispiele für fehlende Substanz im Bühnentanz und mangelnde Aufgeschlossenheit bei den *milongueros.*

Figuren

Im letzten Teil des Buchs werden wir – im Zusammenhang mit den Lernprozessen – noch einmal auf die Figuren zurückkommen.

Im Tango gibt es keine festgelegten choreographischen Abfolgen, da der Tanz auf der Basis der Improvisation entsteht. Innerhalb der Improvisation sind jedoch Bewegungsabläufe wiederholt entstanden und in die *memoria popular*, die Erinnerung des Volkes übergegangen. Solche Schrittfolgen werden Figuren genannt.

Der *paso basico*, der Grundschritt, und auch Elemente wie *ocho, giro, molinete, gancho, sacada, firulete* und *barrida* zählen zu den inzwischen allgemein bekannten Figuren.

Fast alle in der Geschichte neu aufkommenden choreographischen Elemente haben sich addiert und addieren sich weiterhin. Nur wenige Bewe-

gungsstrukturen sind in Vergessenheit geraten. So verfügt der Tango inzwischen über ein äußerst komplexes Figurenmaterial.

Heute unterteilt man die Figuren in drei große Gruppen: die Spiegelfiguren (*figuras espejadas*), artikulierte Figuren (*figuras articuladas*) und verhakte bzw. verkoppelte Figuren (*figuras trabadas*).

In die Gruppe der Spiegelfiguren gehören solche, in denen Mann und Frau sich voreinander, fast spiegelverkehrt identisch bewegen. Zu der Gruppe der artikulierten Figuren zählen alle Bewegungsabläufe, in denen die Körper von Mann und Frau sich wie durch Gelenke verbunden umtanzen. Zur letzten Gruppe, den verkoppelten Figuren, zählt man Bewegungsabläufe mit eng verknüpften Elementen unterschiedlicher Bewegungsstrukturen.

Die Figurenwahl jedes Tänzers ist frei. Er kann aus den Bewegungen des gesamten Materials frei auswählen, am besten natürlich aus dem für seinen Stil spezifischen Repertoire. Ob ein Tänzer viele oder wenige Figuren tanzt, Figuren ähnlicher oder kontrastiver Art liegt ganz in seiner Entscheidung. Ob er sich ein festes Repertoire zulegt oder

In den wundervollen Sälen des Café „La Ideal". Jeden Sonntag treffen sich hier ältere Damen und Herren auf einen Tee, feines Gebäck und einen Tanz. In der Hoffnung darauf, einen Begleiter zu finden. Ein Stockwerk höher gibt es fast täglich Tangotanz.

ständig auf dem Weg der Veränderung bleibt und fortwährend experimentiert, kann nur er selbst entscheiden.

Eine „Sprache", die über ein immer größeres „Vokabular" verfügt und sich dadurch detaillierter und individueller ausdrücken kann, birgt aber auch die Gefahr der wahllosen Beliebigkeit.

Ein Tänzer muß also lernen, unter all der Vielfalt auszuwählen und zu fühlen, welche Bewegungen seine Gefühle ausdrücken können und welche Bewegungsmuster zu seinem Körper passen.

Gute Tänzer haben im allgemeinen ein reichhaltigeres Repertoire als weniger gute; also auch eine Bewegungs- und Ausdruckspalette. Je größer das potentielle Repertoire, umso weniger ist der Tänzer abhängig von der ihn umgebenden und auch begrenzenden Situation. Er ist keineswegs gezwungen, das Repertoire „auszuschöpfen"; aber das Vorhandensein des Reper-

*Pepito Avellaneda und Suzuki.
„Pepito" gehörte zur Generation
der „großen Alten". Sein Können
lag in der Milonga; sein Humor
machte ihn zu einer von vielen
geliebten Persönlichkeit.*

toires gibt dem Tänzer Freiheit in seiner Auswahl. Hier
spricht man von der Routi-
ne eines Tänzers.

Das Figurenmaterial und
die möglichen Kombinatio-
nen untereinander sind inzwischen so reichhaltig, ja
endlos, daß man jeden Tango unabhängig vom emotio-
nalen Aspekt vollkommen
neu gestalten und neu erle-
ben kann. Ein Tänzer, der das Geheimnis der Improvisation beherrscht, kann
jeden Tanz erleben wie ein erstes Mal.

Die getanzte Figur, die Schrittabfolge selbst, ist im Tango von sekundärer
Bedeutung. Ausgangspunkt jeder Bewegung ist das Gefühl. Die getanzte Figur im Tango ist nichts anderes als eine Ausdrucksform. Sonst nichts. Hier
steckt die „Wahrheit des Tango", seine Seele. Die Freiheit, aber auch die Fähigkeit, in uns hinein zu hören, uns selbst das Stethoskop auf das Herz zu
setzen, um dort die Quelle des Tanzes zu finden. Wenn das geschieht, dann
lebt der Tango.

Der Kreuzschritt als Neuerung

Mit den Begriffen „klassischer Tango" und „originaler Tango" ist entgegen
der allgemeinen Vorstellung nicht seine ursprüngliche, also früheste Version
gemeint, sondern der Tango der vierziger Jahre. Selbst der heute als Grundschritt bekannte *paso basico* hat sich erst Jahrzehnte nach der Geburt des Tan-

go formuliert: Der heute als fünfter Schritt der *base* bekannte Kreuzschritt der Frau ist in der Entwicklung des Tango eine Neuerung. Viele der heute bekannten Bewegungsabläufe konnten erst aufgrund dieses neuen Elementes entstehen. Ein Spiel unendlicher Kombinationen, fast Permutationen, wurde hier eröffnet. Vom Partner unabhängige Richtungswechsel und gegenläufige Bewegungen für Mann und Frau wurden möglich. Auch andere heute selbstverständliche Bewegungsmuster, wie beispielsweise das Drehen des Beckens und in den Beinraum eingreifende Figuren haben sich erst im Laufe der Zeit entwickeln können.

Tango Ortodoxo – Tango No Ortodoxo

Man unterscheidet zwischen dem *Tango ortodoxo* und dem *Tango no ortodoxo*. Wobei man das Wort *ortodoxo* nicht mit „rechtgläubig" übersetzen darf, sondern mit „traditionell" oder „klassisch".

Tango ortodoxo

Als *Tango ortodoxo* wird also der „klassische" Tango in der Grundversion der vierziger Jahre unter Berücksichtigung des konventionellen Figurenrepertoires bezeichnet. Dies sind die meisten der allgemein geläufigen Figuren und die Gruppe der vertrauten Schrittabläufe. Das Figurenrepertoire wurde sozusagen inoffiziell festgelegt. Dies sind Figuren, die sich im Laufe der Jahre durchgesetzt haben und von der Allgemeinheit getanzt werden.

„Orthodoxe" Figuren sind immer leicht tanzbar. Sie verlaufen, aus Sicht des Mannes, nach links in Richtung der Tanzrichtung und der offenen Seite des Paares. Deshalb werden sie als *natural*, als natürlich, bezeichnet. Wegen der leichten Tanzbarkeit sind sie populär.

Oft wird der Begriff *Tango ortodoxo* in seiner Bedeutung jedoch verwechselt mit „authentischer" oder „wahrer Tango".

Tango no ortodoxo

Als *Tango no ortodoxo* werden all die Figuren bezeichnet, die unkonventionell sind. In der Regel sind dies relativ neue Figuren, aber auch Abwandlungen der orthodoxen Figuren.

Zu der Gruppe der nicht orthodoxen Figuren gehören zum Beispiel Gegenbewegungen auf der Tanzfläche, Bewegungen nach rechts in Richtung der geschlossenen Seite des Tanzpaares (*contra molinete*) und generell komplizierte Figuren, die für die Allgemeinheit untanzbar bleiben, wie beispielsweise Elemente des *Tango de fantasía*.

Der Bühnentanz

Die Entstehung

Die früheste Form des Bühnentango verdanken wir, wie bereits erwähnt, dem Triumph des Tango in Paris und seinem anschließenden Einzug in die feine Gesellschaft Argentiniens. Eine Gesellschaft, die über genügend finanzielle Mittel verfügt und auch über genügend teure Instrumente, um den Tango zu fördern. Hier wird der Tango erstmals als eine Kunstform entdeckt.

Eine Vorstufe zum Bühnentanz bilden die *milongueros*, die im Salon vortanzen. Eigenwilliger Stil, auffallend elegante Haltung, Virtuosität, Persönlichkeit und Ausdruck unterscheiden sie von der Masse. Wie in einem Boxring bildet die Menge einen Kreis, um den besten Tänzer zu bewundern und ihn auch bei überraschenden Schritten anzufeuern. Ein solcher Kreis ist im Grunde auch schon eine Bühne.

Zu den ersten, deren Namen in Verbindung mit Bühnenarbeit bekannt werden, gehören Julia und Lalo Bello, Sofia Bozan und Alberto Anchart. Sie sind in der *comedia musical* von Francisco Canaro aufgetreten. Später sind weitere *milongueros* durch ihre Auftritte bekanntgeworden, z.B. *El pibe Palermo*, *Petroleo*, Gerardo Portalea, Antonio Todaro, Pepito Avellaneda und *Fino*.

Ankündigung einer Show.

Es fällt auf, daß Frauennamen in dieser Zeit kaum eine Rolle spielen, wenngleich *La Gallega* und Carmencita Calderon sich als herausragende Begleiterinnen einen Namen gemacht haben.

El „Cachafaz"

Der berühmteste Tänzer der damaligen Zeit ist Ovidio José Bianquet, genannt *El Cachafaz* (*1890). Sein Name ist ein *lunfardo*-Ausdruck für den, der sein Gesicht verbirgt bzw. keinen Wert auf ein „gutes Image" legt. Ein Schlitzohr gewissermaßen. Nicando Perreyra schrieb darüber in *Del Cachafaz al Tango*:

Die Titelseiten der Programmhefte von zwei der erfolgreichsten internationalen Tango-Shows:
Links Anfang der 80-er Jahre, rechts Mitte der 90-er Jahre.

„El mítico bailarín escuchaba honradamente las recomendaciones de los organizadores de aislar los cortes y quebradas, pero nunca pudo Bianquet sujetar su genio nacional de 'meter pierna' y maravillar a la concurrencia joven, bien educada y jai, que lo aplaudía delirante y lo rodeaba en aquellos bailes memorables de los 1913." („Der mythische Tänzer hörte sich mit Ehrerbietung die Empfehlungen der Veranstalter an, auf *cortes* und *quebradas* zu verzichten. Aber niemals konnte Bianquet seinen nationalen Drang bändigen, „Beine zu setzen" und damit die jungen wohlerzogenen Besucher zu begeistern, die ihm wie im Delirium applaudierten und ihn in den denkwürdigen Tanzveranstaltungen von 1913 umkreisten.")

Bekannt geworden ist *El Cachafaz* durch ein Tanzduell. Aber auch seine Verbindungen zu Carlos Gardel haben ihm Popularität gegeben.

Im Alter von 24 bis 44 Jahren tanzt er, begleitet von Emma Boveda (genannt *La Francecita*), die er aber, nachdem sie einmal zu einer Verabredung nicht erschienen ist, von einem auf den anderen Tag verläßt. Ohne ein Wort der Erklärung. Von 1929 bis 1933 ist Isabel San Miguel seine Partnerin und später, bis zu seinem Tod, Carmen Calderón (auch *Carmencita* genannt).

El Cachafaz zeichnet sich durch eine aufrechte, sehr elegante Haltung aus. Seine eigenwillige Beinfertigkeit zeigt eine markante Entwicklung der Dynamik.

Der Film *Tango* mit Libertad Lamarque ist das wichtigste erhaltene Dokument seines Tanzes. Ansonsten ist das über ihn erhaltene Film- oder Photomaterial leider sehr rar. *El Cachafaz* stirbt 1942, exakt ein Jahr nach dem Tod seiner ersten Tanzpartnerin.

Bühnentänzer

Tango als Bühnentanz beginnt mit dem Niedergang des Tango als Volksbewegung und dem Verschwinden des Tangosalons an jeder Straßenecke. Tänzer, die dem Tango treu bleiben wollen, müssen neue Möglichkeiten suchen. Angefeuert werden sie durch Tanzfilme, insbesondere die Fred Astaires, und es

Carlos und Inés Borquez experimentieren gern.

GÉNESIS

Fue en el principio la vez
Que haciéndose uno los dos
Sintieron gemir la voce canyengueaba en sus pies.
Fueron bordándole al biés
De los patios mil figuras,
Dibujando la escritura
De sus nombres con los pies.
Bailarines sin doblez
Bailando un rito menor;
En el abrazo el amor
Y todo el sexo en los pies.
Era el ritual de preñes
Que ordena bíblica siembra:
Que procreen macho y hembra!
Y procrearon sus pies.
Fue el génesis y el después,
Todo en el mismo momento
Del mágico alumbramiento.
Fué el tango. Nació en los pies.

„ . . . Es war der Tango. Er wurde geboren in den Füßen."
aus: *Génesis* von Ricardo Ostuni

entsteht der Traum vom großen internationalen Erfolg. Juan Carlos Copes erzählt, daß er viele Nächte ins Kino auf Corrientes ging, um sich dort die amerikanischen Filme anzusehen. Mit Kollegen und Tanzfreunden aus den Salons bildet er eine erste Tanzgruppe und klopft bei den Theatern an, in der Hoffnung engagiert zu werden. Meist erfolglos. Ein Revuetheater der Stadt

Gloria und Eduardo Arquimbaud (französischer Herkunft) tanzen seit 1961
zusammen. Weltweit wurden sie bekannt durch die Show „Tango Argentino".
Heute sind sie im fernen Osten sehr aktiv.

Rodolfo und Gloria Dinzel starteten ihre Karriere ebenfalls bei der Show „Tango Argentino".
Rodolfo Dinzel leitet heute in Buenos Aires sein eigenes Tanzstudio.

nimmt ihn und seine Gruppe schließlich unter Vertrag. Die erste professionelle Tangotanztruppe und auch das erste Tangoballett entsteht hier.

Der große Durchbruch der Tänzer kommt jedoch erst mit der Tangoshow „Tango Argentino". Sie produziert erstmals Tangotanz auf internationalem Niveau und erobert schließlich auch den Broadway.

Zu der Generation der ersten Bühnentänzer zählen die Paare Juan Carlos Copes y Maria Nieves, Mayoral y Elsa Maria, Nélida y Nelson, Eduardo y Gloria, Virulazo y Elvira und später Los Rivarola und Los Dinzel.

Auch weiterhin bleibt der populäre Tango in Buenos Aires im Hintergrund. Es existieren einige Tanzshows für Touristen und einige wenige Theaterproduktionen. Die Hauptarbeit der Bühnentänzer liegt jedoch im Ausland. Nur wenige junge Leute finden daher Zugang zum Tango.

Zu der folgenden jungen Generation der Bühnentänzer zählen die Paare *Milena Plebs y Miguel Angel Zotto, Carlos y Alicia, Carlos y Inés Borquez.* Und später, ab 1990, *Alejandro Aquino y Vanina Bilous, Los Pibes, Pablo Verón y Caroline, Ricardo y Nicole* und *Roberto y Guillermina.*

Zu den jüngsten Paaren – teilweise noch in der Entwicklung begriffen – zählen *Roberto y Vanina, Alejandra y Gustavo, Osvaldo Zotto y Lorena Ermocida* und *Natalia y Gabriel.* Die Paare *Copes / Nieves, Los Pibes, Zotto / Plebs* und *Aquino / Bilous* haben sich inzwischen wieder getrennt.

Shows und Tangoballett

Das Tangoballett entsteht in den fünfziger Jahren unter der Direktion von Juan Carlos Copes. In den USA zeigt er seine Shows 1959 erstmals in einer Produktion mit Astor Piazzolla.

Mit *Tango Argentino* entsteht 1982 unter der Regie von Héctor Orezzolli und Claudio Segovia die erste große, auf Tangotanz basierende Bühnenshow. Zur Originalbesetzung zählen neben *Juan Carlos Copes y Maria Nieves* die Paare *Los Dinzel, Los Rivarola, Nélida y Nelson, Mayoral y Elsa Maria, Virulazo y Elvira* und *Mónica y Luciano.*

In den neunziger Jahren entstehen weitere international erfolgreiche Tangoshows wie beispielsweise *Tango x 2,* das Produkt der jungen Tänzer Milena Plebs und Miguel Angel Zotto, die erstmals in eigener Regie und Produktion Anfang der 90er Jahre im *Teatro el Globo* eine eigene Show präsentieren. *Tango x 2* ist mittlerweile eine international anerkannte Institution. Die Show *Forever Tango* faßt Fuß in den USA und schickt aufgrund großer Erfolge Ableger der Kompanie auf Tournee. Im Rahmen seiner langjährigen Zusammenarbeit mit Osvaldo Berlingheri, einem der großen Tangopianisten unserer Zeit, wird so etwa der Bandoneonist Lisandro Androver bekannt.

Oben: Juan Carlos Copes und seine Partnerin Maria Nieves auf der Straße Corrientes.
1997 trennen sie sich auch beruflich nach jahrzehntelanger Zusammenarbeit.

1999 entsteht unter der Direktion und Mitwirkung von Ricardo y Nicole die Produktion „*Todo Tango de Buenos Aires*" mit dem siebenköpfigen Orchester *Color Tango* im Stil Osvaldo Puglieses, den Tanzpaaren Hèctor Falcón & Susana Rojo, Carlos Borquez & Lorena Yacono und den Sängern Viviana Vigil und Daniel Cortès. Die Premiere findet im Rahmen des World Music Festivals in Holland statt.

*Links: Miguel Angel Zotto und
Milena Plebs. Eines der starken Paare
der jungen Generation. Sie gründeten
die Kompanie „Tango X Dos".
Seit 1998 sind sie als Tanzpaar
getrennt, leiten jedoch weiterhin
gemeinsam ihre Show.
Unten: Die Mitwirkenden der
neuen Show „Todo Tango de
Buenos Aires".
Rechte Seite: Juan Carlos Copes,
Maria Nieves und Astor Piazzolla.
Ein Photo aus der „Jazz-Zeit"
von Piazzolla.*

Tango Pasión ist der Nachfolger von *Tango Argentino*. Unter gleicher Produktion und mit demselben Orchester *Sexteto Mayor*, jedoch neuem Konzept der Tänzer reist diese Show um die Welt. Anders als in *Tango Argentino* stehen hier keine ausgereiften und charakteristischen Tangopaare im Vordergrund, sondern junge ta-

lentierte Tänzer, die unter der Leitung von Héctor Zaraspe, einem Choreographen des klassischen Balletts, Tanzfeuerwerke zünden.

In der Tanzshow *Tangokinesis* von Ana Maria Steckelmann werden Elemente des Modern Dance mit denen des Tango verflochten.

Bühnen von Buenos Aires

Neben internationalen Theaterproduktionen ist die Bühne in Buenos Aires die Basis eines Tänzers. Lokale Produktionen werden in den großen Theatern der Straße Corrientes, in städtischen Theatern oder auch auf den kleineren Bühnen der alternativen Theater aufgeführt.

Es gibt auch Bühnen, die das ganze Jahr über Tango en suite spielen. Sie

Szene aus Todo Tango de Buenos Aires

bieten den Künstlern also feste Arbeitsplätze. Einige dieser Shows sind für das touristische Publikum gedacht, andere für Einheimische. Zu den Touristenshows zählen die sogenannten *casas de Tango*. Sie sind meist täglich geöffnet. Mit wenigen Ausnahmen liegen sie im Stadtviertel *San Telmo*.

Jedes dieser Tangohäuser hat seinen eigenen Stil: Im *Casa Blanca* treten hochqualifizierte Einzelkünstler auf. – *Señor Tango* (ehemals *Tango Mio*) ist inzwischen das wohl größte Haus (faßt bis zu 1500 Gäste) und bietet ein Spektakel, das neben vielen Lichteffekten versucht, einen roten Faden, eine Art Tangogeschichte, zu verfolgen. – *El Viejo Almacén*, ein historisches Gebäude (ursprünglich ein alter Einkaufsladen) zählt zu den alteingesessenen Häusern. Bekanntgeworden unter der Leitung Edmundo Riveros, hat diese traditionelle Bühne (nach kurzer Unterbrechung 1996) seine Tangoshow wieder aufgenommen. – Auch *Michelangelo* wurde erst kürzlich nach langen Umbauarbeiten neu eröffnet. Aus den ursprünglichen drei tiefen Tunneln, die unabhängig voneinander Musikshows brachten, wurde ein Haus mit neuem, modernem Gesicht. – *La Ventana* bietet seine Show im kleinen familiären Rahmen an. – *La Veda* arbeitet außerhalb von San Telmo, im Zentrum der Stadt. – *La Recova* liegt an der Straße *9 de Julio* unterhalb der Autobrücke. – *Armenonville* und *Caño 14* liegen in *La Recoleta*, dem reichen Viertel der Stadt. Beide Häuser sind Neueröffnungen in Anlehnung an alte Veranstaltungsorte. – Lokales Publikum besucht das *Café Homero* und den *Club del Vino*. Häuser,

*Unten: Die kleine Bühne im Café Homero war
ein magischer Ort für besten Tango. Ein Lokal
nur für die porteños. Fast alle großen Künstler
dieser Zeit haben hier auf der Bühne gestanden.
Es musste 1996 schließen, wurde dann aber
wieder eröffnet. (V.l.n.r: Ricardo und Nicole,
Rubén Juárez, Roberto Goyeneche, Raúl Lavié)
Rechts: Luis Cardei hat jahrzehntelang in den
Cantinas von Buenos Aires gesungen. Irgendwo
in einem Viertel hinter dem Bahnhof Retiro
wurde er erst vor wenigen Jahren von dem
Besitzer des berühmten Club del Vino entdeckt.
Sein Repertoire umfasste nur rein traditionelle
Tangos. – Darunter: Antonio Pisano begleitete
jahrzehntelang Luis Cardei (beide inzwischen
verstorben).*

die vornehmlich am Wochenende und
zu später Stunde geöffnet sind. Beide
liegen im Stadtviertel *Palermo*.

Bleibt noch die Gruppe der Bars
und Kantinen zu erwähnen. Sie sind
meist täglich geöffnet. Ihr Angebot
ist jedoch weniger eine Show als vielmehr ein Forum für Musiker, Sänger
oder Tänzer, die hier ihr Können mehr oder weniger informell präsentieren.
Das Ambiente ist äußerst familiär. Bekannte Adressen sind *La Cumparsita*
und Bar Sur im Viertel *San Telmo*. Als Geheimtip wird *El Chino* im Viertel

Der Zuschauer wird zum Teilhaber der Beziehung. Eine typische Bühnenszene.

Boedo gehandelt. – Eine Sonderstellung nimmt das *Café Tortoni* ein. In dem ehemaligen Literatencafé werden kleine Tangoshows geboten, die speziell junge Künstler fördern.

Wir sprechen vom *circuito professional*, dem Kreis der professionellen Künstler und Veranstalter, im Unterschied zum *circuito popular*, dem Kreis der Hobbytänzer und populären Tanzveranstaltungen.

Merkmale des Bühnentanzes

Obwohl der Bühnentanz tief verwurzelt ist im populären Tanz, unterscheidet er sich doch vollkommen vom Tanz der *pista*. Dies sowohl in seinem Konzept wie auch in seinen äußeren Bedingungen.

Das Paar auf der Bühne ist nicht der tanzenden Menge ausgeliefert. Es braucht den Raum nicht zu teilen, nicht auf andere Paare zu reagieren – und ist damit zur Improvisation weder gezwungen noch veranlaßt.

Das Paar auf der Bühne kann seinen Raum frei bestimmen, sogar in Form einer fixierten Choreographie. Es hat die Wahl, Choreographien zu spezieller Musik auszuarbeiten und zu präsentieren. Die *rueda*, das Tanzen gegen den Uhrzeigersinn, entfällt auf der Bühne. Die Wege, die ein Paar durchläuft, haben stattdessen wie auf der Theaterbühne symbolischen Charakter.

Der Bühnentänzer hat die Aufgabe, das Publikum, dem er sich präsentiert, zumindest zu unterhalten, möglichst auch Ideen zu vermitteln oder gar eine künstlerische Leistung darzubieten.

Ein Tänzer hebt sich räumlich ab innerhalb der klar definierten Fläche. Diese Wirkung wird unterstützt durch Licht und ein erhöhtes Podest. Meist handelt es sich um „Guckkastenbühnen", die nur vorne, nicht auch seitlich geöffnet sind. Die Tiefe der Bühne vermittelt Magie, das Unantastbare des Darstellenden. Je weiter das Paar in die Tiefe verschwindet, umso weiter entzieht es sich dem Zuschauer. Es kann mit diesem Effekt arbeiten. Bilder verstärken oder abschwächen. Jede Bühne hat sogenannte „magische" Punkte, die in sich bereits eine Bedeutung tragen. Die meisten dieser Punkte liegen auf den Diagonalen, deren Schnittpunkt in der Mitte der Bühne oder deren Endpunkten.

Für das Tangopaar spielt der Blickwinkel des Zuschauers eine große Rolle. Während sich im Tangosalon die Blicke der sitzenden Leute auf den Becken- und Beinbereich der Tänzer richten, sieht der Zuschauer im Theater aufgrund der erhöhten Bühne die gesamten Körper. Jede Geste, jede Linie wird sichtbar. Der Tänzer weiß, daß sein Tanz auf der Bühne eine Projektion ist, die von jedem Punkt des Zuschauersaales aus anders wahrgenommen wird. Ein Teil der Zuschauer schaut aus den ersten Reihen steil zu ihm hinauf, kann fast seinen Atem spüren, während eine große Menge weit hinten aus der Tiefe oder von oben herab ein ganz anderes Bild von ihm erhält.

Je größer das Theater, umso weiter entfernt und folglich auch kleiner erscheint die Bühnenfigur dem Zuschauer. Ein kleines Augenzwinkern, von den ersten zehn Reihen aus noch deutlich zu sehen, ist ab einer gewissen Distanz nicht mehr zu erkennen. Dies alles muß der Tänzer in sein Kalkül einbeziehen, besonders bei der Arbeit am Detail.

Die Nachricht an den Zuschauer muß eindeutig sein. Sie darf sich nicht

Im Club del Vino. Die Zärtlichkeit der Begegnung in einem vals.

widersprechen und darf nicht im Partiellen steckenbleiben. Die Vorstellung gelingt und wirkt nur, wenn alle Aspekte mit einbezogen werden: Musikwahl, Bewegungsrichtungen auf der Bühne, sich darstellende Charaktere, Virtuosität und Ausdruck, Licht, Sound, Farben, Kleider, Symbole von Farben, Gesten und Richtungen. Symbolik der Zeit und Geschichte.

Die *tanguidad*, das Tangotypische des Gedankengutes, der Ästhetik und des Gefühls sind ausschlaggebend. Die Liebe und Leidenschaft für den Tangotanz muß spürbar sein und bleiben. Der Künstler setzt neben einem natürlichen Talent Fähigkeiten aus anderen Bereichen der Tanztechnik und der Kommunikation und darüber hinaus seine gesamte Persönlichkeit ein.

Im Gegensatz zur Realität des populären Tanzsalons, wo sich in einem realen Raum (Salon, Tanzfläche) eine reale Handlung (Tanz) abspielt, ist die Bühnenarbeit immer eine Projektion: Eine abstrakte Handlung in einem abstrakten Raum. Ein Zusammenspiel, daß erst durch die Projektion emotionaler Aspekte, wie Gefühl und Phantasie, für den Zuschauer Bedeutung erhält. Die Bühne ist in diesem Sinn ein irrealer, ein noch unbelebter Raum, der erst durch das künstlerische Geschehen definiert wird. Hier öffnet sich ein unendliches Potential für den Ausdruck von Kreativität, Phantasie, Ästhetik, Kunstverständnis und Virtuosität.

Auf der Bühne werden Gefühle geschaffen, die der Zuschauer als real erlebt. Das Publikum erlebt die Facetten der Gefühle, die intensiven und intimen Momente, die Kraft, den Spaß, die Freude – aber auch die Wut und die Traurigkeit, die in dieser Begegnung des Paares stecken können.

Einer der magischen Aspekte des Tangotanzes ist das gelungene Spiel von Intimität und Öffentlichkeit. Ein sich zeigen und sich verbergen zu gleichen Teilen. Ein Wahren der Intimität, um der Spannung des Tanzes gerecht zu werden, obwohl das Paar dem Rampenlicht ausgesetzt ist. Der Zuschauer wird so vom direkten Betrachter fast zum Voyeur.

Pablo Verón und Sally Potter in dem berühmten Film „Tango Lesson".

Der Tango im Ausland

Internationaler Boom

In den achtziger und neunziger Jahren erobert der Tango viele Länder der Welt. Das Tangofieber boomt universell. Ein Phänomen, das wir bereits aus der Geschichte kennen, wie beispielsweise das Tangofieber in Europa um 1910.

Aus dieser Zeit heraus haben sich im Ausland viele verschiedene Tangoformen entwickelt, wie beispielsweise der *Tango americano, Tango Valentino, Tango de Paris* und der Standardtango (Tanzsport). In der Regel haben diese Tänze bzw. Tanzvarianten den Bezug zu ihrem Wurzelboden verloren und sind nicht mehr lebensnah, aus Fleisch und Blut, konkret, gefühlvoll und echt. Paradoxerweise ist oft die unlebendige Kopie oder Variante bekannter als das lebensvolle Original. So ist der weltweit definierte und reglementierte *Standardtango* mit Sicherheit die international bekannteste Tangoform. Tanzsportverbände, Wettkämpfe und Präsentationen der großen Medien haben weltweit ihre Netze gespannt und diese Tangoform zu einer allgemein bekannten gemacht. Der *Tango Argentino* hingegen spielt sich in Nischen ab. Er verträgt weder die Standardisierung noch den Leistungsdruck des Wettkampfes.

Mittlerweile ist anscheinend ein Umschwung eingetreten. Der *Tango Argentino* gelangt in alternative Liebhaberkreise, wo man sich am Original zu orientieren sucht. Dort sucht man keinen Sport- und keinen Tanzschul-Tango. Man sucht Gefühl, Erlebnis, Exotik, vor allem aber Echtheit. So manche traditionelle Tanzschule hat schon versucht, den Original-Tango als zusätzliches Angebot in ihr Programm aufzunehmen. Doch der Tango ist nun einmal mehr eine Lebensphilosophie als ein Kursus. Und so sind solche Versuche auch meist gescheitert. Denn sobald sich die Form und das Ambiente standardisierten Strukturen nähert, zieht der echte Tangofreund sich zurück.

Warum ausgerechnet Tango?

Die Faszination, die vom Tango ausgeht, ist mehr als nur eine Modeerscheinung. Schon das Wort hat etwas geheimnisvoll Anziehendes. Persönliche Sehnsucht veranlaßt die meisten, diesen Tanz als „ihren" auszuwählen. Diesen Tanz der Leidenschaften, der *latinos* und der *machos* zu tanzen im „kühlen" Norden der Welt. Sich zu identifizieren mit dem Lebensgefühl einer fremden Gesellschaft. Das reizt.

Gerade in Gesellschaften mit feministischer Bewegung und mit fortgeschrittener Frauenemanzipation ist die Nachfrage nach dem Tango besonders groß. Der Wunsch, „von einem richtigen Kerl umarmt zu werden". Oder umgekehrt der Traum, von einer in den Hüften weich schwingenden Frau umtanzt zu werden.

Kein Tanz bietet eine so deutliche Definition der klassischen Rollen von Mann und Frau. Die Sache hat etwas Paradoxes. Die feministische Bewegung zielt darauf ab, das Gegeneinander der Geschlechter durch ein neues Miteinander zu ersetzen, erreicht nicht selten aber ein neues Gegeneinander – oder nimmt es zumindest vorübergehend in Kauf. Die Tangofreunde suchen die klassische Gegensätzlichkeit der Geschlechterrollen und erreichen in der Praxis nicht selten ein neues Miteinander. Hinzu kommt der Genuß von Freiheit. Ein Tangopaar bewegt sich alles andere als schön, brav und wohlerzogen.

Fast alle Länder, in denen sich der Tango auszubreiten beginnt, sind nach den Prinzipien der Leistungsgesellschaft organisiert. Dem Tango aber ist, darüber gibt es keine Zweifel, die Kultur der Leistungsgesellschaft völlig fremd. Damit bietet er eine Nische innerhalb der sonst straff organisierten und damit erdrückenden modernen Lebenssituation.

Mit dem Tango beginnt also eine neue Art von Befreiungsprozeß, eine Rebellion gegen einzwängende Umstände. Die Chance der Selbstfindung und auch die Wiedergewinnung von Lebensfreude.

Umso verständlicher ist es, daß derjenige, der den Tango für sich entdeckt hat, nicht möchte, daß dieser wieder eingezwängt wird in Normen, Regeln und Hierarchien. Er will keine Wettkämpfe, keinen Leistungsdruck und keine Prüfung. Denn wenn im Tango die Worte „falsch" und „richtig" wie die Lichter von Verkehrsampeln im Raum stehen, verliert der Tango sein Symbol als Tanz der Freiheit.

Lokale Abhängigkeit

Als Immigrantin und auch als Lehrerin hat mich lange die Frage beschäftigt, inwiefern der *Tango Argentino* auch von „Nicht-Argentiniern" getanzt werden kann und wieweit er sich sinnvoll und erfolgreich aus seinem Umfeld lösen läßt. Es stellt sich also die Frage, wie abhängig der Tango von seinem Umfeld und seiner Herkunft ist.

„Um den Tango zu tanzen, mußt du hier geboren sein. Wir haben ihn im Blut." So der Tänzer Jorge Romano. Seine Großeltern waren allerdings Italiener. Was ist hier eigentlich gemeint? Der Paß? Was ist original argentinisches Blut? Die *cedula*, die Identitätsmarke des *porteño*? Worauf kann eine solche Aussage sich wirklich beziehen? Welche Eigenschaften lassen sich erlernen, welche nicht? Welche sind verantwortlich für die Glaubwürdigkeit und Echtheit eines Tangotänzers?

Antworten auf diese Frage könnten helfen, die Qualitäten eines Tänzers besser zu definieren. Die Nationalität, wenn man nüchtern die Geschichte der *porteños* betrachtet, kann kein Indiz sein für die Authentizität eines Tänzers.

Die Geschichte lehrt uns ganz eindeutig, daß es gerade nicht die Erbanlagen, die genetischen oder nationalen Gemeinsamkeiten sind, die das Tango tanzende Volk definieren, sondern vielmehr die lokalen Umstände, die den *porteño* im Alltag prägen, sein Leben in Buenos Aires.

Weder der Ausweis spielt eine Rolle noch die Vorfahren, sondern das Schicksal, das der Tangotänzer von Buenos Aires teilt: Es ist die selbe Luft die man zum Atmen hat, die Gedanken und Gefühle ernährt und nicht das Blut, daß in seinen Adern fließt. In den Worten von Horacio Ferrer: „El Tango fue, porque Buenos Aires fue. / El Tango es, porque Buenos Aires es./ El Tango será mientras Buenos Aires sea." („Der Tango war, weil Buenos Aires gewesen ist. Der Tango ist, weil Buenos Aires existiert. Der Tango wird sein, solange es Buenos Aires gibt.")

Eine Verbundenheit mit Buenos Aires ist meiner Meinung nach Voraussetzung für das Tango-Feeling, die *tanguidad*. Wie man diese Verbundenheit gewinnt und schafft, dafür gibt es kein Patentrezept. Der eine lebt Jahrzehnte in der Stadt und hat es nicht, der andere bringt Phantasie und Sympathie mit, sieht einen Film, liest ein Buch – und hat es. Wer jedoch den inneren und den äußeren Kontakt mit der Stadt verliert, der verliert mit der Zeit die *códigos*, den Kodex oder Schlüssel der Gestik. Wer Buenos Aires besucht, weiß, daß er die Luft des Tango einatmet. Wer hier mit seinem Herzen bleibt, beginnt auch den Tango zu leben. Das Geheimnis des Tango liegt demnach nicht in seiner Choreographie. Die Choreographie kann man imitieren, den Tango aber kann man nur leben.

Der Unterschied

Hier in Buenos Aires sind der Tango und die ihn umgebende Kultur nicht identisch, aber zusammengehörig. Schon viele Ausländer haben Buenos Aires besucht, um den Tango in seiner ursprünglichen Heimat erleben zu können und seine Welt zu entdecken. Je mehr Gäste nach Buenos Aires kommen und je unterschiedlicher ihre Eindrücke sind, umso vollständiger kann sich das ursprüngliche Bild des Tango in ihrer Heimat formen. Aber auch Bücher, Erzählungen und Gastlehrer hinterlassen eindrucksvolle Geschichten und damit ein Stück, einen persönlichen Ausschnitt aus dem Leben des Tango von Buenos Aires. Und so entsteht nach und nach, an unzähligen Orten der Welt, eine *Tango Argentino*-Szene nach der anderen.

Auf den ersten Blick scheint ein „Salon" in Berlin, Tokio, Antwerpen, Paris oder Zürich dem Salon von Buenos Aires zum Verwechseln ähnlich. Aber tanzend und beobachtend entdeckt man doch den Unterschied. Auch untereinander. Der argentinische Impuls mischt sich mit dem persönlichen Flair der jeweiligen Stadt. Es entstehen Tangos mit argentinischen Grundzügen, kombiniert mit Zügen der örtlichen Kultur. Der Alltag fließt in den Tanz ein und es setzt sich überall – wie in Buenos Aires – das Gesetz der lokalen Dominanz durch. Auf der ganzen Welt entsteht somit eine Vielfalt unterschiedlich nuancierter Tangos. Der Tango ist so flexibel, daß er sich innerhalb bestimmter Grenzen überall tanzen läßt.

Der Verlust der „tanguidad"

Versucht ein Besucher in Buenos Aires sich selbst im Tangotanzen, so entsteht der Kontakt zum Tanz meist über die choreographische Arbeit, das Figurenlernen. Fasziniert vom Ausdruck eines *al compás* tanzenden *porteño* entsteht der Wunsch, das „gesehene" Gefühl selbst zu erleben und festzuhalten. Eine bestimmte Geste oder Bewegung wird übernommen und gelernt, Kleidung wird kopiert. Dies alles in der Hoffnung, später den Tango „im Gepäck" mit nach Hause nehmen zu können.

Und zu Hause angekommen, wird unser Gast vielleicht seine Figuren aus dem Koffer holen, versuchen sie auszupacken wie ein Souvenir. Er wird sie später wie ein Kleidungsstück „anziehen" und irgendwo in den USA, Japan oder Europa auf einer Tanzfläche stolz ausführen. Um den Tango wieder zu erleben. Um wieder das aufregende Gefühl des Tango zu spüren. Die Requisiten sind nicht nur Maskerade, sondern auch Vehikel. Pepito Avellaneda wurde sich dessen während seiner Europatournee 1994 bewußt: „Ich habe mich oft gefragt", sagt er, „warum in der Schweiz alle Männer mit Weste und Hut zum Unterricht kommen. Sie tun das, um sich als Tangotänzer zu fühlen. Als ich dies verstanden habe, erschien es mir sogar eine sehr gute und hilfreiche Idee. Ein Mittel, um das Schweizer Leben draußen zu lassen."

Doch irgend etwas stimmt meistens nicht. Etwas scheint sich auf der Reise verloren zu haben. Es fehlt das „gewisse Etwas". Der natürliche Kreislauf der *autoalimentación*, der Selbsternährung des Gefühls, ist unterbrochen. Diese Erfahrung ist erst einmal bitter und enttäuschend.

Über die Imitation der Bewegung kann man das mit dem Tango verbundene typische Lebensgefühl nur kennenlernen, nicht schaffen. Typische Gesten, Pausen, Rhythmen, Rollenverhalten müssen darüber hinaus gelernt werden. Ein Aneignen der Hintergrundinformationen, ein inhaltliches Erleben (auch der Rollenstrukturen), ein sich Annähern an die Lebensphilosophie des Tango sind deshalb grundlegend für das Tangoverständnis. Das Gefühl ist das Ziel, das Mittel dazu ist oft genug das Gehirn. In den Worten von Rodolfo Dinzel: „El cerebro es el músculo mas importante del bailarin." („Der wichtigste Muskel des Tänzers ist sein Hirn.")

Figurensucht

Oft verflacht der Tango gerade im Ausland zu einer choreographischen Hülle, einem Figurenpanzer. Vielleicht aufgrund des fehlenden Stimulus des Umfeldes, vielleicht auch weil man glaubt, durch eigenes Interpretieren die Authentizität zu gefährden.

Tatsache ist, daß die intensive Lebendigkeit des Tanzes ohne ein unmittelbares Vorbild oder den Rahmen des natürlichen Umfeldes verblaßt. Viele Tänzer versuchen dieses fehlende Gefühl zu ersetzen und das „Gefühlsloch" zu füllen. Meist geschieht dies jedoch nicht durch das Suchen stimulierender Inhalte, sondern durch die Vergrößerung des Repertoires und höhere Schwierigkeitsgrade.

Dieser Prozeß bietet dem Tänzer zwar den Rausch der Aufregung, treibt ihn aber in seiner verzweifelten Suche nach Inhalt paradoxerweise zu choreographischer Arbeit. Ein Rausch, der auf der „Leistungsidee" basiert: Der natürliche Kreislauf des Tango kippt um, ihm fehlt der Zugang zum Fluß der Lebendigkeit. Der Tanz alleine kann sich nicht ernähren, aus der Bewegung allein kann die *tanguidad* nicht entstehen. Der Tänzer setzt aus dem Defizit an Emotionalität heraus die Bewegungsimpulse immer höher. Er tanzt schwierige Figuren und hat im ersten Moment damit Erfolg. Der Adrenalinspiegel steigt im Moment der Anspannung und Herausforderung. Das ersehnte Kribbeln stellt sich ein. Doch schnell ist dieser Effekt abgenutzt. Und so schraubt sich die Spirale höher und höher. Das Dilemma einer sich endlos windenden Leistungsschraube. Immer mehr und immer stärker müssen die Bewegungen werden, damit überhaupt eine Stimulation stattfindet. Ein quälendes Gefühl der Leere macht sich breit, das in eine Art Figurensucht mündet.

Es ist wichtig, diesen Kreislauf zu durchbrechen (oder ihn erst gar nicht entstehen zu lassen). Niemals darf das Design, die Form an sich im Vordergrund stehen. Niemals darf eine Schrittfolge wichtiger sein als das „Warum". Gloria Dinzel sagt, stellvertretend für viele Argentinier: „Se baila con el corazón." („Man tanzt mit dem Herzen.")

Die Milongueros Tete und Maria im Salon Akarenze.

DER TANZSALON

„Milonguear"

Wenn der *porteño* ausgeht zum Tanzen, so sagt er: „*Vamos a milonguear"*. Der Tanzsalon wird im Volksmund *milonga* genannt. Hier findet der Tanz des Volkes statt.

Juan Carlos Copes berichtet von den „goldenen" vierziger Jahren: „Wir Männer trafen uns vorher. Bevor der Abend begann. Wir waren einige hundert und übten Schritte zusammen. Die guten mit den guten. Die schlechten mit den schlechten. Es gab einen strengen Respekt untereinander. Du durftest nicht irgendeine Frau auffordern. Und schon gar nicht dich blamieren." Nur hier, und nur als Tangotänzer, hatte der *porteño* die Chance, eine Frau kennenzulernen. Hunderte von Salons gab es in der Stadt. Fanatiker gingen täglich sogar mehrmals zum Tangotanz. Über 40 Orchester zogen Nacht für Nacht durch die Tanzveranstaltungen. Jedes Orchester hatte seine Anhänger und so teilte sich das Publikum in unterschiedliche Lager. Die einen liebten den spritzigen Rhythmus, die anderen zogen den Fluß der Harmonie vor.

Heute kommt die Musik vom Band. Die gleichen Orchester von damals aus den Vierzigern, aber eben vom Band gespielt. Weshalb es heute der Diskjockey ist, dem das Publikum treu bleibt. Die meisten Anhänger hat der, der am besten die goldenen Schätze der alten Orchester auswählt und zur rechten Zeit am Abend auflegt.

Im klassischen Salon scheint das Alter keine Rolle zu spielen. Mann und Frau bleiben Mann und Frau ein Leben lang. Es gelten andere Gesetze. Man tanzt, egal ob man jung oder schon über 80 ist. Die einen tanzen mit der Erinnerung an ihre Jugend und mit der Reife ihrer Jahre, die anderen noch auf der Suche nach der Zukunft. Die Luft vibriert vom Hauch der Nostalgie der Alten, vermischt mit der sprühenden Neugier der jungen Tänzer, die ihre Blütezeit noch vor sich haben. Die reale Zeit aber, das Datum des Tages, betritt den Salon nie. Diese Zeitlosigkeit ist für mich einer der stärksten Eindrücke des Tanzsalons. Dieses Nebeneinander von Zeiten, Zeitstillstand und Zeitverschiebung. Zu erleben, wie sich die Erinnerung an Vergangenes mit den Träumen der Zukunft umarmt.

Die unterschiedlichen Tanzsalons

Das tanzende Publikum der neunziger Jahre ist in Buenos Aires entweder weit über 45 Jahre alt oder jünger als 25, ganz im Gegensatz zu Deutschland, wo die Tänzer genau zwischen 25 und 45 Jahre alt sind. Das Fehlen des „Mittelalters" hat in Buenos Aires zur Folge, daß sich zwei Typen von Tanzveranstaltungen herausbilden: die der „Alten" und die der „Jungen". Wobei sich die Unterscheidung nur zum Teil auf das Alter der Tänzer bezieht, sehr deutlich aber auf die Gestaltung der Tanzveranstaltung.

Zu der Gruppe der modernen Salons zählen kurzlebige Modesalons, Salons mit dem Ambiente einer Diskothek und die neuen „Undergroundsalons". Seit 1995 schießen sie wie Pilze aus dem Boden. Neue moderne und junge Salons sind unkompliziert, frei von Regeln und Ritualen und schimmern in buntem dunklen Licht.

Zu den traditionellen zählen die *clubes* oder familiären Salons, die hauptsächlich in den Vororten zu finden sind (daher auch *club de barrio* genannt) und die *confiterías* im Zentrum der Stadt, in der Nähe der Straßen Corrientes und Callao. Auch die *salons de levante* („Abschleppläden") oder „Ball der einsamen Herzen" haben den Charakter eines traditionellen Salons, doch ist ihre Welt etwas eigenartig. Sie liegen meist im Microzentrum und an der Zubringerstraße.

Tango wird hier überall getanzt. Selten sind solche Salons von außen an einem Schild oder einer Werbung zu erkennen. Oft finden Tanzabende mit über 500 Paaren statt, ohne daß man auf der Straße von einer solchen Veranstaltung etwas ahnen würde.

Es lohnt sich besonders, die traditionellen Salons zu besuchen. Teils weil es sie vielleicht nicht mehr allzu lange geben wird, vor allem aber, weil sie von der Geschichte des Tango erzählen können und seine Essenz in sich tragen. In ihnen sind die Rituale noch lebendig, ohne die der Tango doch sehr viel von seiner Faszination verliert.

Drei typische Salons

Salon „Sin Rumbo"

Nicht umsonst nennt dieser Salon sich *la catedral del Tango*. Reife Tänzer und Toptänzer des populären Ambientes zelebrieren den Tanz und zeigen Eleganz und Finesse. Die hohe Schule des *Tango de Salon*. Stundenlang kann hier diskutiert werden über eine Geste, einen Akzent oder ein Setzen der Füße. Die Musik? *Tesoros de los Cuarenta*, Schätze der vierziger Jahre.

Salon „Club Glorias Argentinas"

Ein echter Club der vierziger und fünfziger Jahre. In dem familiären Ambiente feuern die Tänzer sich gegenseitig an, raffinierte Figuren zu zeigen und Spiele mit dem Rhythmus zu treiben. Der Stil ist frech und provokant.

Hier muß man die eingespielten Paare beobachten: Sie bringen es zu wahren Tanzkunstwerken. Auffallend ist der aktive Part der Frau. Hier wird jede Art von Musik gespielt, die einen Tänzer reizt. Tango, Milonga, Swing-Jazz und Rock.

„La Trastienda"

Ein Salon in alten Lagerräumen. Hinten im Halbdunkeln eine Bühne. Im Schatten roter und blauer Beleuchtung tanzt hier die Jugend von Buenos Aires vermischt mit den jungen Touristen, die das Tangoleben dieser Stadt besuchen. Tango ist Mode. Zu den Gästen zählen Rockmusiker und jede Art von Einzelgänger. Hier trifft man professionelle Tänzer in Freizeitkleidung, Tänzer, die einen legeren und unkonventionellen Abend genießen möchten. Tangos von Piazzolla gehören genau so ins Repertoire wie gesungene Tangos, Tangos der alten Garde und Klassiker der vierziger Jahre. Das Ambiente ist frei von Regeln und Ritualen. Es darf experimentiert und gelacht werden. Hier verläuft der Abend alles andere als still und anmutig. Fast eine Tangodisco.

Die Kleidung

Die Kleidung ist ein wichtiger Aspekt im Salon. Einerseits unterstreicht sie die Rollen von Mann und Frau, andererseits bietet sie Schutz vor zuviel oder respektloser Nähe. Tango bedeutet den Genuß von Nähe, aber gerade deshalb auch das Wahren von Distanz. Der Tango bleibt Tanz, wird keine Vorstufe sexueller Begegnung. Dies bestimmt auch die Rolle der Kleidung. So „reizend", so verführerisch sie sein mag, sie muß doch gewisse Regeln erfüllen. Hauptsächlich, um die allzu direkte Berührung zu vermeiden. Die Kleidung stellt einen Schutz dar. Die Nähe, die der Tangotänzer sucht, ist zwar körperlich, doch stark moderiert von der Musik und den tänzerischen Bewegungsmustern. Man könnte auch sagen, spiritualisiert. Für das „Nackte" in jedem Sinn ist kein Platz. Die Berührung ist phantasievoll und voller Respekt. Der Stoff gibt dem Körper die rechte „Verpackung": man kann sich anfassen, ohne daß dies gleich in plumpe Vertrautheit umschlägt.

Im traditionellen Salon

In traditionellen Salons wird erwartet, daß die Paare offiziell gekleidet sind. In den Zeitungsanzeigen steht *Elegante Sport*. Hier wird ein elegantes Outfit der Dame und der Anzug des Mannes erwartet. Das hat seinen Grund: Ein Mann, der offiziell mit seiner Lebenspartnerin ausgeht, bereitet sich auf den Abend vor und zieht einen Anzug an. Ein Mann, der jedoch heimlich mit seiner Geliebten unterwegs ist, erscheint in Freizeitkleidung, da er unter dem Vorwand, mit Freunden auszugehen, das eheliche Haus verlassen hat. Ein solches Image würde dem Klub schaden.

So eitel Männer auch sein können, sie versuchen niemals, „schön" zu sein. Das Attribut Schönheit ist der Frau gewidmet, dem „göttlichen" Geschöpf. Der Mann ist gepflegt, *buen mozo*, ein guter Typ, und in seiner Erscheinung betont maskulin. Er zeigt möglichst wenig Haut, trägt fast immer einen Anzug. Auch wenn es im Sommer sehr heiß wird, macht trotzdem kaum einer eine Ausnahme. Typisch, was der *milonguero* Jorge Manganelli sagt: „Porque ese tipo se saca el saco? No se vanca un poco de calor? Ese tipo quiere ser macho?" („Warum zieht der Typ sich die Jacke aus? Kann er das bißchen Wärme nicht aushalten? Der will ein Kerl sein?")

Die Anzüge der Männer sollen unauffälliger sein als die Kleidung ihrer Partnerin und sind deshalb in der Farbwahl dezent. Die klassische Kleidung des *tanguero* ist selbstverständlich der Nadelstreifenanzug mit elegantem Abendschuh (Slipper oder Schnürschuh). Als besonders elegant gilt ein Schuh aus Lackleder, er ist aber auch extrem auffallend.

Eine Frau zeigt ihre Reize und trägt zum Tanzen ein Kleid, manchmal auch weite Abendhosen oder ein enganliegendes Catsuit. Das Kleid kann schwingend oder auch eng sein, kurz oder lang. Wichtig ist, daß es dem Zweck des Tanzens dient, also eine gewisse Beinfreiheit durch Schlitze, Falten oder elastisches Material aufweist. Frauenbeine sind immer bestrumpft, die Füße der Damen stecken in hohen Stöckelschuhen, meist versehen mit Riemchen, die ein Abrutschen verhindern. Gut frisiert und geschminkt, versehen mit einer kleinen Handtasche und mit Schmuck, sitzen die Damen an den kleinen Tischen.

Der Mann umarmt eine Frau im Tanz sehr behutsam. Er weiß, daß sie ihre besten Kleider trägt. Mancher Herr der alten Schule nutzt ein Taschentuch, welches er sich zusammengefaltet in die Handfläche legt, um die Dame vor möglichem Schweiß und Schmutz zu schützen.

Männer erwarten auch voneinander korrekte Kleidung und gutes Benehmen. Miteinander schützen sie die Frau. Und wenn es sein muß vor sich selbst. Sie verhindern um jeden Preis, daß ein negatives Männerbild entsteht.

Frauen verhalten sich untereinander wie Schwestern, verständnisvoll und voller Anteilnahme. Sie machen sich gegenseitig Komplimente, helfen sich beim Ankleiden und bewundern sich gegenseitig, außer eine Frau treibt es zu weit und will die anderen übertrumpfen. Dann treffen sie nur noch abwehrende und böse Blicke.

Im modernen Salon

In modernen Salons ist mit der Lockerung der Rituale auch die Kleidervorschrift viel lockerer geworden. Minirock, Jeans, Pullover und Turnschuhe werden akzeptiert, sind fast schon üblich.

Der traditionelle Salon

Das Musikprogramm

Neben den klassischen Tangos der vierziger Jahre spielt man auch *milonga* und *vals*. Einige Salons lockern ihr Programm auf durch *Swing-Jazz* und *Rock'n Roll* der fünfziger Jahre und moderner *Música Tropical*.

Die Musikstücke werden in *tandas* gespielt, das heißt in Gruppen von 3 bis 5 Stücken. Der Diskjockey wählt pro *tanda* nur eine Musikrichtung. Im Tango stellt er die Stücke zusammen aus Aufnahmen eines Orchesters in möglichst gleicher Besetzung von Musiker und Sänger einer selben Periode.

Die „cortina"

Die *cortina* ist der „Musikvorhang", der das Ende einer Tanzrunde signalisiert. Sie ist das Zeichen, die Tanzfläche wieder zu verlassen. Jeder Salon hat seine eigene *cortina*, eine kurze wiedererkennbare Musiksequenz.

Durch diese Gestaltung der Tanzrunden verläuft ein Abend dynamisch,

Gerardo Portalea und Betty Pizarro. Im Vordergrund der alte „Tocadisco" (Plattenspieler), im Hintergrund die tanzenden Paare auf der Tanzfläche des Salon „Akarenze".

denn immer wieder formen sich neue Konstellationen von Paaren. Ein „erster Tanz" des Abends kann wiederholt entstehen. Die Spannung bleibt. Im Allgemeinen dauert eine Tanzrunde drei bis vier Musikstücke: „Ein Tango zum Kennenlernen, einer zum aneinander Gewöhnen und einer zum Genießen." Jeder Begegnung im Tanz ist durch die *cortina* eine zeitliche Grenze gegeben. Hier steckt viel Wahrheit verborgen, denn immer sollte das Paar die Tanzfläche verlassen im höchsten Tanzgenuß und nicht erst, wenn die Luft raus ist. Es ist sehr spannend zu beobachten und aufregend, selbst zu erleben, wieviel Aufmerksamkeit jedem Moment geschenkt wird, jeder Geste, wenn man weiß, daß man in Kürze wieder getrennt wird. Ein Tango dauert dann drei magische Minuten.

Los secretos de Buenos Aires

Der traditionelle Salon ist eine faszinierende Welt voller Geheimnisse, Rituale und Symbole. Gerade den Aspekten, die auf den ersten Blick verstaubt und grotesk erscheinen, muß man nachgehen, um dem Geheimnis des nächtlichen Buenos Aires, den *secretos* der *noche porteña* auf die Spur zu kommen. Es gibt leider nur noch wenige klassische Salons, die die ursprünglichen Rituale konservieren und damit über die Wurzeln des Tangotanzes erzählen können. Es sind Orte wie *Sin Rumbo, Glorias Argentinas, Sunderland, Canning* und *La Akarenze*. Diese Orte liegen meist weit draußen am Stadtrand in einem der *barrios*. Oft sind es Sportclubs oder Vereinshäuser, deren Tanzfläche die ganze Nacht im hellen Neonlicht erleuchtet ist, damit die Tänzer sich gegenseitig zuschauen können.

Am Eingang, nicht selten durch einen kleinen Vorhang verdeckt, wird vor Betreten des Salons der Eintritt bezahlt. Frauen zahlen in den klassischen Salons immer etwas weniger als Männer. Die Tanzfläche ist an drei oder vier Seiten umrahmt von Stühlen und Tischen. Man betritt eine andere Welt. Eine Welt mit eigenen Regeln, regiert von ungeschriebenen Gesetzen, die den Eingeweihten kaum bewußt, ihnen in Fleisch und Blut übergegangen sind. Alles ist Körpersprache, Gestik, ein Augenzwinkern oder Nicken. Gesprochene Sätze sind belanglos. „Wir kennen uns von der Nacht und wollen von unserem Tag nichts wissen." Hier sind wir Mann und Frau. Hier treffen wir uns für unsere Passion, den Tango. Tänzer, *tangueros*.

Ein typischer Abend

Der *tanguero* rüstet sich für seinen Tanzabend, seine „Nacht" mit größter Sorgfalt. Wie ein langgeprobtes und oft gespieltes Theaterstück läuft hier ein Akt nach dem anderen ab und jeder scheint seine Rolle im Schlaf zu beherrschen. Das Ritual beginnt zu Hause. Die Alltagskleider und die alltäglichen Rollen werden abgelegt. Man hüllt sich in die Kleider und Gesten des Tango. Das Alltagsleben bleibt zu Hause zurück, wie der Bürokittel. Auch die Sorgen bleiben zurück. Die Nacht gehört dem Tango. Der *porteño* zieht seinen besten Anzug an. Sie ihr bestes Kleid. Beide tanzen, überzeugt, gut zu tanzen. Unvergleichlich. Die Nacht ist perfekt inszeniert. Ein Glas Cidre vor sich, die Geliebte im Arm. Ein guter Tango. Was will man mehr? Armut? Was ist Armut?

Tagsüber ist er am Fließband gestanden, ein Jemand, d.h. ein Niemand, hier ist er ein unvergleichlicher Charakter, ein Mensch. Wer genauer hinsieht, der sieht freilich auch das, was diese Menschen für einen Abend ablegen wollen. Das Aschenputtel hinterläßt überall Spuren von Asche. Spuren die verraten, was mit jedem dieser Menschen wirklich los ist. Spuren, die dem Tanz seinen geheimen Zauber verleihen. Die klobige Hand, die zart auf der etwas zu dikken Taille liegt. Die harten Falten unter dem leuchtenden Make-up. Der schon arg gealterte Körper, schwingend in einem eng anliegenden Catsuit. Der zwar gute, aber doch schlecht geschnittene Anzug. Der etwas zu dicke (und falsche) Ring am Finger. Das hoch dekorierte Kleid, geschneidert aus billigem Stoff nach fragwürdigem Schnitt. Billiges Parfum, schlecht blondierte Haare. Der schwere stämmige Mann, der sich wie ein Galan über die Frau zu beugen versucht. Ihr vornehm ins Ohr flüstert und dabei die Silben im Ton des *lunfardo* zieht. Die pummelige Hausfrau, deren Kleid die Spuren der harten Arbeit nicht verdecken kann.

Sie alle haben sich eingefunden und verabredet zu einem Spiel: Jeder respektiert die Rolle, die Maske des anderen, zusammen zelebrieren sie den Tangotanz, den nur sie so tanzen können.

Eine eigene Welt. Kein schlechter Film, sondern ein Meisterwerk von Fellini. Man trifft hier Charaktere, die stark überzogen sind. Kaum vorzustellen, sie seien „einfach so" von der Straße hereinspaziert. Ohne es zu wollen, erzählen sie von ihrem Leben. Ihrem Schicksal, ihrer Einsamkeit. Die Frau dort hinten am Tisch scheint bereits 40 Jahre auf diesem Stuhl zu sitzen und auf einen Partner zu warten. Vielleicht erwartet sie nur einen Tanz. Doch es kommt keiner und fordert sie auf. Auch später nicht. Jeden Abend bestellt sie das gleiche Getränk. Seit Jahren schon. Immer noch trägt sie das enge Kleid und die Schuhe mit den hohen Stöckelabsätzen. Atemberaubend scheint es. Obwohl? Wenn man genau hinschaut, ist sie bestimmt schon an die 70. Die Frauen sitzen auf ihren Plätzen. Vorne direkt an der Tanzfläche. Geschminkt, frisiert, ihre Beine elegant übereinandergeschlagen. Die Füße in Schuhen mit feinen Riemchen. Alleine. Bereit für einen Tanz.

Auf der anderen Seite sitzen die Paare. Der Mann legt beschützend und besitzergreifend den Arm über die Schulter seiner Partnerin. Diese Gestik verrät: „Sie gehört zu mir".

Ein einzelner Mann wandert durch den Salon. Er steht mal hier, mal da – und schließlich geht er an die Bar. Aus den Augenwinkeln beobachtet er das Geschehen. Sein Blick schweift hinweg über die Köpfe, alles genau im Blick, ohne den Kopf zu bewegen. An den Damen bleibt sein Blick unmerklich länger hängen. Scheinbar vertieft in ein Gespräch ruht sein Blick nicht aus. Beobachtet scharf. Jede Geste. Nebeneinander stehen die Männer, den Blick zur Tanzfläche, und unterhalten sich. Hin und wieder nimmt einer sein Taschentuch und trocknet sich den Schweiß von der Stirn. Der Anzug sitzt tadellos.

Keine Frau gesellt sich zu den Männern, betritt ihr Revier. Die Frauen bleiben untereinander. In Grüppchen gehen sie in Richtung Toilette. Schwatzend und mit der Handtasche unter dem Arm. Mit selbstbewußtem Hüftschwung, wenn sie den Raum durchschreiten. Die Frauen signalisieren, wenn sie tanzen möchten. Aufmerksam blicken sie in die Runde, um sich auffordern zu lassen. Sie lassen sich bitten. Meisterhaft in der Verführung wissen sie die Blicke auf sich zu ziehen.

Eine Tanzrunde ist gerade vorbei. Die Musik von „Kraftwerk" dröhnt aus den altmodischen Lautsprechern. Das Zeichen, die Tanzfläche zu verlassen. Nur zögernd trennen sich einige Paare, tauchen auf, zurück in die Realität. Wechseln noch ein letztes Wort, einen letzten Blick und gehen zurück auf ihre Plätze. Sie setzen sich, wieder mit dem Blick auf die Tanzfläche und scheinbar belanglos in die Runde. Gelassen. Getränke werden bestellt. Kleider glattgestrichen. Gespräche geführt. Doch das Knistern liegt in der Luft. Die Verabredung für den nächsten Tanz wird vorbereitet, das Revier abgesteckt. Wachsam wandern die Augen durch den Saal, darauf bedacht, den Blick des begehrten Partners einzufangen. Stumm und wie beiläufig geschieht dieses Ritual. Und doch geht es um nichts anderes in diesem Moment als um den nächsten Tanz.

Ein Tango ertönt. Blicke treffen sich. Wie von magischer Hand gesteuert, steht hier eine Frau auf, dort drüben in der anderen Ecke ein Mann. Gebannt und fast feierlich gehen sie aufeinander zu. Ein Lächeln in den Mundwinkeln. Er bleibt auf der Tanzfläche stehen und erwartet sie. Sie nähert sich. Ruhig und gesammelt. Sie bleiben voreinander stehen. Tanzen noch nicht. Sie reden miteinander. Nichts Wichtiges. Und doch ist es der Moment, sich ein erstes Mal so nah wahrzunehmen. Sie lassen sich Zeit. Eine Minute vergeht. Erst dann begibt sie sich in seine Führung.

Jetzt strömen Männer und Frauen aus allen Winkeln auf die Tanzfläche. Die Paare treffen sich, auch sie bleiben noch eine Weile voreinander stehen.

Salon „Niño Bien" im Stadtzentrum von Buenos Aires. Hier treffen sich jeden Donnerstag rund 400 Tangotänzer, darunter auch viele Touristen.

Reden oder blicken nur um sich. Sie warten den Moment der Begegnung ab. Erst wenn sie sich eingestimmt haben, sind sie bereit für den Tanz. Sie legen die Arme umeinander in den vorgeschriebenen Positionen und gleiten davon im Meer der Paare, eingefangen in der eigenen Gefühlswelt wie in einer Blase im Schaum.

Funktion der Rituale

Rituale spielen im klassischen Salon eine große Rolle. Ihre Existenz gewährleistet, daß Tanz und Leben voneinander getrennt bleiben. Ohne diese Sicherheit könnten die Tänzer sich nicht mit aller Intensität dem Partner im Tanz hingeben. Sie wären zu Zurückhaltung gezwungen, denn sie müßten sich schützen vor der Bedeutung ihrer Geste im Tanz; dem Wunsch nach Nähe, der brodelnden Leidenschaft und der Phantasie.

Nur im Schutz der Rituale dürfen sie provozieren und fordern, sich hingeben und genießen, Leid und Sehnsucht empfinden und zum Ausdruck bringen. Symbolisch beinhaltet der Tanz in seinen Ritualen das Werben umeinander, die Vereinigung in der Umarmung und die Trennung, sobald der letzte Taktschlag vergangen ist. Das Ritual von Geburt, Leben und Tod. Traurig alleine schon deshalb, weil jede Begegnung auch die Trennung beinhaltet, jeder Beginn der Anfang des Endes ist.

Vielleicht wären die im Salon herrschenden Rituale weniger wirksam und unbestritten, wenn sie schriftlich festgelegt wären. Auf den ersten Blick scheint manches an diesem Verhaltenskodex überflüssig oder gar lächerlich. Aber mit den Jahren, nachdem man wahrhaftig im Salon „eingeweiht" ist, lernt man sie zu schätzen und ihren Wert kennen. Der erfahrene Tänzer weiß, daß die Spannung im Salon nur durch die Rituale entsteht: Die Einengung bedeutet Komprimierung.

Da es sich um ungeschriebene Gesetze handelt, wird man auch nicht direkt bestraft, wenn man sie ignoriert. Aber man bleibt fremd, ein Fremder. Um ein Vertrauter, ein Eingeweihter zu werden, muß man einfach eine lange Zeit zuschauen, sich Zeit nehmen und beobachten. Und auch immer wissen, daß man in einem Salon zu Besuch ist und sich als Gast zu benehmen hat.

Vor dem Tanz

Eine Menge Rituale finden schon vor dem Tanz statt. Bis zum ersten gemeinsamen Tangoschritt ist es ein weiter Weg. Es beginnt bereits beim Betreten des Salons: Ein Mann betritt den Salon mit seiner Frau und läßt sie vorangehen. Immer unter seinem Blick. Sie geht möglichst nie hinter ihm her. Er signalisiert hierdurch, daß diese Dame „seine" Partnerin ist, daß er die Verantwortung für sie übernimmt und sie beschützen wird. Dieses Signal wird verstärkt dadurch, daß Männer am Tisch den Arm um die Schultern ihrer Partnerin legen.

Paare sitzen immer zusammen, wobei die Dame den Platz einnimmt, der möglichst ihre Beine durch den Tisch bedeckt. Alleinstehende Männer und Frauen haben immer getrennte Tische; Frauen sitzen möglichst an den vorderen Tischen direkt an der Tanzfläche, Männer sitzen meist an den hinteren Tischen oder stehen an der Bar.

Eine Frau zahlt nie, wenn ein Mann anwesend ist. Eine Frau spannt nie einer anderen den Mann aus. Ein Mann spannt nicht die Frau eines anderen aus und fordert eine Dame in festen Händen auch nicht ohne die Erlaubnis ihres Begleiters auf. Männer belästigen Frauen nicht und achten darauf, daß auch andere das nicht tun. Der Mann selbst schützt die Frau vor den Männern. Er vermeidet es, die Frau mit seinem Schweiß, mit schlechtem Geruch oder mit Bartstoppeln zu belästigen. Immer ist er korrekt gekleidet und gut rasiert. Frauen muten Männern keinen ungestützten Busen zu und auch keine nackten Beine unter kurzen Kleidern. Außerdem legen sie Wert darauf, Körperbehaarung zu entfernen oder zumindest zu verdecken. Auch sie achten peinlich auf guten Geruch.

Das Betreten der Tanzfläche hat symbolischen Charakter. Man nutzt sie deshalb nie als Gehweg. Niemand, der nicht tanzt oder tanzen möchte, betritt die Tanzfläche. Will man auf die andere Seite des Salons, so läuft man um die Tanzfläche herum, und zwar immer so, daß keines der Paare sich gestört fühlen könnte.

Die Verabredung zum Tanz geschieht über den Blickkontakt und wird mit einem kurzen Kopfnicken bestätigt. Man nennt dies *cabezeo*. Dem Blick ausweichen genügt, um eine Verabredung zu vermeiden. Das Spiel des Augenkontaktes ist offen für alle. Es ist sehr subtil. Man sucht Blicke oder man weicht ihnen aus. Niemand drängelt auf einen Tanz. Alle wissen: aus einem erzwungenen Tanz kann keine Nähe und Leidenschaft entstehen. Durch dieses Ritual werden „Körbe" vermieden.

Ein Mann zeigt sich der Frau, mit der er tanzen möchte. Unter Umständen muß er dazu von seinem Platz aufstehen und sich an den Rand ihres Blickwinkels stellen. Er positioniert sich niemals frontal, sondern seitlich. Immer so, daß sie ihn zwar bemerken kann, aber trotzdem die Chance hat, seinem Blick auszuweichen, wenn sie nicht mit ihm tanzen möchte.

Nur ein unhöflicher Mann (oder ein schlechter Tänzer) fordert eine Frau auf, ohne sich vorher zu zeigen, indem er von rückwärts kommt und sie anspricht. Eine solche Geste überrumpelt und verhindert die freie Wahl. Gute Tänzerinnen akzeptieren solche Verabredungen „von der Seite" nicht. Ist die Verabredung einmal getroffen, erheben sich beide von ihrem Platz, um sich auf der Tanzfläche zu treffen.

Befindet sich die Dame in Begleitung eines Mannes, ist die Verabredung über den Blickkontakt nicht ausreichend. Hier muß dem Blickkontakt eine offizielle Anfrage beim begleitenden Partner erfolgen. Aus Höflichkeit, aber auch, um offiziell und öffentlich zu zeigen, daß keinesfalls dessen Position als begleitender Herr in Frage gestellt ist. Eine Klärung des Reviers. *Con permiso*. Mit Erlaubnis.

Weder Männer noch Frauen blamieren sich gerne. Man versucht möglichst auf gleichem Niveau aufzufordern. Also weder einen viel schlechteren Partner, aber auch niemanden, der viel besser ist. Dies ist eine Frage des Respekts, aber auch der Klugheit. Frauen wissen sich zu schützen. Sie tanzen nicht mit einem unbekannten Partner. Zumindest warten sie ab, bis sie einen Tänzer wenigstens einmal tanzen sehen, bevor sie ihn als Partner akzeptieren.

Männer regeln sich hier anders. Um eine im Salon unbekannte Dame „ausprobieren", fordert ein Tänzer sie am Ende der Tanzrunde auf. So spät, daß beiden nur ein knapper Tango bleibt. Ausreichend, um ihre Tanzqualitäten einzuschätzen. Die Information über ihre Qualitäten wird unter den Männern durch Gesten weitergegeben. Partnerinnen guter Tänzer werden nur unter größten Respektsbekundungen aufgefordert. Man vermeidet, daß die Aufforderung als Herausforderung verstanden wird.

Auf der Tanzfläche

Nun endlich auf der Tanzfläche angekommen, geht es gleich weiter mit den Ritualen und den ungeschriebenen Gesetzen. Vor Beginn des Tanzes unterhalten sich die Tanzpartner. Dies ist der einzige Moment für viele, miteinander zu sprechen. Der Moment der gemeinsamen Umarmung wird abgewartet und hinausgezögert.

Um einen guten Tänzer einige Sekunden unauffällig bewundern zu können, warten manche Paare ab, bis dieser begonnen hat.

Niemals greift der Mann nach der Frau. Er bietet sich an und läßt zu, daß sie sich ihm nähert. Er antwortet auf ihre Nähe, immer ihre Grenze respektierend. Niemals zwingt der Mann die Frau zu mehr Nähe, als sie will.

Es ist üblich, den Tanz mit einem Schritt in die Seite zu beginnen, um nicht mit anderen Paaren zusammenzustoßen. Der gute Tangotänzer redet nicht beim Tanzen. Er widmet sich ganz dem Tanz.

Niemals wird auf der Tanzfläche geübt, nie ein Schritt ausprobiert, den man nicht beherrscht. Frauen werden nicht zu Übungszwecken mißbraucht. Überhaupt werden nicht Schritte, sondern Beziehungen getanzt. Einer Figur mehr Aufmerksamkeit zu schenken als dem Partner, wäre ein grober Verstoß.

Die Paare respektieren die Tanzrichtung (*rueda*). Sie verläuft wie in Europa gegen den Uhrzeigersinn. Ein Paar paßt sich dem allgemeinen Tanzfluß an in Geschwindigkeit und Richtung. Auf der Tanzfläche wird niemals gerempelt.

Ein Paar hält den Raum innerhalb des Paares stabil, geht aber äußerst geschmeidig und flexibel mit dem äußeren Raum um, den es mit den anderen Paaren teilt. Der Mann schützt die Frau in einem vollen Salon mit seinem eigenen Körper.

Am Ende jedes Tango löst das Paar sich aus der Umarmung. Mehrere Takte der neu beginnenden Musik verstreichen, bevor ein Paar den nächsten Tanz beginnt. Normalerweise tanzt man eine ganze Tanzrunde miteinander. Meist dauert sie zwischen drei und fünf Tangos. Die *cortina*, ein „Musikvorhang" zeigt das Ende jeder Tanzrunde an. Beim Erklingen der *cortina* verlassen alle Paare die Tanzfläche. Die Musik der *cortina* wird niemals getanzt.

Eine Tanzrunde nicht zu Ende zu tanzen, ist unhöflich. Besonders einer Dame gegenüber. Hier drückt sich Mißfallen aus. Dies ist nicht so unter Freunden und Ehepartnern. Sie entscheiden gemeinsam, wann sie aufhören wollen. Auch bietet manchmal ein Mann aus Höflichkeit der Dame an, abzubrechen. Dies ist dann Ausdruck seiner Bescheidenheit ihrem Tanz gegenüber.

Tänzerinnen machen Gebrauch von der Möglichkeit, eine Tanzrunde vorzeitig zu beenden, wenn ein Mann sie auf der Tanzfläche blamiert. Sei es, daß er weit unter ihrem Niveau tanzt, sie öffentlich zurechtweist und korrigiert, sie „unterrichtet" oder aufdringlich wird.

Ist die Tanzrunde beendet, bringt der Herr die Dame höflich einige Schritte in Richtung ihres Platzes. Niemals ganz an ihren Tisch. Er respektiert ihre Privatsphäre. Befindet die Dame sich in männlicher Begleitung, dann bringt der Tänzer sie im Bewußtsein der übernommenen Verantwortung zurück an den Tisch und bedankt sich beim Herrn für den Tanz.

Der Verlust der Rituale

Leider ist die Einhaltung dieser klassischen Rituale immer seltener geworden. Die Zeiten haben sich geändert. Der Frauenmangel ist Vergangenheit; die Zeiten, in denen es Männer in der Überzahl gab und Frauen als kostbare Rarität galten. Heute drängen sich nicht selten 'zig Frauen um einen Mann, während den Männern die Rolle des heiß begehrten Tänzers zugefallen ist. Fast kommt es nicht mehr auf seine Qualität an, sondern nur noch darauf, daß er sich einer Frau erbarmt.

Die männliche Galanterie ist damit rar geworden. Im Vergleich mit der Ursprungssituation des Tango hat ein Rollentausch stattgefunden, und es stellt sich die Frage, ob es überhaupt noch sinnvoll ist, daß der Mann die Frau führt. Schließlich war der Deal: Du führst und ich begleite dich. Im Vertrauen darauf, daß ich dir kostbar bin, lasse ich mich von dir führen.

Eine Frau im Tango muß auch weiterhin den Inhalt ihrer Rolle spüren können, ihre Kostbarkeit als Weib, obwohl sie vielleicht in der Überzahl ist und die Frauen untereinander mehr Konkurrentinnen sind als Schwestern. So wie auch der Mann sich weiterhin mit der Rolle des Führenden, Beschützenden und des Eroberers identifizieren muß, um eine Frau im Tanz wirklich führen zu können. Eine Qualität, die der klassische *milonguero* sich erhalten hat.

PHILOSOPHIE

„El Tango es una forma de ser."
(Der Tango ist eine Daseinsform.)

Horacio Ferrer

MEINE PERSÖNLICHE FASZINATION

Die erste Begegnung

Eines Tages bin ich dem Tango begegnet. Er hat mich regelrecht in seinen Bann gezogen – und nicht mehr losgelassen. Er ist alles andere als nur ein Tanz. Er ist viel mehr: eine Lebensphilosophie, *una forma de ser*. Das ist der Grund, glaube ich, warum es der Tango nicht immer leicht gehabt hat. Man hat versucht, ihn zu verbieten, zu verschweigen und zu verdrängen. Doch er taucht immer wieder auf. Verändert, anders, mit einem neuen Kleid. Der neuen Zeit und dem neuen Zeitgeist angepaßt. Doch immer mit dem gleichen Grundgedanken. Bereit für den Kampf des Volkes gegen die Einsamkeit, die Unterdrückung und die Armut. Er ist Rebellion, Lebenseinstellung, eine Leidenschaft und eine Sucht.

Während der Tango zu Beginn des Jahrhunderts als lasziv bezeichnet werden kann, beschreibt ihn heute der Begriff der Sinnlichkeit am treffendsten.

Oft wird dieser Tanz ganz gedankenlos mit dem Wort Erotik charakterisiert. Doch es geht im Tango nicht um das „Fleischliche", sondern vielmehr um die Vielfalt der zwischenmenschlichen Beziehung von Mann und Frau. Neben dem Männlichen und Weiblichen drücken sich Liebe, Haß, Zärtlichkeit und Aggression genauso aus wie die Einsamkeit.

Der Tango birgt in sich eine schier unendliche Palette von Gefühlen. Er ist nicht irgendein Paartanz mit allgemeingültigem Bewegungsmuster, sondern ein Tanz, der von den Personen selbst spricht. Aus der Person heraus erzählt. Und deshalb von Person zu Person unterschiedlich ist. Ein Paartanz, bei dem jeder Mensch so sein kann, wie er ist. So lautet auch ein bekannter Tango-Titel: „Yo soy asi".

Obwohl dem Tango Strukturen und Regeln zu Grunde liegen und er in ein Netz von Ritualen eingebunden ist, ist er frei. Er wird improvisiert. Das Paar selbst bestimmt, was es tanzen will. Es ist wie mit der Sprache: Das Wörterbuch und die Grammatik sind für alle dasselbe. Aber schon in der Art, wie die gleiche Mitteilung gemacht wird, können Welten liegen: Kommen Sie bitte hierher! Kommen Sie mal bitte! Komm her! Komm schon! Komm! . . . Niemand kann einem im Tango vorschreiben, was man tanzen soll. Schnell oder langsam, viele Figuren oder wenige. Das muß schon jeder selbst entscheiden.

Es ist nicht das Design, das mich am Tango fasziniert hat. Es ist der Gedanke, den er transportiert, der mir das Herz stocken läßt. Leidenschaft gepaart mit Einsamkeit, Erinnerungen, Sehnsucht und Heimweh sind „Gedanken" des Tango. Das Leid, die Mißstände, eine verlorene Liebe und ein Scheitern, oder die Hoffnung auf bessere Zeiten, Phantasien und Träume. Und das Frivole, das Kokette. So stark und so weich zugleich.

Lange habe ich geglaubt, daß die sehr dichte Nähe im Tango mich vor der Einsamkeit schützen könne. Daß der Mensch im Tango die Einsamkeit überwinden könnte. So eng und so fest umarmt. So nah. Doch der intensive Kontakt berührt vielmehr den Schmerz. Die großen Emotionen. Diese große Lust zu weinen. Ein Schmerz, der lustvoll ist, weil er ein Stück lebendig macht. „Tango ist ein trauriger Gedanke, den man tanzen kann", so lautete ein zu Recht berühmter Satz von Enrique Santos Discépolo.

Die Körper, die sich zur Vereinigung suchen, sind schließlich selbst das Hindernis der Verschmelzung. Zwei Körper, die gar nicht eins sein können. Und so ist es wohl eher so, daß der Tango nicht vor der Einsamkeit schützt, sondern sich aus dieser ernährt. Aus ihr seine Kraft und auch seinen Sinn holt, insofern man hier von Sinn sprechen mag. Daß der Tango immer wieder abtauchen muß in das, was tief in uns liegt. Daß er den Schmerz sucht, um ihn zu bekämpfen wie einen liebgewonnenen Feind. Dieser Kampf ist Lust. Für mich ist er eine wundervolle Rebellion der Leidenschaft. Und so ist es ein Irrglaube, der Einsamkeit entfliehen zu können. Man kann sie tanzen und sich mit ihr versöhnen. Aber man wird sie nicht los. Und deshalb machen sich Mann und Frau immer wieder auf die Suche. Nacht für Nacht. Tanz für Tanz. Nach sich selbst. Nach dem anderen. Um sich zu begegnen und um sich zu umarmen.

Mann und Frau können zwar nicht verschmelzen, aber sich verbinden zu einer neuen Einheit. Nämlich als Paar, zusammengesetzt aus einem „Ich" und einem „Du". „Er" und „Sie", die sich als Individuum gegenüber stehen. Zwei, die die Auseinandersetzung suchen, den Dialog und die Beziehung. Der Dialog, der bereits beginnt, wenn wir uns für einen Tanz verabreden. Mit einem Blick. Mit einer Geste. Der Dialog, der sich im Tanz fortführt, wenn wir uns Schritt für Schritt gegenseitig entdecken.

Und so habe ich erlebt, daß Mann und Frau an der Stärke des anderen wachsen, ohne zu unterliegen, daß beide stark sind ohne zu herrschen. Daß beide fühlen, ohne schwach zu sein. Ich habe einen Tango entdeckt, der leidenschaftlich ist. Voller Respekt und Achtung. In dem es um viel mehr geht als nur um Schritte. Ich betrat eine Welt, in der Männer und Frauen sich klar definieren. Zwei Lager bilden, die sich im Begehren begegnen.

Und so erlebte ich nicht nur den Tango, sondern auch meine Rolle als Frau vollkommen neu. Entdeckte das Selbstverständliche der Weiblichkeit, das einer Argentinierin ganz instinktiv gegeben ist. Mir wurde mit einem Mal bewußt, welchen Genuß mir mein Frau-sein bereiten konnte. Tango ist eine Notwendigkeit in meinem Leben. Er ist lange kein Spiel mehr. Er ist meine Wahrheit. Getanzt mit aller Ernsthaftigkeit meiner Gefühle.

Wenn man den Tango verstehen will, lohnt es sich, hinter die Kulissen zu schauen und zwischen den Zeilen zu lesen. Erst dann kann man sein Wesen entdecken und verstehen, worum es im Tango geht. Besonders deutlich werden die Zusammenhänge, wenn man die Chance hat, den Tango in seinem natürlichen Umfeld zu betrachten, dort wo Tango- und Lebensphilosophie eins sind. Dort kann man die tiefe Dimension erfahren und reduzieren.

DAS WESEN DES TANGO ARGENTINO

Authentizität

Wenn es gilt, den Begriff der Authentizität, die Vorstellung vom „authentischen Tango" zu klären, stößt man unweigerlich auf die Frage nach Kern und Schale. Gibt es im Tango einen harten, unveränderlichen Kern, der zu unterscheiden ist von einer weichen, veränderlichen Schale? Und wenn es einen solchen Kern gibt, bis zu welchem Grad ist er gebunden an seinen Ursprungsort, an Buenos Aires? Horacio Ferrer warf seine große Autorität zugunsten dieser These in die Waagschale, als er sagte: „Tango es una forma de ser. Hay que vivir en el ambiente del Tango, para poderlo expresar" ("Tango ist eine Form zu sein. Man muß im Ambiente des Tango leben, um ihn ausdrücken zu können.")

Andererseits liegt es auf der Hand, daß das weltweite Interesse am Tango nicht unabdingbar gebunden sein kann an eine ganz bestimmte Lokalität, so bedeutsam und interessant diese auch sein mag. Aus diesem Grund habe ich ja eingangs die „Schnittblume" nicht mit einem Strauch verglichen, sondern mit einer Topfblume. Entscheidend sind die Wurzeln, nicht das Erdreich. Umtopfen heißt nicht entwurzeln. „Umgetopft" wird aber nicht von irgendwo nach irgendwo, sondern immer von Buenos Aires nach anderswo, und der Vorgang ist immer ein wenig riskant – und in den Wurzeln sollte immer etwas argentinische Erde hängen.

Mit anderen Worten: Je weiter sich das Umfeld vom Ursprung entfernt, umso weiter entfernt sich das Getanzte vom authentischen Tango. Ein einmaliges Erleben der Umgebung reicht nicht aus, um die Gesten des Tango leben zu können. Sobald die Eindrücke des Tangoumfeldes nur mehr Teil einer verblaßten Erinnerung sind, können sie den Tango bis ins Groteske verzerren. Nur ein steter Anschluß an sein Umfeld, ein Kreislauf von Leben und Tanz, garantiert die Authentizität.

Beweis der Authentizität sind ja doch nie der Paß und die Geburtsurkunde, sondern die Echtheit eines Paares, die Glaubwürdigkeit der Tänzer. Ist diese Glaubwürdigkeit einmal gegeben, spürbar, evident, dann gibt es unendlich viele verschiedene Versionen und Variationen, stilistische und persönliche. Da der Tango mit dem Gefühl getanzt wird, bleibt er trotz seiner Verbindung zur Gemeinschaft Reflex eines einzelnen individuellen Lebens. Dieses Gefühl des Einzelnen ist etwas, worüber er niemandem Rechenschaft schuldig ist.

Tango-Wahrheit?

Über den Tango wird viel gesprochen und diskutiert, Meinungen werden geäußert, vertreten und verteidigt, angegriffen, beschimpft, negiert und abgewiesen. So heftig, als gehe es darum, sich selbst zu überzeugen.

Jeder Einzelne läßt im Tango sein Herz und kann sich mit Recht darauf berufen, denn was in seinem eigenen Herzen vorgeht, ist für ihn natürlich stärker als das, was andere Herzen bewegt. Und umgekehrt! Folglich können viele verschiedene Wahrheiten nebeneinander bestehen – und als Summe ein facettenreiches Bild zeigen.

Das Tango-Erlebnis beschreiben ist wie Meer oder Feuer beschreiben wollen. Man weiß wie das Meer oder das Feuer aussieht, aber wie soll man Nässe, Weite, Hitze in Worte fassen, das Farbenspiel von Wellen und Flammen spürbar machen? Die „Wahrheit" liegt in der Summe all der unendlich vielen Einzelbilder, die das Wasser zu Meer und die Flammen zu Feuer machen.

Solche Überlegungen können einem bewußt machen, daß der eigene Tango, der einem alles bedeutet, nur ein kleiner Ausschnitt sein kann. Eine ganz persönliche Auslegung, Sichtweise und Reflexion. Die Spanne des eigenen Erlebens in Relation zur Spannweite des Gesamtphänomens.

„Yo so el Tango!" – Ich bin der Tango

Der *porteño* ist Meister der Übertreibung. Prahlerisch? Vielleicht. Denn sobald er einmal den Tango in sich spürt, erklärt er: „Yo soy el Tango!" Ich bin der Tango. Ein wenig vermessen und doch ein Stück Wahrheit. Diese Wahrheit ist naiv, aber darum nicht falsch.

Ich weiß aus meinem Unterricht, daß viele Tänzer auf der Suche nach einer einzigen Wahrheit des Tango sind. Die Vorstellung, daß es unterschiedliche Formen geben soll, fällt ihnen schwer, macht sie ein wenig ratlos. Vor allen Dingen im Ausland will man den Tango festgelegt sehen. Das „Produkt" soll mit Gütesiegel und Echtheitsgarantie geliefert werden.

Zum echten Tango-Lernen gehört aber auch, daß man sich an die Vielschichtigkeit gewöhnt und begreift, daß kein Tänzer tanzt wie der andere, daß unterschiedliche Stile nebeneinander bestehen können und auch kombinierbar sind. Es gibt genügend Gemeinsames, das alle Tänzer miteinander verbindet und Verbindungen, die Unterschiede verknüpfen können und auch erlauben, daß unterschiedlichste Menschen miteinander tanzen können. So wie schon vor hundert Jahren fremde Kulturen sich im Tango zu einer Einheit umarmen konnten. Das schillernde Bild ist also kein Störfaktor, sondern vielmehr ein wichtiger Bestandteil des Tango.

Veränderung

Die Entwicklung des Tango ist somit nicht nur unvermeidlich, sondern ist geradezu ein Beweis seiner Lebenskraft. Trotzdem ist sie der umstrittenste Aspekt des Tango. Selten werden Erneuerungen und Veränderungen mit offenen Armen empfangen. Meist werden sie bis aufs Messer bekämpft, beschimpft und abgelehnt. Um später doch anerkannt zu werden. Aber dieser Prozeß der Akzeptanz und Eingliederung geschieht fließend, fast unbemerkt. Das Volk übernimmt das Neue ohne ein Zeremoniell der offiziellen Anerkennung. Am Ende ist das laute Geschrei vergessen. Der einzelne Kämpfer und Erneuerer bleibt nicht selten ein unerkannter Held.

Für das Weiterleben des Tango ist es unerläßlich, die Essenz der Ursprungssymbolik wieder und wieder zu reaktivieren und dabei, den veränderten Gegebenheiten entsprechend, nach neuen Ausdrucksformen zu suchen. Ein einzelnes Symbol aus der Zeit zu isolieren und zu reproduzieren, kann nie die Kraft der Ursprungssituation reaktivieren. Es müssen auch neue Zutaten gesucht und ausgewählt, neue Rezepte angerührt werden, die in der heutigen Zeit ein Resultat ähnlicher Bedeutung erzielen können. Faktoren wie veränderte Wertvorstellungen müssen natürlich berücksichtigt werden. Der entblößte Fußknöchel einer Dame, der vor hundert Jahren fast einem Skandal gleichkam, ist heute einfach bedeutungslos.

Menschen mit kreativer Kraft, aber vor allen Dingen Mut zur Kreativität haben zur Entwicklung des Tango beigetragen. Trotz lauter Kritik der Masse hörten sie auf ihre eigene innere Stimme und hielten ihre eigene Wahrheit aufrecht. In der Hand von Konformisten wäre der Tango nicht das, was er heute ist. Er braucht die starken Charaktere und Rebellen, die bereit sind zu kämpfen.

Generationskonflikt

Wie in jeder Familie, so hat es auch in der Tangofamilie der Nachwuchs nicht leicht. Väter und Mütter räumen ungern ihre Plätze. Die Tangowelt ist in sich sehr geschlossen. Es ist nicht einfach, als Fremder in diese Welt einzudringen. Erschwerend kommt hinzu, daß eine ganze Generation in der Kette der Nachkommen fehlt. Die Geburtsjahre 1945 bis 1960 sind äußerst spärlich vertreten. Die sich gegenüberstehenden Generationen geraten heftig aneinander. Die Jungen wollen verändern und selbst entdecken. Die Alten wollen festhalten am Hergebrachten, an sich selbst.

Den Jüngeren hingegen bleibt keine Wahl. Was für den Alten schon gelebte und lang bewährte Wahrheit ist, können sie nicht ohne weiteres akzeptieren.

Neues entsteht, das morgen alt sein wird. Ein Rad der Zeit, das rollt und rollt. So schreibt z.B. Vincente Rossi in seinem Buch *cosas de negros* (1926), daß der Tango in den letzten Jahren, nämlich seit er argentinischen Boden betreten hat, am Romantizismus erkrankt sei. Daß das männliche Interesse an der Frau den Tango stark verwässern würde. Die alten Werte, der robuste Stil der rauhen Welt der Slums, das erschien Rossi als der wahre Tango. Er schreibt weiterhin, der Tango sei degeneriert zu einem showartigen Tanz. Eine Meinung, über die wir heute bereits wieder lächeln können, denn längst ist der „neue" Tango, den Rossi damals kritisiert hat, selbst von einem Show-Tango überholt, auf den man mit Bewunderung oder Verachtung hinauf- oder herabblickt.

Umso erfreulicher sind die jüngsten Entwicklungen im Tango, das weltweite Interesse und das Wiederentdecken der Jugend. Ein Zeugnis für das noch unerschöpfte Potential des Tango; wenn er sich zurückzieht, dann nur, um neue Kraft zu sammeln und dann noch stärker wieder hervorzukommen.

Tango-Idol und Idol-Tango

Bis heute steht die glorreiche Tangoepoche der vierziger Jahre für den „wahren Tango". Der unvergessene Höhepunkt. Danach gibt es für viele scheinbar nur noch ein hoffnungsloses Bergab. Man sträubt sich gegen jede Neuentwicklung. Nur wenige trauen sich, dieses Image der vierziger Jahre zu verlassen. Wenigen gelingt es, aus der Essenz heraus neue Formen zu kreieren. Erst nach und nach mischen sich aktuelle Impulse in „den Stil".

Lebendigkeit

Das Leben selbst

Der echte Tango kann nur ein lebendiger Tango sein. Folglich lebt er in ständiger Veränderung. Er steht seit seiner Entstehung nicht still, niemals ist seine Struktur für immer festgelegt, auch nicht das choreographische Material. Fast ein Beweis dafür ist das Interesse der Künstler. Im Münchner *Haus der Kunst* gab es 1997 eine Ausstellung über „Tanz in der Moderne. Von Matisse bis Schlemmer". Auf einer begleitenden Tafel war zu lesen: „Warum hat gerade der Tanz am Anfang des Jahrhunderts die bildenden Künstler in seinen Bann gezogen? [...] Bewegung wird für eine ganze Generation von Künstlern zur Zauberformel. Sie steht für Schnelligkeit und Entwicklung nach vorne, für Modernität schlechthin und bedeutet technischen Fortschritt, aber auch Neuerung im künstlerischen geistigen Sinn."

Der Tango kann wie die Synthese eines Lebens sein, ein Abbild der Realität. Sehnsucht, Angst, Sorgen, Zweifel, Unsicherheit, Wünsche, Leidenschaft und Träume können sich in einem einzigen Tanz ausdrücken.

Jeder Tänzer tanzt sich selbst im Tango. Einer traut sich mehr, ein anderer weniger, der eine liebt das Risiko, der andere sucht die Sicherheit. Immer schillert das Persönliche durch. Verändert sich der Tänzer, so verändert sich auch sein Tanz. Und umgekehrt. Tanz und Tänzer wachsen aneinander.

Die natürliche Schönheit

Eines Nachts saß ich mit Ricardo zusammen. Er dachte nach. „Der Tango", sagte er, „ist das Spiel mit den Achsen. Der Stolz jedes Tänzers, ja seine Virtuosität bedeutet ‚nicht zu fallen'. Eigentlich nichts anderes, als was ich damals als Architekt gemacht habe. Bauen. Strukturen hinstellen, die nicht fallen. Ästhetisch schöne Strukturen, funktionelle Strukturen. Auch als Architekt habe ich nichts anderes gemacht, als ‚die Gesetze der Natur zu nutzen'. Gute Konstruktionen sind viel enger an der Natur angelehnt, als man denkt. Jetzt als Tänzer bin ich immer noch Architekt. Statt feststehende Gebäude zu bauen, bewege ich dieses Gebäude im Raum. Mich und dich."

Genau das ist es: Die Natürlichkeit der Bewegung ist die Grundlage des Tango. Daß das Können gerade darin liegt, die Schönheit der natürlichen und selbstverständlichen Bewegung in den Tanz zu legen. In den Worten von Rodolfo Dinzel: „Hay algun animal feo? Uno que se mueva afuera de la estetica? Lo natural siempre es lindo." („Gibt es irgendein häßliches Tier? Eins, das sich unästhetisch bewegt? Das Natürliche ist immer schön.")

Ricardo & Nicole tanzen im Club del Vino den Vals „Desde el Alma". Auch auf der Bühne läßt sich ein Klima von Intimität, Einsamkeit und Melancholie herstellen.

Im populären Tanz muß man deshalb das, was man erlernt hat, sozusagen wieder vergessen, damit es Teil des natürlichen Reflexes werden kann. Man kann diesen Prozeß auch „automatisieren" nennen. Oft ist es auch so, daß man weniger neue Strukturen erlernen muß, als vielmehr sich Bekanntes und Vorhandenes bewußt machen. *Hacer conciente*: bewußt machen.

Der Verlust der Natürlichkeit

"Natürlich" hat vielleicht noch nie, vor allem aber heute nicht, das Gleiche bedeutet wie „einfach". Auch der *porteño* ist nicht einfach „natürlich". Auch er muß Bewegungsabläufe üben. Und nicht immer erreicht er sein Ziel. Er ist stolz, wenn er das Optimum einer Bewegung erreicht. Wenn er Virtuosität, Gefühl und Geschmeidigkeit in einer einzigen Bewegung einfangen kann. Doch manchmal ist das Bild, das sich bietet, sogar grotesk und absurd. Die Bürden des Alltags, die Last zu harter Arbeit und unwürdige Lebensumstände haben dem Menschen die Fähigkeit für einen vollendeten Bewegungsablauf genommen. Im Tango versucht er sie zurückzuerobern.

Leider wird das Groteske imitiert. Ein Fremder, fasziniert von der „schrägen" Welt, die sich vor seinen Augen ausbreitet, kopiert das Bild. Weiß er auch, fühlt er auch, daß er damit Gesten bloßstellt, die Armut und Erniedrigung verraten? Hierzu gibt es ein Beispiel aus der Vergangenheit. Die letzte Präsidentin eines schwarzen Klubs schreibt, daß ihre Leute sich mit ihren Umzügen der *candombe* nicht mehr auf die Straße trauten. An jeder Ecke tanzte jemand, sie imitierend. Die Schwarzen fühlten sich damit lächerlich gemacht. Denn die Leute haben nicht nur den Tanz der *candombe* imitiert, sondern automatisch zugleich die Zeichen ihrer Armut. Das, was sie verzweifelt loszuwerden versuchten, wurde ihnen nun wie eine Kuriosität vorgeführt. Die Scham war grenzenlos. Wie konnte jemand sie so bloßstellen? Den Schwarzen, so erzählt diese Präsidentin, war dies so peinlich, daß sie von nun an keine öffentlichen Umzüge mehr machten.

Organische Wege

Früher versuchte ich, mir den Tango in Linien vorzustellen, geradlinig oder rechtwinkelig. Vielleicht um ihn besser strukturieren zu können. Vielleicht auch nur aus der Gewohnheit des Denkens in Häuserzeilen, Straßen, Räumen und Ecken. Ich nahm also an, alle Figuren wären mit den räumlichen Koordinaten zu beschreiben. Ich gab mir auch alle Mühe, meine Wege auf „ordentliche" und „korrekte" Strecken zu legen. Doch mit der Zeit lehrte mein Körper mich eines Besseren: Instinktiv umtanzte er den Körper Ricardos und ließ sich von diesem umtanzen. Ganz und gar nicht linear, sondern wie zwei miteinander verbundene Zahnräder umspielen beide Körper sich in der Bewegung. Die Bewegungen nehmen dann ganz von selbst natürliche und organische Formen an.

Afrika: Wurzeln und Kontrast

Nicht nur die musikalischen Wurzeln der *habanera* und der *candombe* führen zurück nach Afrika, auch im Tanz kann man viele Parallelen zu den Naturvölkern ziehen. Die Symbolik des *Tango Argentino* ist sehr nah mit dem der Naturvölker verwandt, auch wenn deren Darstellung unterschiedlichen Charakter hat. Beispielsweise spielt das Becken im argentinischen Tango eine ebenso große Rolle wie bei den afrikanischen Tänzen. Die Kraft, die aus dem Becken hervorgeht, ist gleichermaßen aktiv und vital. Beim Mann offensiv und treibend, bei der Frau empfangend, was keineswegs heißt passiv.

Während jedoch im afrikanischen Tanz die Symbolik des tänzerischen Rituals plakativ dargestellt wird, bleibt sie im Tango ein hintergründiger Hauch, eine homöopathische Spur.

Der Afrikaner erlebt sich zwischen den Elementen Himmel und Erde und umkreist seine eigene Mitte als verbindendes Element mit betonten Beckenbewegungen. Der *porteño* hingegen nutzt sein Becken als Zentrum der Bewegung auf eine viel subtilere Weise. Möglichst unsichtbar erfährt das Becken nur ein leichtes Schwingen und plaziert sich als fester Verbindungspunkt innerhalb der Achsen zwischen Scheitel und Sohle.

Durch den afrikanischen Tanz wurde mir die Bedeutung vieler bereits vertrauter Aspekte viel klarer. Wir nahmen an einem von Ursel Burek geleiteten Seminar über „Rollen und Symbolik von Mann und Frau im afrikanischen Tanz" teil. Es ging um das Becken als Schwerpunkt der Bewegung und als Energiequelle, um treibenden Rhythmus, Musik als stimulierendes Element, Improvisation innerhalb fester Rituale, unterschiedliche Rollen von Mann und Frau, Befreiungstanz, Fußspuren im Boden, Erdverbundenheit und vieles mehr. Ich lernte verstehen, welche tiefere Bedeutung eine Achse hat.

Wieviele Menschen hatte ich schon tanzen sehen, die offensichtlich ihre Achse nicht spürten. Ihre Muskeln dienten ihnen nur dazu, sich aufrecht zu „halten". Die Schultern hochgezogen wie in einer Ritterrüstung – und doch klapprig und wackelig wie eine solche. Menschen, die weder den Boden unter den Füßen wirklich spürten noch den Himmel über ihrem Scheitel. Wieviel entspannter erlebte ich das Stehen im Tango. Die Art „Aufrichtigkeit" des *porteño*: gelassen und auf dem Boden ruhend und trotzdem stolz aufgerichtet.

Der Afrikaner beschwört in seinem Tanz Himmel und Erde. Festgehalten zwischen diesen Polen umtanzt er geschmeidig sein Becken, seine Mitte. Die Erde fest unter den Füßen, den Fußabdruck im Lehmboden, den Himmel über seinem Kopf, fest an seinem Scheitel. Begrenzt durch Himmel und Erde begreift der Mensch seine Grenzen und damit sich selbst.

Im Tangotanz ist es essentiell nichts anderes: Der Tangotänzer transportiert seine Achse durch den Raum, zwischen Himmel und Erde. Die Achse ist zwischen beiden Polen wie die Saite eines Instrumentes gespannt. Die Beine tanzen fest an den Boden geschmiegt, stolz richtet sich der Oberkörper zum Himmel hin auf.

Sein Körper ist wie aus der Energie zweier kontrastierender Tiere zusammengesetzt. Oben stolz wie ein Adler, präsent und hoch aufgerichtet; in den Beinen und im Becken wie eine Katze, dicht an den Boden geschmiegt, geschmeidig und weich, kraftvoll und wendig. So ähnlich der *gaucho*: Er ist fest im Sattel verankert, aber frei im Oberkörper, damit er sein Lasso werfen kann, geschmeidig in der Bewegung, beweglich in der Taille.

Ricardo & Nicole in „ihrem" Viertel San Telmo auf der Plaza Dorrego.
Eng und intensiv teilen Mann und Frau eine Umarmung im ständigem
Spiel von Nähe und Distanz.

Freiheit

Tanz des Volkes

Der Tango gehört dem Volk. Daraus ist er entstanden, genährt von dem Verlangen nach Ausdruck und Freiheit. Niemand hat den Tango gemacht oder erfunden. Nirgendwo sind Regeln aufgeschrieben. Es gibt keinen Verband und keinen Präsidenten, keine Meisterschaften, keine Höchstwerte und keinen besten Tänzer. Im Gesamtbild gibt es verschiedene Niveaus, das schon. Aber immer sind es mehrere, die sich den Platz auf dem obersten Niveau teilen, denn jeder von ihnen hat einen eigenen unvergleichbaren Stil gefunden. Und immer ist es das Volk, die Gesamtheit, die über Bewunderung oder Verachtung entscheidet.

Der Tango erlaubt keine Eliteklassen und auch kein sich Absetzen durch finanzielle Mittel. Dadurch, daß weder Figuren festgelegt sind noch Leistungsdruck existiert und auch keine Normen erreicht werden müssen, bietet der Tango eine Chance für jeden. Die inneren Werte sind weitaus wichtiger als das äußere Produkt. *Se baila desde adentro*. Man tanzt von innen heraus.

Weder Virtuosität noch das Alter der Tänzer sind wesentlich. Man kann sowohl mit einem Minimum an Bewegung Tango tanzen wie auch mit „sportlicher" Dynamik. Nie wird daraus ein Sport. Der Sport gehört noch in das Reich der Zwecke – gleich ob man auf Sieg abzielt oder nur auf Fitness oder Wohlgefühl –, der Tango gehört schon in das Reich der Kunst. Der Körper ist Ausdrucksmittel. Obwohl wir heutzutage eine Reihe von Figuren und Bewegungsmustern benennen und beschreiben können, diese also festgelegt scheinen, darf man das nicht mit einer Kodifizierung verwechseln. Wer den Tango beschreibt, besitzt ihn damit noch keineswegs. Weil er keinen Besitzer hat und allen gehört.

Die Bürde der Freiheit

Der Tango verlangt nach innerer Freiheit. Er ist Bewegung in Raum und Zeit. Er passiert. Man kann ihn nicht planen. Je weniger gedankliche Filter und Kontrollen (Erziehung, Kultur, soziales Verhalten, Scham, Leistungsdruck etc.) dabei überwunden werden müssen, umso schöner kann ein Tanz sein. Und dies bedeutet Freiheit. Freiheit und Leben, Gefühl und Lebendigkeit. Und einen Weg, diese zu finden.

Doch was, wenn wir stecken bleiben? Wenn unsere Scham uns kontrolliert, unser soziales Netz seine Maschen immer fester zieht und moralische Vorstellungen uns hemmen? Oder wenn unser Bedürfnis nach Anerkennung so groß ist, daß wir ein individuelles Wählen als Möglichkeit gar nicht spüren? Dann kann Freiheit zur Qual werden! Zur unlösbaren Aufgabe.

Der Argentinier hat es da leichter als der Westeuropäer. Er ist daran gewöhnt, daß er sich mehr oder weniger alleine durchs Leben schlagen muß. Jeder geht hier seinen eigenen Weg. Das soziale Netz ist dürftig, der Alltag durchwachsen von Korruption. Außerdem ist das Volk ein Zusammenleben vieler fremder Kulturen gewöhnt und kennt deshalb keine bindende, zwanghafte Norm.

Makel und Perfektion

Der Lernprozeß im Tango vereint das Erlernen allgemeingültiger Grundlagen mit der Entwicklung persönlicher Gesten und Formen. Der Tangotänzer strebt in seiner Entwicklung die Perfektion an. Das Virtuose, Unfehlbare, Wahre. Aber nie auf Kosten von Menschlichkeit.

Es sind gerade die großen Tänzer, die Perfektion und Persönlichkeit in Harmonie zu entwickeln vermögen und beides gleichermaßen zu einem gemeinsamen Maximum bringen. Kunst findet ihren höchsten Ausdruck in der Vereinigung von Persönlichkeit und Perfektion. Aber diese Art der Vollkommenheit bedeutet nicht fehlerlos, sondern als Mensch vollständig zu sein. Der Makel wird hier Teil des Ganzen und Ausdruck der Persönlichkeit und hört damit auf, ein solcher zu sein. Gerade die Persönlichkeit, das persönliche „Defizit" macht den Stil eines Tangotänzers aus, läßt ihn menschlich werden. Erst der Ausdruck der persönlichen Schwäche gibt den *sabor*, den Geschmack des Tanzes.

Hier jedoch beginnen zwei Ideale miteinander zu konkurrieren: Das Streben nach Perfektion mit dem nach Persönlichkeit. Nicht ohne weiteres lassen sie sich vereinen. Perfektion bedeutet für den Tänzer Virtuosität, Sicherheit und Garantie für das Gelingen. Können, stark sein, überleben. Nie die Balance verlieren, nie umfallen – nie schwach sein. Und doch auch nie in Perfektion erstarren. In seinem Buch *Die Mitte fühlt sich leicht an* hat Bert Hellinger diese „mangelhafte Perfektion" in ein Bild gefaßt: „Das ist wie beim Gehen. Wir bleiben stehen, wenn wir das Gleichgewicht festhalten. Wir fallen hin und bleiben liegen, wenn wir es verlieren. Und wir schreiten voran, wenn wir es abwechselnd verlieren und wiedergewinnen." Man kann es auch ganz simpel sagen: Perfektion als alleiniges Ideal führt zu Glätte und Kälte. Erst die Ecken und Kanten – und die Mängel – machen den Menschen menschlich, lassen Persönlichkeit wachsen.

Diese Persönlichkeit ist oft launisch. Sie spielt gerne mit dem Risiko und geht zuweilen einen Schritt zu weit. Manchmal stellt sie uns sogar bloß, denn sie kennt keine meßbaren Ideale. Sie kennt nur die Differenz, das Einzigartige am Menschen. So kann man den Makel auch als Qualität betrachten, als kreatives Element. Als Mut zur Individualität, zum Anderssein, Spielen, Ausprobieren, Entdecken und Entwickeln. Um ihn dann mit der Perfektion zu paaren.

Form und Chaos

Das Leben mit dem Chaos

Buenos Aires und „Chaos" sind Begriffe, die zusammengehören. Um in Buenos Aires leben zu können, muß man das Chaos akzeptieren. Das Leben zwischen Hoffnung und Hoffnungslosigkeit treibend auf dem Meer der Ungewißheit.

Der *porteño* windet sich geschickt durch das Chaos. Er nascht die Verlockungen von Heute ohne einen Gedanken zu verschwenden an die Konsequenzen von Morgen. Was passiert, passiert eben. Er ist überzeugt davon, daß es passieren mußte und nimmt es hin mit Gelassenheit. „Y?" Und? Unschuldig steht er in der Kette von Aktionen und Reaktionen. Mehr der Situation ausgeliefert als sie beherrschend. Man lernt in Buenos Aires reagieren, lernt durch das Leben und mit dem Leben tanzen.

Wer daran gewöhnt ist, den ganzen Tag, ein Leben lang dem Chaos ausgeliefert zu sein, den kann nichts „aus der Bahn werfen". Jeden Moment geschehen unvorhersehbare Dinge. Bei soviel Chaos nimmt man sich nichts mehr vor, es gibt keine „Bahn". Jede Sekunde in Buenos Aires ist eine Herausforderung an die Flexibilität. In Buenos Aires scheitert nur der Planende. Wer improvisiert gewinnt.

Der Dompteur

Der Tangotänzer wird in seinem Tanz zum Dompteur. Er fordert das Chaos heraus. Er spielt mit seiner Natur. Er kämpft nicht gegen die Kräfte des Löwen, sondern setzt sie für sich ein. Er sucht das Chaos, begleitet es, um es zu überlisten, statt sich ihm entgegen zu stellen und sein Opfer zu werden. Er bändigt es in seinem Tanz mit Geschick, Wachsamkeit und Intelligenz. Er nimmt sich Zeit. Er weiß, daß er warten muß – um zu reagieren, wenn die Zeit gekommen ist.

Ein Spiel

Das Leben mit dem Chaos ist wie der Versuch, einen Besenstiel auf einem Finger zu balancieren. Man hat die Spitze des Besenstiels auf der Spitze eines Fingers und versucht, den Stiel senkrecht zu halten. Schnell merkt man, daß er eigenen Gesetzen folgt. Er schwankt und macht sich selbständig. Auch in Richtungen, die man nicht erwartet hat. Stillhalten nutzt nichts, macht die Sache im Gegenteil nur noch schlimmer. Es bleibt keine Wahl: Man muß mit dem Besenstiel tanzen, muß ihn begleiten in seinem chaotischen Tanz. Keine Gedanken verschwenden an „Wenns" und „Abers". Nicht fragen „Warum". Je gelassener man der Bewegung folgt, je mehr man bei sich selbst bleibt, ohne sich aus der Ruhe bringen zu lassen, umso ruhiger wird der „Tanz". Beherrschen wollen geht nicht. Man muß abfangen, balancieren, begleiten, wach sein für jede Veränderung. Reagieren – dann scheint man Herrscher der Situation zu werden. Um plötzlich scheinbar grundlos von Neuem in Bewegung zu geraten. Das Chaos folgt Gesetzen, die wir nicht überschauen. Der Stab bewegt sich, dich begleitend auf deiner Suche nach Gleichgewicht. Du bewegst dich, den Stab begleitend. Du und der Stab, ihr seid ein Tanzpaar, ihr gebt dem Chaos Form.

Disziplinierter Befreiungstanz

Im *Tango Argentino* tanzt man weder allein das Chaos (wie das in Ekstasetänzen der Fall sein mag) noch allein die Form (wie im Standard-Tango mit seinem Figurenkatalog). Der Tango ist statt dessen eine äußerst delikate Erscheinung zwischen dem Ausleben persönlicher Freiheit und dem Wahren von Disziplin. Beide Aspekte werden gleichermaßen gelebt, und er wird deshalb mehr zelebriert als getanzt.

Im Grunde ist das Ausdruck und Abbild des Lebens, ja des Kosmos. Einerseits scheinen alle Teilchen wirr durcheinander zu fliegen, willkürlich angeordnet und zufällig; andererseits scheinen dabei strenge Regeln zu gelten, ein großes Gleichmaß. Die Ebbe folgt auf die Flut, das Einatmen dem Ausatmen. Mit einer Regelmäßigkeit, die uns immer wieder in Erstaunen versetzt. Und doch ist jede Blume anders, jeder Wald ganz eigen, jede Welle im Meer einzigartig, jeder Tag, jeder Schritt, jede Geste einmalig.

Diese Briefmarke ist im September 2001 zu Ehren der
argentinisch-japanischen Freundschaft erschienen.

Improvisation

Die Improvisation ist einer der wichtigsten Aspekte des Tango. Sie gehört zum Alltag eines jeden *porteño* und ist daher ganz natürlich mit dem Tango verschmolzen.

In Buenos Aires ist „Zeit" keine feste Größe. Eine halbe Stunde Wartezeit bei einem Geschäftstermin oder zwei Stunden für ein privates Treffen sind keine Seltenheit. Voraussetzung und Resultat der Improvisation. Das Unerwartete, die Überraschungen durchkreuzen jeden Ablauf. Aufträge und Versprechen werden gleich weiter auf den nächsten Tag verschoben. Der Tagesablauf organisiert sich im Moment. Man improvisiert.

Aus einer fremden Kultur kommend, wurde mir sehr bewußt, wie wichtig die Improvisation für den Tango ist. In Deutschland war ich sie nicht gewohnt und verstand unter Improvisation nur „Notbehelf".

Doch in Buenos Aires bekam der Begriff eine ganz andere, eine viel tiefere Bedeutung. Als Bewältigung des Chaos, als Umgehen mit schwierigen Lebensbedingungen – als Lebenstanzkunst. Alles muß man möglich machen, egal unter welchen Umständen. Sonst geht nichts mehr. Weil die Umstände ein planmäßiges Gelingen eigentlich schon längst unmöglich gemacht haben.

Der *porteño* findet immer einen Weg. Sein Anspruch ist gering, seine Einstellung gelassen. Er hat gelernt, mit dem was es gibt zu leben. Zurecht zu kommen. Zu warten. Nicht schläfrig, sondern wachsam. Keine Chance entgeht ihm. Wozu Sicherheit, wenn man improvisieren kann? Man lebt ohne Netz, aber man hat gelernt zu fallen. Immer auf die Füße.

In der Improvisation des Tanzes wird man nicht wissen, was als Nächstes passieren wird. Kein Tango gleicht dem anderen. Die Aufmerksamkeit gehört allein dem Moment, der, sobald er geschieht, schon wieder vergessen ist. Verdrängt vom nächsten Moment . . . Hier entsteht eine eigenartige Mischung von entspannter Spannung. Loslassen und gleichzeitig auf der Lauer liegen.

Im Hier und Jetzt

In Argentinien habe ich erstmals die Intensität eines einzelnen Momentes verstanden. Was es bedeutet, im Hier und Jetzt zu leben. Wie intensiv das Leben sein kann, wenn es ganz dem flüchtigen Moment gehört. Wie intensiv der Tanz sein kann, wenn man das einmalige jeder Situation wahrnimmt. Zu wissen, daß jede Sekunde, jeder Takt, jede Note und Schwingung, jede Bewegung in einem gleichsam flüchtigen und intensiven Moment der Begegnung eingefangen ist. Unvergeßlich wie der erste Kuß, einmalig und ohne Wiederholung. Wenn man sich fühlt und spürt und treiben läßt, ohne einen lästigen, belastenden Gedanken an das Morgen, das auf Spanisch *mañana* heißt und am besten mit „irgendwann" zu übersetzen ist. Ohne Erwartungen und Kalkulationen. Alles im Tango geschieht in jedem Moment ein erstes Mal. Und zugleich ein letztes Mal.

Dieses Jetzt-und-Hier-Sein drückt sich auch in der Körperhaltung aus. Der Argentinier ruht in seiner Mitte, in seiner Achse. Dort, wo er sich gerade in diesem Moment aufhält. In keinem Moment ist sein Körper aus dieser Mitte nach vorn in die Zukunft geneigt oder rückwärts in die Vergangenheit. Immer findet sein Körper den Punkt in der Gegenwart. Mittig über den Beinen, die ihn tragen. Nicht „vorwärts", sondern von einem Punkt zum anderen, gelassen.

Tanz ohne Choreographie

Der Tangotanz hat eine choreographische Basis, aber keinen choreographischen Ablauf. Es kann sogar so weit improvisiert werden, daß die choreographische Basis unkenntlich wird. „Improvisierte Choreographie", das ist hier kein schwarzer Schimmel. Man weiß, was man macht, aber man weiß es nicht im Voraus. Man kann tun, was man will, aber nicht irgendetwas. Man folgt Regeln, die nicht festgelegt sind, die aber respektiert werden – und denen man folgt, wenn man nicht „irgendetwas" macht, sondern das, was man fühlt.

Jorge Luis Borges: „Im Tango wird der Kampf der Geschlechter zur Lust."

Wie aus einer Kiste Bausteine können Grundelemente kombiniert werden. Sie ergeben je nach Entwicklung der Bautätigkeit bekannte Figurenabläufe oder neue Bilder. Das System läßt vollkommen neue Entwicklungen zu.

Der Tango entsteht also beim Tanzen. Von Moment zu Moment. Erlebt durch zwei in eng umschlungener Umarmung ruhende Körper, getanzt im Dialog der vier Beine. Zwei Augenpaare suchen und treffen sich. Geben ihr Einverständnis zum gemeinsamen Tanz. Keiner weiß, wie der Tanz ausgehen wird, der mit der Umarmung begonnen hat. Keiner ahnt, wo die Musik einen hinführen wird. Ein Tanz der Hingabe und des Vertrauens.

Getanzter Dialog

Er entwickelt sich aus sich selbst heraus. Alle Sinne sind wach. Der ganze Körper spürt mit der Empfindsamkeit der Fingerspitzen. Nach außen und nach innen. Will auch den zartesten Duft vorbeiziehender Gefühle aufsaugen und wahrnehmen. Der Mann führt, die Frau läßt sich führen, und doch improvisieren beide. Was die Frau tut, wirkt zurück auf den Mann. Der Tango ist ein getanzter Dialog zwischen Mann und Frau. Beide Gesprächspartner haben ihre eigenen Gefühle, Wünsche und Meinungen. Sie hören einander zu und sprechen miteinander. Rede und Antwort. Dialog, nicht Monolog.

Die Faktoren, die den jeweiligen Moment bestimmen, scheinen zufällig und beliebig, sind in ihrer Bedeutung aber ganz konkret. Für mich ist das ein „mich Abgeben" an den Moment. Ein Spiel mit dem Ungewissen. Kein Fragen nach dem „Warum" und auch kein Antworten suchen.

Dieses Improvisieren will gekonnt sein. Wer aus der Welt der Planmäßigkeit kommt, verwechselt es leicht mit „Nicht-Planen". Aber die Negation des Planens ist nur eine Voraussetzung der Improvisation, noch kein erster Schritt dazu. Man stelle sich einen Schauspieler vor, der einen Blinden spielen soll: Er schließt die Augen, verfügt damit aber noch lange nicht über die Wahrnehmungsfähigkeit, die ein Blinder entwickelt. Nur langsam lernt der Tangotänzer, mit allen Situationen spielerisch umzugehen. Sei es die volle Tanzfläche oder ein mißlungener Schritt.

Da sich alle Paare gleichzeitig bewegen, ist die Situation innerhalb des zur Verfügung stehenden Raums von vornherein unberechenbar. Dieser Aspekt der sich ständig verändernden Situation der Tanzfläche ist ein großer Anreiz für die Entwicklung von Improvisationskunst. Grundregeln wie Tanzrichtung und ein gegenseitiges Respektieren eines Mindestabstandes machen ein Tanzen vieler Paare auf kleiner Fläche überhaupt erst möglich. Harmonie und Einverständnis sind Basis der Improvisation. Dem Argentinier, der gewohnt ist, das Leben zu nehmen, wie es kommt, fällt der Umgang mit der vollen Tanzfläche leicht.

Rollen und Symbolik

Das Paar im Tango trägt die Symbolik des Männlichen und des Weiblichen. Körperhaltung, Rollenverteilung, Qualität der Bewegung und auch typische Bewegungsstrukturen drücken dies aus. Wenn ich von Mann und Frau im Tango erzähle, so drängt sich mir sofort das in Buenos Aires herrschende, klar definierte Rollenbild auf.

"Der Tango ist Macho"

Ein Satz, den ich bereits auf meiner ersten Reise nach Buenos Aires im Gepäck trug. Ein abenteuerlicher Satz, wenn man bedenkt, daß ich in Deutschland, gerade knapp der Frauenbewegung entkommen, gestartet bin. Ich rechnete damit, wild verführt zu werden, beherrscht oder unterdrückt. Doch schnell wurde mir klar, daß wir Frauen in der Welt des Tango keineswegs die Unterlegenen sind. Denn der *macho* in Argentinien, und das unterscheidet ihn grundlegend von meiner aus Deutschland mitgebrachten Vorstellung eines solchen, definiert sich überhaupt erst durch die Frau. Er ehrt und schützt sie, wenn sie ihm gehört. Er erobert sie kühn und liegt ihr gleichermaßen zu Füßen.

In der Öffentlichkeit zeigt das Paar selbstverständlich die Dominanz des starken Mannes. Und das ist auch im Tanz der Fall. Der Mann führt. Ohne Frage. Er übernimmt damit die Rolle der äußerst spannenden und auch konfliktgeladenen Kombination von Liebhaber und Vaterfigur, die Rolle des Beschützers, der auch ein Werbender ist, worauf wiederum die Frauen auf unterschiedlichste Weise reagieren: als Verführte, Verführende, Schutzsuchende – oder alles zugleich, in unterschiedlicher Mischung.

In Europa denken wir bei dem Wort *macho* gleich an den ungehobelten Kerl mit der Goldkette auf der Brust. Niemand ist ihm wichtiger als er selbst. Frauen liegen ihm zu Füßen oder trotten hinter ihm her, obwohl er sie nach Belieben zu nehmen und wegzuwerfen scheint. Immer ein wenig zu laut und selbstgefällig. Auch auf gehobenem Niveau erobert der europäische Macho die Frauen wie eh und je – oder versucht es zumindest –, um sie dann sich selbst bzw. ihrer Emanzipiertheit zu überlassen. In Argentinien würde er sich damit als Flegel zu erkennen geben. Denn was in Europa mit dem Wort *macho* bezeichnet wird, fällt in Argentinien unter den Begriff *machista;* ein Begriff, der neurotisch überzogene Maskulinität beschreibt.

Gleichwertig, nicht gleichartig!

Bevor ich nach Argentinien ging, war auch mir meine Rolle im Tango nicht klar. Als Deutsche war ich zu einer Frau erzogen worden, die „ihren Mann steht". Zu einer Frau, die mindestens soviel kann wie die Männer. Die Frau, die sich mit der Männerwelt messen kann und will. Nie hatte ich den Mann als meinen Begleiter, als ein Gegenüber in einem Miteinander erlebt.

Dieser Wunsch nach meinem Platz, als Frau an der Seite eines Mannes, nach einem Mann an meiner Seite, war einer der Gründe, warum ich den Tango instinktiv für mich entdeckt hatte. Den Tango, in dem ich Frau sein kann. Gefühlvoll, intuitiv, weiblich und stark zugleich. Begleiten können, ohne zu konkurrieren. Ich genoß es, meine weibliche Stärke mit der männlichen zu verbinden, herauszufordern. Und auch, mich erobern zu lassen.

Mir wurde in Argentinien auch viel klarer, was es mit dem „Führen" und „Folgen" auf sich hat. Daß Mann und Frau gleichwertig sind, aber deshalb keinesfalls gleichartig. Beide gleichermaßen verantwortlich für das Paar. Doch jeder in seiner eigenen Rolle. Jeder in seiner eigenen Definition und an einem eigenen Platz. Ich begann den Tango zu verstehen nicht als ein „Führen und

Folgen", sondern ein „Führen und Sich-Führen-Lassen". Ein wechselseitiges Begleiten. In den Worten von Maria Nieves, der Partnerin von Juan Carlos Copes: „En la vida real la mujer esta muy apar del hombre. En el baile tambien." („Im realen Leben ist die Frau sehr gleichwertig zum Mann. Im Tanz auch.")

Heute ist mir sonnenklar: Wäre der Tango ein Akt des „Führens-und-Folgens", in dem männliche Dominanz ein weibliches Sich-Fügen erzwingt, dann wäre er nicht halb so spannend und leidenschaftlich. Es gibt und gilt hier etwas anderes zu tanzen als den Triumph des Mannes über die Frau.

Macho y hembra

Macho und *hembra* sind festgelegte Begriffe aus der Biologie und bedeuten nichts anderes als „Männchen" und „Weibchen". Es mag erstaunen, daß hier Begriffe aus dem Tierreich so direkt auf die Menschen übertragen werden.

Die Erscheinung des *macho* gehört in Buenos Aires zum Alltag und ist durch und durch ambivalent: Die positiven und die negativen Aspekte bedingen sich wechselseitig. *Macho* und *hembra* haben im sozialen Leben ihren spezifischen Aktionskreis. Im Allgemeinen sind die Wirkungsfelder von Mann und Frau völlig getrennt, wenngleich nicht in der Bewertung. Beide leben einen intensiven kommunikativen Austausch in der Gruppe der eigenen Geschlechtsgenossen, haben jedoch wenig Zugang zum Kreis des anderen Geschlechtes. So kommt es, daß einerseits die Frau dem Mann ein ewiges Rätsel und Geheimnis bleibt und umgekehrt die Männerwelt von den Frauen hingenommen wird als unbekanntes und deshalb auch zu respektierendes Revier. Jeder ist überzeugt von den spezifischen Stärken des eigenen und des anderen Geschlechtes und vermeidet die Gleichstellung mit ihren fatalen Folgen: Vergleich, Konkurrenz, Mißtrauen.

Ser macho bedeutet in Argentinien „Mann sein". Mit allen Privilegien, aber auch allen Pflichten. In der Öffentlichkeit ist er der Chef. Da gibt es keine Diskussion. Beide wissen das. Aber „Mann sein" heißt in Argentinien nicht nur eine Frau zu haben, sondern auch für sie Verantwortung zu tragen, sie zu schützen. Ein Juwel im Leben, um das es sich lohnt, Tag und Nacht zu kämpfen: Eine schöne Frau. Und so ist der Machismo in Argentinien keineswegs verpönt. Im Gegenteil: *ser macho* ist ein auszeichnendes Attribut.

Machismo

Der *macho* der Straße profiliert sich im Kreis seiner „Artgenossen" durch prahlerisches und provozierendes Verhalten. Niemals spricht er in der Öffentlichkeit über Probleme. Und vor Frauen nicht über Geld. Sein Männerstolz ist die

Kompetenz. Männer können alles! Und niemals macht eine Frau ihm diese Anmaßung streitig. Beide, Mann und Frau, halten in der Öffentlichkeit das Bild seiner unangetasteten Männlichkeit aufrecht. Die Frauen in Argentinien, vor allem in Tangokreisen, fädeln ihre Aktivität immer so ein, daß der Mann glaubt, er selber hätte es so gewollt. Dann ist die Welt für ihn in Ordnung. Für ihn ist nichts bedrohlicher, als daß seine Männlichkeit in Frage gestellt wird – noch dazu von einer Frau!

Der *porteño* flirtet ständig mit Frauen. Den ganzen Tag. Immer wieder sucht er die Bestätigung ihrer Reaktion und ist schon zufrieden mit einem Lächeln, einem Blick oder sonst irgendeinem Anhaltspunkt, der bestätigt, daß er sie haben könnte, wenn er nur wollte. Man darf dieses Machogehabe nur nicht als Bedrohung interpretieren. Beide, Mann und Frau wissen das Spiel zu spielen, ohne sich die Finger zu verbrennen. Die Frau versteht es, sich im letzten Moment der sich zuspitzenden Situation zu entziehen. Beide lassen das mögliche Potential fühlbar werden, ohne es darauf ankommen zu lassen. Ein äußerst lasziolves Spiel. Die Frauen haben ein sehr genaues Gefühl dafür, wo der Flirt endet und die Sache ernst wird. Weil sie weiß, daß es dem Mann oft nur ums Erobern geht. Solche Typen werden *picaflor* (Blumenpflücker) genannt.

Der Tangotänzer kommt aus der Welt einer solch markanten Subkultur, und der Tanzsalon gibt ihm den Raum, ein entsprechendes Verhalten nach allen Regeln der Kunst auszuleben.

Die Frau als Eigentum

Die Frau wird in der argentinischen Gesellschaft bis heute als Eigentum des Mannes betrachtet und steht deshalb in der Gesellschaft sozusagen unter Aufsicht. Nichts ist schlimmer, als der Hinweis auf eine Untreue der Frau ihrem Mann gegenüber. Er wird sofort als *cornudo*, als Gehörnter und als *flojo*, als Schwächling betrachtet. Wenn ihm so etwas passiert, ist er gesellschaftlich geächtet. Logisch also, daß er seine Frau kontrolliert und sie sehr kurz hält. Die gesamte Gesellschaft hilft ihm dabei. Hilft, sie zu kontrollieren und wenn nötig zu „verpfeifen". Niemand würde eine Frau decken, wenn bekannt wird, daß sie ihn betrügt.

Umgekehrt ist die Situation ganz anders. Es ist üblich, daß Männer außereheliche Beziehungen pflegen. Und es ist normal, daß die Gesellschaft dies duldet. Ihn womöglich vor seiner Frau deckt.

Daß der Kern der Sache trotzdem kein Herrschafts- bzw. Untertänigkeitsverhältnis ist, das kommt im Tango zum Vorschein. Er braucht sie. Sie und ihre Weiblichkeit. Er will sie bei sich haben und kämpft um ihre Aufmerksamkeit. Er verehrt sie und erwartet dann aber auch, daß sie ihn begleitet und ganz bei ihm ist.

Das Wertvollste, das die Frau dem Mann geben kann, ist ihre Weiblich-keit. Etwas, das er selbst nicht hat und das auch nur ein Weib ihm geben kann. Dies ist ihre Stärke. Dementsprechend groß ist ihre Angst, diese Kraft zu verlieren.

Die erste Szene von „Gallo Ciego". Mann und Frau verführen einander und erobern sich im Tanz. Club del Vino 1996.

Hure oder Heilige

Frau ist nicht gleich Frau. Und der Umgang mit den Frauen nicht so einfach. Zum einen sexuell begehrtes Objekt, zum anderen heiliges Symbol der Geborgenheit und unantastbare Institution der Familie in der Rolle der Mutter. Hure oder Heilige, das klassische Frauenbild des Italieners. Eine Ansicht, die auf die Wurzeln des *porteño* weist.

Die heilige Rolle der Mutter einerseits, gleichbedeutend mit Familie und Geborgenheit. Die Rolle des Sexualobjekts der Prostituierten andererseits. Auch dieser Konflikt spielt in den Tango hinein. Das vielversprechende Werben des Mannes um die Frau vermischt sich mit Galanterie und dem Wunsch, sie vor den Männern (also auch vor ihm selbst) zu schützen. Er wird nicht zum Zug kommen wollen. Er will seine Angebetete nicht entthronen. Er bleibt dem Idealbild seiner Mutter treu. Und gleichzeitig versucht er, sie zu verführen. Als wolle er der Stimme seiner Mutter Bestätigung verschaffen, alle Frauen seien Flittchen.

Die Frau ist ständig damit beschäftigt, das Spiel der Verführung mitzuspielen – und zugleich: ihre Ehre zu retten und nicht in den Apfel der Versuchung zu beißen. Der Mann ist bereit, sie zu verführen – und für ihre Verführbarkeit zu verachten. Ein Spiel mit dem Feuer. Viele Beziehungen von Mann und Frau sind deshalb von Beginn an problematisch, da die Frau den sexuellen Forderungen des Mannes widerstehen soll, um das Bild der Heiligen zu erfüllen. Dies macht sie jedoch für ihn noch attraktiver und er wird sie verstärkt belagern. Ein ständiges Erobern, Fordern und Abwehren. Der Mann greift an, will besitzen, beschwört seine Liebe, worauf die Frau mit abwehrender Hysterie reagiert. Was er wiederum auch mit Hysterie beklagt. An eine ernsthafte und neutrale Beziehung zwischen Mann und Frau ist hier nicht zu denken.

Die Hysterie des Mannes ist ein sehr femininer Zug, der gerade in der Welt der *milongueros* mit auffallender Deutlichkeit sichtbar wird. Die Kombination von Machismo und Hysterie ist eine für die Tangowelt sehr typische Erscheinung.

"Piropos"

Der argentinische Mann erobert eine Frau auf sehr charmante, aber auch sehr aufdringliche Weise. Er bemerkt sie, lächelt ihr zu, verfolgt sie, öffnet ihr die Türen, hilft ihr aus dem Auto, macht ihr den eigenen Sitzplatz frei und wirft ihr Liebessprüche zu. Diese werden im Volksmund *piropos* genannt: Balsam für die eitle und stolze Seele der Frau. Balsam, der auf die Nerven gehen kann. Doch ohne diese ständige Zuwendung wäre eine Frau in Buenos Aires regelrecht verwirrt und würde an ihrer Attraktivität zweifeln. Normalerweise kann eine Frau keinen halben Straßenblock gehen, ohne daß ein Mann sie anspricht. Folglich ist sie beunruhigt, wenn sie nicht angesprochen wird.

In der Wahl der *piropos* ist der *porteño* äußerst kreativ. Vergessen wir nicht, daß er das Herz eines Italieners in sich trägt. Ein Charmeur ohnegleichen.

Seine Sprüche können plump und derb sein, aber auch süß wie Poesie, wie beispielsweise die *piropos* der älteren Generation. Hier einige Beispiele:

Quien pudiera ser baldoza para siempre estar al lado de sus pies? (Wer dürfte eine Bodenfliese sein, um Ihnen zu Füßen zu liegen?)

Quien pudiera ser su sombra, para siempre estar a su lado? (Wer dürfte Ihr Schatten sein, um immer an Ihrer Seite zu weilen?)

Quien abrió la puerta del cielo. Como pudiera escapar semejante angelito? (Wer hat die Himmelstür aufgemacht? Wie konnte ein solcher Engel entschlüpfen?)

Vos sos como las masitas finas! (Was bist du für ein feines Gebäck!)

Das körperliche Werben

Der Tangotanz ist also ein künstlerisch-kultivierter Spiegel des argentinischen Alltags: Männer, die Frauen mit Blicken verfolgen. Frauen, die den Blick anlocken. Durch das tägliche Spiel von körperlichen Reizen (weibliche Schönheit, männliche Kraft) ist das körperliche Bewußtsein stark entwickelt. Ständig ist der eigene Körper präsent, wie auch der des anderen spürbar ist. Niemals sieht man Argentinier mit eingefallenem Oberkörper und gesenktem Blick durch die Straßen kriechen. Immer trägt er seinen Oberkörper aufrecht: er seine männliche, sie ihre weibliche Brust.

Der Mann nimmt den ganzen Tag eine provozierende Haltung ein: Brust raus und stark sein (Oder zumindest stark scheinen. Das genügt). Die Frau wiegt ihren Körper, bemüht darum, alle Rundungen gut zur Geltung zu bringen. Weich im Becken schwingt ihr Körper bei jedem Schritt.

Gelassen wirft er ihr Worte zu wie: „Wow, was für schöne Augen du hast!" Wobei sein Blick an ihrem Gesäß haftet. Das Gesäß der Frau ist Blickfang Nummer eins. Einer der Gründe, warum der Minirock seit Jahrzehnten von den jungen Frauen favorisiert wird. Der Mann scheut sich nicht, Frauenkörper ausgiebig in Augenschein zu nehmen. „Frauen sind schön. Warum also soll man sie nicht betrachten?" Da sind sich beide Seiten einig.

Die Auseinandersetzung

Es ist immer auch die Auseinandersetzung, die man im Tango tanzen kann, nicht nur das Einverständnis. Mann und Frau suchen die Auseinandersetzung, sie brauchen das Gegenüber und damit den Widerstand des Partners. Sie betreten die *pista* zum Tanz, d.h. zum Kampf. In den Worten des großen Jorge Luis Borges: „Der Kampf von Mann und Frau wird im Tango zur Lust".

Einen Kampf um die Führungsrolle erleben eigentlich nur Frauen, denen die eigenständige weibliche Frauenrolle fremd ist. Es fällt ihnen schwer, das „Folgen" mit der Aktivität in Einklang zu bringen, ohne selbst die Führung zu übernehmen. Sie sehen dann den einzigen Weg in der Passivität und in der Selbstaufgabe, um dem Mann die Rolle der Führung überlassen zu können, und versuchen dabei, „pflegeleicht" zu sein. In diesem Fall hat das Paar argentinischen Grund und Boden verlassen.

Asymmetrie

Das Paar im Tango steht in seiner Umarmung asymmetrisch. Die Aufstellung ist nicht zufällig. Unter der Vorgabe, daß die deutliche Mehrzahl der Menschen Rechtshänder sind, hat jede Körperhälfte ihre symbolische Bedeutung: rechts steht für rationales Denken und Männlichkeit, links für Emotionalität und Weiblichkeit. Die Frau steht dem Mann also mit ihrer Gefühlsseite näher, während er ihr mit seiner rechten, der rationalen Seite nah steht. Diese Asymmetrie des Paares verdeutlicht, warum ein Arbeiten mit dem Spiegel im Tangotanz äußerst ungünstig ist.

Die Unverwechselbarkeit der Geschlechterrollen ist für den Tango grundlegend. Mann und Frau erleben das volle Spektrum ihrer Rolle, ohne mit dem Partner in Konkurrenz zu treten. Dies bedeutet, daß jeder die eigene Dualität erleben kann. Das andere Geschlecht, das in jedem schlummert, muß nicht unterdrückt werden, sondern kann im Gegenteil ausgelebt werden, ohne daß damit gleich die Männlichkeit oder Weiblichkeit in Frage gestellt wird. Die Rollen von Mann und Frau zeigen dadurch deutlich mehr Facetten, als in Europa normalerweise zum Vorschein kommen.

Durch die im Tanz festgelegte Intimität der Umarmung zeigt der Mann Weichheit und auch eine gewisse Abhängigkeit. Die Frau fühlt das und muß stark sein, um dem gewachsen zu sein. Dann ist ihr Begleiten echt. Sobald sich das Paar auf diese Weise umarmt, werden beide in ihren Gefühlen ehrlich und ein Teil des habituellen Schutzpanzers fällt ab.

Die starke Faust, ein männliches Symbol.

Das Männliche

Männlichkeit steht für Aktivität, Größe, Stärke und Kraft. Das männliche Potential ist das Kulturelle. Gesetzgebung und Strukturierung sind mit männlicher Symbolik belegt; der Mann vertritt das Gesetz, er macht die Kultur. Er gibt äußere Struktur und ist deren Beschützer. Kultur bedeutet Kleidung, Regeln, Ordnung, Erfindungen (Waffen und Werkzeug) sowie Kunst, Schrift und Musik etc. All diese Dinge sind „Kultur", insofern sie nicht Teil der Natur sind.

Der feste Stand am Boden, die breitbeinige Position sind ebenso Symbole der Männlichkeit wie Klarheit, Eindeutigkeit und große Schritte. Der Mann führt. Wenn er sich auf den Dialog mit der Frau einläßt, so tut er dies, weil er es so will, nicht weil er dies aus seiner Position heraus muß. Sein Stand ist in jedem Moment stabil und fest. Er bildet das Zentrum. Er tanzt mit Reserve, kann Unvorhergesehenes abfangen. Niemals geht er an seine Grenzen. Niemals gibt er die zentrale Position auf. Die Frau schmiegt sich an seinen Körper, nicht umgekehrt. Er umarmt sie in der Taille. Eine Geste, die Besitzanspruch ausdrückt. Beschützen und beherrschen gleichzeitig. Sein Brustkorb ist erhoben und symbolisiert Ich-Stärke, Raumanspruch und Sicherheit. Die zur Faust geschlossene linke Hand des Mannes signalisiert Kraft.

Das Weibliche

Weiblichkeit steht für das Empfangende, das Ausführende, das Kleine, das Schwache und Sensible, Harmonie und Ausgewogenheit. Das weibliche Potential ist Natur und Natürlichkeit. „Aus dem Bauch heraus." Das Leben im Haus, das Emotionale. Was für den Mann die Tat ist, das ist für die Frau das Wachstum.

Die Frau empfängt und gebärt Kinder. Im Tango empfängt die Frau die Führung des Mannes. In der Weiblichkeit wurzelt die Qualität der Bewegung. Frauen finden die Geschmeidigkeit und Harmonie ihrer Bewegung viel leichter als der Mann, der sozial und kulturell schwer an konstruierten Werten tragen muß.

Die Frau schmiegt sich im Tango an den Körper des Mannes. Sie sucht ihren Platz wie ein Vogel, der sich in ein Nest kuschelt. Die männliche Hand in ihrer Taille unterstreicht die Weiblichkeit ihrer Formen. Die ohnehin sehr runden Kurven der Taille zwischen Brustkorb und Becken wirken noch zarter und feiner unter seiner kräftigen männlichen Hand. Je stärker und kraftvoller die Hand des Mannes, umso zerbrechlicher scheint ihr Körper. Viele ihrer Bewegungen vollziehen sich im Bereich ihrer Taille und des Becken. Sie sind weich und geschmeidig.

Das Dritte Volumen

Zwischen Mann und Frau muß es Raum geben für die Beziehung selbst. Etwas Drittes, über das beide kommunizieren können. Etwas, das sie zugleich trennt und verbindet. Dieses Dritte ist im Tangopaar eine Luftsäule, die entlang der Längsachse innerhalb der offenen Seite des Paares verläuft. Jedes Paar stellt sich im Tango instinktiv asymmetrisch in Form eines Dreieckes auf, wobei es sich auf einer Seite eng umschlungen hält und auf der anderen nur bei den Händen faßt. Die geschlossene Seite drückt Nähe und Intimität aus, die offene Distanz. Man muß lernen, diese Gegensätze innerhalb der Umarmung zu spüren. Zwischen diesen beiden Extremen findet jedes Paar sein Gleichgewicht von Nähe und Distanz.

Die geschlossene Seite des Paares (*lado cerrado de la pareja*) besteht aus der rechten Seite des Mannes und der linken Seite der Frau. An der offenen Seite des Paares (*lado abierto*), an seiner linken und ihrer rechten Seite entlang, verläuft das sogenannte „Dritte Volumen".

Das „Dritte Volumen" symbolisiert die Beziehung: Es ist der Raum, den jedes Paar umarmt und mit sich fortbewegt wie einen Dritten im Bunde. So entsteht ein eigenes Paarvolumen, das Stabilität gibt und Raum für den Tanz und die Kommunikation von Mann und Frau. Erst über dieses dritte Element ist Virtuosität in der dichten Umarmung und ein Kreislauf der Kommunikation überhaupt möglich. Nachrichten im Paar müssen zirkulieren können wie die Bälle des Jongleurs.

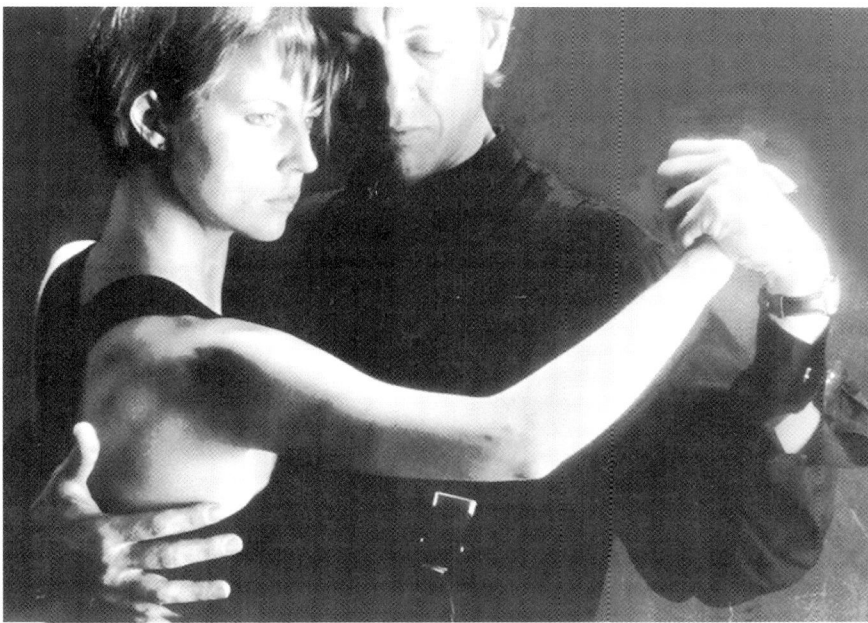

Das „Dritte Volumen" im Paar wird hier deutlich sichtbar.

Körperlichkeit

Ursprünglich wurde der Tango von der Arbeiterklasse getanzt, vom einfachen Volk, das gewohnt war, den Körper tagtäglich in harter Arbeit einzusetzen und zuzupacken. Es sind schwere Körper, die Tango tanzen. Kräftige männliche Hände, die umarmen. Starke Rücken, die führen. Menschen mit einem schweren Gang, mit einem tief am Boden liegenden Schwerpunkt.

Die Körperlichkeit des Arbeiters ist fast schon Vergangenheit. Wenn wir heute von Körperlichkeit sprechen, so meinen wir damit meist einen sportlich oder tänzerisch geschulten, durchtrainierten Körper. Aber auch der sportliche Körper ist nicht die Norm. Das heutige Leben ist zunehmend geprägt von sogenannten Bürotätigkeiten: Denken, kontrollieren, Knöpfe drücken – und das alles meist im Sitzen, ohne körperlichen Einsatz. Nicht so im Tango. Hier bleibt der Körper das Hauptinstrument. Körperbewußtsein ist unverzichtbar und muß deshalb unter Umständen neu erlernt werden.

Der verlorene Körper

In der modernen Welt verkümmert so mancher Körper hinter dem Computer, vor dem Fernseher und im Autositz. Der Verlust der Körperlichkeit äußert sich in kraftloser Muskulatur, aber auch in Unbeholfenheit. Ein Körper, der sich selbst fremd geworden ist und vergessen hat, zu fühlen und zu spüren. Dem Inhaber – oder Bewohner – solcher Körper fallen die ersten Tangoschritte schwer, sogar sein Stehen fühlt sich etwas wackelig an. Vom Kopf bis zu den Füßen ist ein langer Weg, da verliert sich so mancher Impuls. Für den Tangotanz muß der moderne Mensch neu lernen, seinen Körper wirklich zu gebrauchen, in ihm zu leben. Seine Schwerkraft wieder entdecken und den Reichtum seiner gesamten Wahrnehmungen wecken. Mit einem Wort: seine Körperlichkeit. Es sind nicht die Augen, die wissen, wo ein Fuß aufsetzt, sondern es ist das Bein selber, das den Beinraum erspüren und entdecken muß.

Bewegungen im Tango wollen konkret sein, natürlich entstehen und nicht „ausgedacht" sein. Unser Partner will als Mensch wahrgenommen werden und nicht als Maschine, die unter Betätigung gewisser Hebel funktioniert.

Körperliche Intelligenz

Der Körper verfügt über ein eigenes Wissen. Einige Reflexe sind ihm angeboren, andere Erfahrungen eignet er sich im Laufe der Entwicklung, meist in seiner Kindheit an. Wie ein Baby die Welt zuerst mit dem Mund entdeckt, später mit den Augen erblickt und mit den Händen ertastet, so muß der Tangotänzer sie mit dem Körper erspüren.

Das Wissen des Körpers, das sich auf diese Weise entwickelt, ist enorm, spontan führt der menschliche Körper eine unendliche Anzahl an automatisierten Bewegungen aus. Er kann „blind" Treppenstufen steigen, Unebenheiten überwinden, laufen, rennen. Er kennt sein Volumen und kann zwischen Bänken, Türen und Tischen umher rennen, ohne anzustoßen. Er kann unfallfrei eine Fußgängerzone durchqueren – und mit ein wenig Übung sogar eine volle Tanzfläche bewältigen.

Doch damit dies passieren und funktionieren kann, sollen wir ihn in seinem instinktiven Vertrauen nicht mit künstlichen gezierten Bewegungsabläufen behindern und betrügen. Sein Wissen um die natürliche Bewegung in Relation zur Schwerkraft, die Fähigkeit, aufrecht zu gehen, das sind Instinkte, die den natürlichen Gesetzen unseres Lebensraumes unterliegen.

Erst wenn man die Welt aus der Perspektive des Körperlichen wahrnehmen kann und in den Beinen die Sensibilität der Fingerspitzen erreicht, beginnt sich die sinnliche Ebene des Tanzes zu öffnen.

Präsenz

Der Tango lebt von körperlicher und seelischer Präsenz. Sensibilität gepaart mit Kraft. Provokation und Abwehr. Reviere werden gleichsam erobert und verteidigt. Ein präsenter Körper ist offen und klar, gleichsam ruhend in sich selbst. Er strahlt Signale aus und kann wie eine ausgefahrene Antenne auch Signale wahrnehmen. Auch über weite Distanzen. Denn die Signale des Körpers reichen weiter als das Auge.

Es ist spannend zu beobachten, wieviel Nachrichten ohne ein gesprochenes Wort zirkulieren. Das Wichtige für den Tanz sagen die Gesten. Die Körpersprache läuft auf Hochtouren, während sich das Wort beiläufig zum Small-Talk formt. Dicht unter scheinbaren Belanglosigkeiten liegt ein Netz von Bedeutungen, eine faszinierende Spannung. Der Insider selbst lebt von dieser Spannung und ist süchtig nach ihr.

Die sehr bewußte körperliche Präsenz ist mir in Buenos Aires bereits auf der Straße aufgefallen. Zunächst war ich verwirrt und ein wenig schockiert über die Intensität der körperlichen Wahrnehmung. Nicht die Handlungen, das Tun, sondern das pure Sein. Wie angenehm erlebte ich einen Tanz mit jemandem, der unzweideutig seinen Raum besetzte und hielt. Jemand, der den Mut hatte zu zeigen, wer er ist und wozu er bereit ist.

Die Begegnung

„*El abrazo*"

In der Führung spielt die Umarmung eine sehr große Rolle. Sie vermittelt nicht nur das Design des Tanzes, sondern vor allen Dingen Stabilität, Sicherheit und Geborgenheit. Die Frau befindet sich in den Armen des Mannes im Zentrum der Umarmung, wobei sie ihn von dort aus selbst umarmt. Wie zwei Ringe, die ineinander liegen, wobei der größere Ring der des Mannes ist.

Die Arme sollen unter einer gewissen Spannung stehen, doch vielleicht ist diese Spannung besser zu benennen mit den Worten „Präsenz" oder „Energie". Nicht zu verwechseln mit „Kraft".

Beide müssen sich bewußt sein, daß nur ein intensiver Kontakt eine Kommunikation möglich macht. Die Arme werden in erster Linie zur Umarmung eingesetzt, möglichst wenig zur Führung. Die Umarmung bleibt stabil und funktioniert als schützender Rahmen des Paares.

Die Frau tanzt, ohne an Choreographie zu denken. Je mehr Sicherheit und Geborgenheit sie spürt, umso entspannter und direkter kann sie reagieren. Eine starke, stabile und warme Umarmung kann das nötige Vertrauen in ihr wecken. Sie muß fühlen können, daß der Mann bei ihr ist, die Situation im Griff hat. Seine Umarmung muß für sie da sein. Das Gefühl dafür ist die Voraussetzung für das Gelingen der Figur. Die Arme des Mannes sollen Halt und Nähe geben, niemals etwas erzwingen. In keinem Fall darf die Umarmung die Achsen brechen. Die *onda*, das „Feeling" wäre sofort zerstört. Die Umarmung ist umhüllend, begrenzend, schützend. Man sagt nicht umsonst:

Linke Seite: Die rechte Hand des Mannes, weich, beschützend und voller Respekt.
Oben: Héctor Chivichico und Maria.

llevarla dormida, sie schlafend führen. Die Frau soll sich nachtwandlerisch hingeben können, um fühlen zu können und den Mann besser zu begleiten.

Das Paar

Über den Tango habe ich gleichzeitig mich als Frau und uns als Paar entdeckt. Entdeckt, wie sich Stärke und Stabilität herstellen lassen, ohne Sensibilität zu verlieren. Wenn Mann und Frau sich im Tango umarmen, erreicht die Welt ihre natürliche Einheit und Vollkommenheit. Das gesamte Potential ist anwesend und zugänglich, wenn sich in der Umarmung das Männliche und Weibliche zu einer Einheit verbindet und die männlich aktive Kraft auf die weiblich rezeptive trifft. Der Kreislauf ist geschlossen.

Der Tangotanz lebt aus der Verbindung des Paares. Denn solange das Paar gut verbunden ist, kann es in gemeinsamer Stärke reagieren, mit der Stärke der Gemeinsamkeit. Ich weiß von keiner anderen Kultur, in der das Paar von Mann und Frau dermaßen geschätzt, geachtet und geschützt wird.

In Buenos Aires gibt es keine grauen Tage. Die Erlebnisse sind tiefschwarz oder strahlend weiß. Die Gefühle des *porteño* können von höchstem Glück übergangslos in tiefste Trauer umschlagen. Er ist entweder verliebt oder verlassen. Immer extrem. Das Empfinden wird durch die Dualität viel intensiver.

Links: Carlos Estevez, unter Milongueros bekannt unter dem Nammen Petroleo. Er ist der unbestrittene „Vater" der Milongueros, denn er war der erste, der sein ganzes Leben lang dem Tango immer wieder neue Impulse gegeben hat.

Erst der mögliche Verlust eines Partners macht bewußt, wie kostbar seine Nähe ist. Und wie vergänglich. Und erst die beschützende Nähe läßt den Wunsch nach Selbständigkeit und mehr Distanz entstehen.

Dualität und Harmonie

Die Dualität zwingt zu Entscheidungen. Nähe oder Distanz. Wärme oder Kälte. Beides geht nicht! Langsamkeit oder Geschwindigkeit. Kraft oder Zärtlichkeit. Kampf oder Frieden. Dafür oder dagegen. Die Entscheidung fällt im Moment des Tanzes. Keine Dualität ohne Dialog. Von Spannung alleine kann der Tango jedoch nicht leben. Er braucht die Harmonie, die Umarmung, das Miteinander. Das Einverständnis. Das Gefühl von Einheit und Vertrauen. Die gleichen Schritte tanzen wäre Unfug, wirkungslos. Gerade weil jeder sein ei-

Oben: Gerardo Portalea mit Hilda im Club Sunderland. Dieser Salon liegt im Stadtviertel Villa Urquiza. Samstags wird im großen Saal getanzt, der hell erleuchtet ist, am Sonntag im kleineren und dunkleren ersten Stock.
Rechts: Ein unbekanntes, aber doch charakteristisches Milongueropaar.

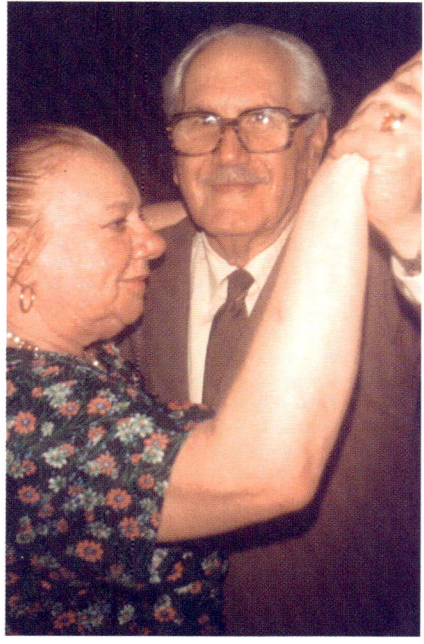

genes Bewegungsmuster hat und nicht die Schritte des anderen tanzt, kann Harmonie entstehen. Es ist wichtig zu wissen, daß es Nähe nur deshalb gibt, weil auch die Distanz existiert.

Verführerische Nähe

Die Nähe im Tango ist eminent. Die Frau teilt den engsten Raum mit dem Mann. Der Atem kreuzt sich, auch die Gedanken. Man glaubt einander zu verstehen und ist sich doch nicht immer einig. Das eigene Gefühl ist eingebunden in die Reaktionen des anderen.

Nähe kann aber auch aggressiv machen. Wir brauchen uns nur vorzustellen wie es ist, in einem überfüllten und dichtgedrängten Bus zu reisen. Wenn Nähe als Bedrohung empfunden wird, verdeckt Verkrampfung und Kontrolle jedes Gefühl. Der Tänzer verschanzt sich hinter einer Fassade, um die für ihn unerträgliche Nähe abzuwehren. Ein sensibles Fühlen und Erleben wird unmöglich. Aufregung und Angst mischen sich zu einer undefinierbaren Nervosität.

Beim Tango wird die Grenze der persönlichen Intimität durch die Umarmung an sich bereits deutlich überschritten. Zwei unter Umständen fremde Menschen umarmen sich, liegen sich in den Armen! Die große Kunst liegt darin, trotz der aufregenden Nähe bei sich selbst zu bleiben. Den eigenen Raum zu belegen und den des anderen zu respektieren. Weder muß man sich selbst aufgeben noch den anderen verdrängen.

Das aufeinander Zugehen vor dem Tanz ist ein wichtiges Ritual im Tango. Bereits auf dem Weg in die Umarmung nimmt jeder Platz in seiner Rolle und in sich selbst, bevor er sich den Armen des Anderen anvertraut. Dieses Klären der Grenzen ist auch einer der Gründe, warum Paare sich zwischen jedem Tango voneinander lösen und meist sogar einen Schritt auseinandergehen. Jeder muß sich selbst erst wieder finden, bevor er sich neu binden kann.

SONDERSTELLUNG

Der *Tango Argentino* nimmt unter den Paartänzen eine Sonderstellung ein. Allein schon wegen seiner evidenten und doch keineswegs groben Sinnlichkeit. Aber auch andere Aspekte unterscheiden ihn grundsätzlich von anderen Paartänzen.

Virtuosität trotz enger Umarmung

Der Tango löst im Zuschauer Faszination aus. Der Weg, den die Beine nehmen, ist unbegreiflich und kaum mit den Augen zu verfolgen. Der Tanz der Beine ist fast ein Feuerwerk und steht oft im krassen Gegensatz zu den in sich ruhenden Oberkörpern. Der *Tango Argentino* ist wohl der einzige Paartanz, in dem das Paar eine enge Umarmung einnimmt und gleichzeitig einen komplexen Bewegungsablauf ausführt. Andere Tänze weisen entweder die enge Umarmung oder den komplexen Bewegungsablauf auf. Ist nämlich die Umarmung eng, dann ist die Beweglichkeit der Körper dermaßen eingeschränkt, daß sich das Paar auf simples Schrittmaterial beschränken muß; oft nur ein Wiegen der Schritte von einem auf das andere Bein wie z.B. beim *bolero*. Weist der Tanz ein komplexes Schrittdesign auf, lösen sich die Paare hierzu aus der Umarmung, sei es auch nur für den Moment. Oft höchstens an den Händen gefaßt, wie z.B. beim Menuett, bei der *chacarera* (argentinischer Folkloretanz) oder beim *salsa*, führen sie die Schrittkombinationen aus.

Der Tango hingegen kann unglaublich virtuos sein. Fast spielerisch tanzen vier Beine einen Dialog. Sie schreiten miteinander, umtanzen und umschlingen sich. Finden immer wieder einen neuen Weg ineinander und umeinander herum. Unglaublich scheint so mancher Tangoschritt. Die Beine hakeln und schieben, kreisen über den Boden. Ausdrucksvoll, voller Dynamik, rhythmisch und virtuos, tanzen sie den *compas* des Tango, während die Körper scheinbar unbeteiligt in ihrer Umarmung liegen. Als ginge sie der Tanz ihrer Beine gar nichts an. Links und rechts herum – wie von alleine finden sie ihren Weg. Der Tanz in den Beinen ist oft gewagt und frech. Doch niemals täuscht er über das Paar hinweg, das innig und konzentriert, ja fast melancholisch in der Umarmung liegt.

Pausen tanzen

Der Tango ist wohl der einzige Tanz, in dem die Nicht-Bewegung Teil des Tanzes ist. Der Moment, an dem das Paar scheinbar stillsteht. In den Worten des *milonguero* Gerardo Portalea: „Hay que bailar los silencios. Hay que bailar

Auf der Bühne des Club del Vino. Der Tango: Gallo Ciego.

los violines. Aunque no existan." („Man muß die Stille tanzen. Und die Violinen. Auch wenn es sie nicht gibt.") Die Entdeckung der Pause ist ein wichtiger Aspekt der Dynamik! Bis ich die Pause im Tango entdeckte, war Tanz für
mich immer Bewegung. Ich bewegte mich rhythmisch, schwungvoll, zum Takt,
schnell oder langsam. Doch immer war ich in Bewegung. Jeden Stop im Tango
empfand ich anfangs als ein Nicht-Tanzen. Jede Figur erriet ich mit Leichtigkeit und war schon weg, bevor mein Partner mich durch seine Führung ausdrücklich darum bitten konnte. Ich war leichtfüßig und geschmeidig, anmutig und kreativ, wenn es darum ging, Bewegung zu entdecken.

Dann eines Tages stand das Paar plötzlich still. Ricardo und ich, mitten in
einer Bewegung. Es war eine andere Stille als bisher. Kein Stoppen, sondern
ein in sich schwingendes inneres Bewegen. Ein Verhalten in Erwartung.

Ist ein Paar in Bewegung, so liegt die hauptsächliche Aufmerksamkeit im
Beinbereich. Dies wird besonders auffällig bei hohem Tempo der Bewegungsabläufe. In der Stille jedoch sind die Beine plötzlich stumm. Dies hat zur Folge, daß alle Aufmerksamkeit in die Oberkörper wandert und damit die Bedeutung der engen Umarmung wächst. Dies ist ein Moment höchster Spannung. Auch, weil jetzt nichts mehr ablenken kann, von dem was wirklich ist.
Die Pause ist „die Sekunde der Wahrheit". Während man in der Bewegung so
alles mögliche „weghampeln" kann, muß man beim Tanzen der Pausen wirklich alles mögliche „aushalten" können.

Nicht jeder Tangotänzer tanzt die Pause. Pausen zu tanzen ist nicht nur eine
Frage des Könnens, sondern auch eine Frage des Stils und sicherlich auch eine
Temperamentsache. Pausen tanzen ist ein Hochtreiben der Spannung. Ein
Deckel, der verhindert, daß der Dampf dem kochenden Topf entweichen kann.
Ein Zurückhalten und Verweigern der Entladung.

Die Könner und Genießer wissen, daß sie im Tango möglichst wenig Spannung entladen dürfen, um in den höchsten Genuß zu kommen. Ein guter
und erfahrener Tangotänzer tanzt maximal die Hälfte dessen, was ihn bewegt. Niemals alles. Diese „Zurückhaltung" bewirkt, daß der Tänzer die
eigene Spannung nicht verliert, sondern sie potenziert. Es ist ein ständiges
Gegenhalten und Innehalten, ein „noch nicht" oder „nicht jetzt". Ein Verhalten, das den Tango nährt.

Man kann sich Pausen nehmen voneinander und füreinander. Sie entstehen
wie der Wunsch für ein wenig mehr Zeit. Zeitlos und genußvoll. Der Tanz
verzögert sich, langsam oder abrupt, bis er zum Stillstand kommt. Die Pause
verbindet das Paar. Bereitet es vor. Ein Körper mit vier Beinen, der wie aus
einer Seele tanzen wird. Während der Pause fließt die Musik weiter. Der Rhythmus zieht vorbei und pulsiert dennoch. Man muß ihn ziehen lassen können –
bis der Moment gekommen ist für den gemeinsamen Schritt.

TECHNIK

„Yo te puedo enseñar los pasos. La luz
la tenes que encender vos mismo."
(Ich kann dir die Schritte beibringen. Das
Licht mußt du schon selbst anknipsen.)

Jorge Manganelli

Der Begriff der Technik und ihre Bedeutung

Wir haben mit den Wurzeln des Tango begonnen und sind dann zum seelisch-geistigen Aspekt, zur Tango-Philosophie übergegangen, weil es Gefühle, historisch verwurzelte Gefühle sind, die der Tangotänzer in Bewegung umsetzt. Umgekehrt ist es jedoch so: Je besser seine Technik ist, je mehr er sein Instrument, den Körper beherrscht, umso geschickter kann sich der Tänzer bewegen, und umso gefühlvoller und kreativer kann er den Tanz gestalten.

Er braucht also technisches Grundwissen. Er muß beispielsweise die Einheit des Paares, den Bezug zu seinem Partner in jedem Moment des Tanzes aufrecht erhalten können und er muß Positionen wiedererkennen, um diese an möglichen Stellen mit anderen zu kombinieren.

„Technik" im Tangotanz bedeutet das Wissen über Bewegungsabläufe, Wissen als Grundlage des Lernens und Übens. Wissen über das gemeinsame Gleichgewicht, die Haltung zueinander, Kräfte im Paar, den festen Stand, Geschmeidigkeit, Führung, Bewegungsqualitäten etc. Wer davon nichts weiß, ist nicht zur Improvisation gezwungen, sondern unfähig zur Improvisation. Je mehr Ahnung der Tänzer von den Räumen im Paar und ihrer Gestaltung hat, umso reicher und ausdrucksvoller wird sein Tanz. Ein Tän-

Auf der Plaza Congresso. Im Hintergrund die Mauern des Congresso und die Avenida Callao – und stets die typischen schwarzen Taxen mit dem gelben Dach.

zer, der auf technischem Gebiet unsicher ist, kann sich nicht frei bewegen – kann nicht tanzen.

Der Umkehrschluß ist nicht erlaubt: Wer die Technik beherrscht, ist noch lange kein Tänzer. Die Technik bewirkt nichts, sie ermöglicht alles. Die Technik darf also weder dominieren noch den tänzerischen oder emotionalen Bereich in den Hintergrund drängen.

Oft wirkt das Wort „Technik" abschreckend. Unbewußt drängt sich das Bild einer technischen, metallenen Welt auf: kalt, gefühllos, konstruiert. Doch Technik im Tango bedeutet nichts anderes als das Lernen aus Erfahrungen, eigenen oder fremden, und das Entwickeln von Wissen und Bewußtsein, um Können und Fähigkeiten einzusetzen und den Bewegungsfluß zu reinigen, von „Haken und Ösen" zu befreien.

„Technik haben" im Tanz heißt also keineswegs gefühllos tanzen. Und gefühllos tanzen hat mit Technik nichts zu tun. Wer ohne Technik tanzt, tanzt noch lange nicht mit Gefühl. Technik beherrschen ist auch nicht gleichbedeutend mit „Figuren tanzen". Es bedeutet vielmehr, Räume und Möglichkeiten kennenlernen, um sie frei und entspannt zu nutzen.

Das Erlernen der Technik findet auf der Ebene von Figuren- und Bewegungsabläufen statt, auch auf der Ebene einer Schulung der Körperstrukturen. Außerdem im Erlernen von Gesten und Rhythmus. Nichts fliegt einem via „Gefühl" zu, das meiste muß man lernen: zwei Körper aufeinander zu beziehen und sich harmonisch zu bewegen; sich zu umarmen und umarmt zu tanzen; sich dabei nicht zu verlieren, sich aber auch nicht zu beengen; sich kennenlernen, sich selbst und den anderen; das Weibliche und im Unterschied dazu das Männliche.

Das Erlernen der Technik

Je natürlicher ein gelernter Bewegungsablauf ist, je näher er mit der Natur des Tänzers verbunden ist, umso leichter ist er zu automatisieren, d.h. umso leichter integriert er sich in den Automatismus der Reaktionen. Deshalb dürfen Bewegungsmuster nie unlogisch, künstlich, festgefahren oder konstruiert sein.

Trotzdem muß jeder technische Aspekt studiert und geübt werden. Dieser Prozeß ist oft mühselig, denn nichts ist schwerer, als alte Gewohnheiten zu verändern. Anfangs kann sich das neue Konzept fremd und steif anfühlen und es dauert oft eine Weile, bis eine Bewegung „natürlich" wird.

Wieviel Technik und Hintergrundwissen der Einzelne lernen will, hängt von seinem Bedürfnis ab. Die Improvisation setzt jedenfalls ein hohes technisches Niveau voraus.

KÖRPERSTRUKTUREN

Unser Körper: ein Gebäude

Wir können uns die Struktur der Körper eines Tangopaares wie ein Gebäude vorstellen. Ein Gebäude mit Keller, Erdgeschoß, Etagen und Dach.

Das Erdgeschoß des Gebäudes „Mensch" ist das Becken, der Fußboden im Erdgeschoß ist der untere Beckenrand; die Beine sind der Keller; der Torso enthält die oberen Stockwerke, der Scheitel ist das Dach. Die Füße der Tänzer wären demnach das Fundament, das in jedem Gebäude im Erdboden unterhalb der Erdoberfläche liegt, der Estrich im Keller. Der Tänzer baut seinen Stand von diesem Fundament her auf. Der Torso ruht entsprechend auf dem Beckenboden, der dem ebenerdigen Niveau entspricht.

Dieses Bild veranschaulicht die Erdverbundenheit des Tangotänzers und erklärt, warum er das Gefühl entwickeln sollte, Wurzeln zu schlagen. Wirklich in den Boden eindringen kann man selbstverständlich nicht, aber man kann den mentalen Schwerpunkt absenken, die Energie entsprechend tief in den Boden leiten.

Die Trennung von oberem und unterem Raum

Im scharfen Kontrast zum europäischen Standardtanzen bewegen sich im *Tango Argentino* Oberkörper und Beine nie als Ganzes, sondern immer unabhängig voneinander. Man spricht hier von der *disociación*, der Trennung des oberen und unteren Raumes.

Erst die Trennung von Ober- und Unterkörper ermöglicht, daß trotz der engen und gleichbleibenden Umarmung eine Vielfalt an Figuren und virtuosen Bewegungen im Beinbereich getanzt werden kann.

Die Trennung vollzieht sich im Bereich der Taille. Die Taille ist hierbei das Gelenk, das drehende Element, um das sich Ober- und Unterkörper innerhalb und entlang der vertikalen Achse verschrauben.

In der Fachsprache wird der *torso*, der Oberkörper, als *cuerpo dramático* bezeichnet und der untere Beinbereich als *cuerpo expressivo*.

„Cuerpo dramático"

Im Oberkörper spiegelt sich das Gewicht der Beziehung wieder, hier zeigt sich die Beziehung und Gefühlswelt des Paares und damit der dramatische Anteil. Wie unter einem Schutzschild tanzt das Paar in einer Umarmung, darauf bedacht, diese intensive Relation vor der Öffentlichkeit und der Außenwelt abzuschirmen. Der Tänzer ist seinen Gefühlen, seinem Inneren zugewandt. Der Blick ist diffus und nach innen gerichtet, niemals auf einen im äußeren Raum liegenden Punkt fixiert. Der Oberkörper ruht in der Beckenschale. Die einzige Bewegung des *torso* geschieht innerhalb der senkrechten Achse als Verschraubung um die Wirbelsäule herum, ohne nach vorne, nach hinten oder zur Seite hin auszubrechen. Kopf und Schultern sind drehbar wie eine Spirale um ihre Längsachse.

Obwohl oder gerade weil die Körper in der Umarmung eng umschlungen sind, ist ihre Raumverteilung genau definiert. Die Positionen der Oberkörper von Mann und Frau belegen exakt einen eigenen Platz und respektieren dabei den des anderen. Beide achten darauf, nicht in den fremden Raum einzudringen und auch nicht den des „Dritten Volumen" zu verletzen. Jede Invasion im Oberkörperbereich wird als extrem störend empfunden, also aggressiv, aufdringlich, linkisch – je nachdem. Jede Vermischung der oberen Räume endet in Konfusion. Endlose Diskussionen des Paares sind die Folge. Die Räume zu schützen und ihre Grenzen nicht zu verletzen, verlangt vom Einzelnen ein bewußtes oder instinktives, jedenfalls spürbares Respektieren. Respekt vor dem Anderen, vor sich selbst, vor der Beziehung.

Zum oberen Raum zählen Oberkörper, Schultergürtel, Arme und auch der Kopf. Er sollte aufrecht über der Wirbelsäule plaziert sein, gewissermaßen aufbauend über dem Torso. Die aufrechte Kopfposition verbessert die eigene Achse. Ein nach vorne hängender Kopf (dessen Gewicht man leicht unterschätzt) belastet sie und dringt außerdem in den fremden Raum des Partners ein.

„Cuerpo expressivo"

Die Beine zeigen, was der Tänzer kann. Im Beinbereich demonstriert das Paar seine Virtuosität. (Die Tatsache, daß man in Argentinien der überwiegend seelischen Komponenten das Wort „dramatisch", der Virtuosität hingegen das Wort „expressiv" zuordnet, mag überraschen, ist jedoch nicht untypisch.)

Im Gegensatz zum oberen Raum, der respektiert werden will, soll im Beinbereich invadiert werden. Das geschickte Nutzen aller im Beinbereich zur Verfügung stehenden Räume und das Eingreifen in den Beinbereich des Partners ist der virtuose „Spielraum" des Tangotanzes.

Der Beinraum wird sehr kreativ genutzt. Auf kleinstem Raum werden diffizile Bewegungsabfolgen getanzt. Jede Variationsmöglichkeit wird entdeckt und genutzt. Die Räume gestalten sich immer wieder neu in einer

Tief greifen die Beine in den Raum des anderen ein.

nicht endenden Vielfalt. Wenn der Tänzer glaubt, alle Möglichkeiten ausgeschöpft zu haben, eröffnen sich ihm auf neuen Ebenen, in höheren Dimensionen neue Wege.

Die Kombinationsmöglichkeiten sind vielfältig. Das Paar kann den Bewegungsablauf auf die Beine beider verteilt lassen wie beispielsweise beim *caminar*. Es kann aber auch die Körperbelastung für Momente nur auf drei Beinen tragen. Dies ist z.B. dann der Fall, wenn ein Partner einen *gancho* ausführt. Weitaus schwieriger ist es natürlich, wenn beide jeweils nur ein Standbein nutzen und das Paar nur auf zwei Beinen steht. Dies ist bei Figuren wie *sacadas* und *doble gancho* der Fall.

Die Taille: das Drehelement

Die Taille ist die Drehscheibe, die den unteren vom oberen Bereich des Körpers trennt. Ober- und Unterkörper können sich durch die Beweglichkeit in der Taille in unterschiedliche Richtungen positionieren.

Grundsätzlich gibt es zwei Konzepte der Trennung: zum einen die Beweglichkeit des Oberkörpers um eine fixierte Basis herum und zum anderen die Beweglichkeit des Beinbereichs unterhalb des ruhenden Oberkörpers. Beide Konzepte können kombiniert und im Wechsel ausgeführt, jedoch nicht absolut zeitgleich angewandt werden.

Mann und Frau zeigen beim Einsatz des Konzepts geschlechtsspezifische Schwerpunkte. Die drehende Bewegung des Oberkörpers ist zentraler Aspekt der männlichen Führung. Hierbei stehen die Beine als Basis fest am Boden, während der Oberkörper sich um die Achse in beide Richtungen drehen kann. Durch die richtungsweisende Bewegung öffnet der Mann seiner Partnerin den Weg in die jeweilige Richtung um seine Achse herum. Die verschraubende Beweglichkeit des Becken- und Beinbereichs wiederum ist ein typisch weibliches Konzept. Das Becken der Frau dreht sich schwingend vorwärts oder rückwärts unterhalb des Oberkörpers. Hierdurch wird ein Richtungswechsel der Schritte möglich, ohne daß der Oberkörper sich der Umarmung entzieht.

Das Becken als Pufferzone und Kraftzentrum

Im Beckenbereich liegt das Chakra der Lebensenergie, und zusammen mit Oberschenkeln und Knie bildet das Becken das Dreieck des symbolischen Kraftzentrums. Jede Bewegung geht von diesem Körperzentrum im Becken aus. Wir können hier auch vom Körperschwerpunkt sprechen; er liegt bei normalem Körperbau etwa vier Finger breit unterhalb des Bauchnabels. Die korrekte

Positionierung und Verwendung des Beckens entscheidet über den Ausdruck und die Stabilität des Tanzes. Nur eine gute Verbindung der Becken beider Partner ermöglicht die Stabilität des Tanzpaares in jeder Bewegung.

Das Becken ist biomechanisch an die Richtung der Fortbewegung gebunden, also mit der Schrittrichtung gekoppelt. Es übernimmt darüber hinaus die Funktion einer Pufferzone. Alle Stöße, Schläge und Unebenheiten, die im Beinbereich entstehen, werden hier abgefangen und gedämpft. Der Oberkörper soll in seinen Bewegungen unbeeinflußt sein vom Beinbereich. Mit feinen Bewegungen gleicht das Becken die Wellen des Gehens aus und erreicht damit die Ruhestellung bzw. den störungsfreien Transport des Oberkörpers. Beim Tanz verhindert die Pufferfunktion eine hüpfende Auf- und Abbewegung des Tanzes. Der Oberkörper gleitet durch den Raum wie ein Schiff auf dem Wasser. Die Fortbewegung erhält katzenartige Qualität.

Damit das Becken überhaupt diese ausgleichende Funktion übernehmen kann, muß es entspannt und hängend positioniert sein, also ohne starkes Hohlkreuz. Im Idealfall zeigt das Steißbein senkrecht nach unten zum Boden. Die Becken beider Partner positionieren sich voreinander, versetzt zueinander. Diese versetzte Position der Beckenknochen erlaubt trotz großer Nähe eine enorm große Beweglichkeit beider Körper. Die Beckenknochen funktionieren wie zwei ineinandergreifende Zahnräder, die mal in die eine, mal in die andere Richtung drehen. Bei artikulierten Figuren können wir dies sehr schön beobachten. Eine geschmeidige Fortbewegung setzt voraus, dass der Körperschwerpunkt „fließt" bzw. wie auf einer Schiene läuft.

Fehlstellung

Heutzutage ist eine Fehlstellung des Beckens häufig zu beobachten. Meistens ausgelöst durch falsches Sitzen, aber auch durch Ideale der Mode, wie das Präsentieren des Gesäßes als Schönheitsideal. Vor allen Dingen die Körperhaltung junger Frauen ist hier oft stark geschädigt.

Beim Hohlkreuz ist der untere Beckenrand weiter vom Partner entfernt als der obere. Meist sind die Nackenmuskeln zum Ausgleich der krummen Wirbelsäule stark beansprucht und verspannt. Durch das Stehen im Hohlkreuz blockieren die Knie. Sie sind durch das Zurückziehen des Beckens zu stark durchgestreckt. Auch ein „durchhängendes" Becken ist für die Tangohaltung von wenig Vorteil. Hierbei ist der Rücken rund, der Bauch nach hinten weggezogen und das Becken nach vorne „weggerutscht". Die Wirbelsäule ist rund, der untere Beckenrand weiter vorne plaziert als der obere. Der Kopf schiebt sich als Gegengewicht weit nach vorne.

Die Achse

Die Aufrichtung bedeutet im Tango nicht einfach nur Stehen (statt Umfallen). Es geht vielmehr darum, eine Achse zu spüren und sie darüber hinaus auch dem Partner zu vermitteln. So kristallklar und bewußt, als würde ein Laserstrahl senkrecht durch den Körper verlaufen.

Die Achse der Frau muß dem Mann deutlich sein, damit er überhaupt führen kann. Und umgekehrt muß die Achse des Mannes der Frau deutlich sein, damit sie ihm folgen kann. Dies bedeutet ein aktives Stehen der Tänzer mit einem exakten Standpunkt, auf dem der Körper sich von unten her aufbauen kann. Ein feines Muskelspiel in den Füßen mit ihrer nicht zufällig so komplizierten Gelenkstruktur balanciert den Körper. Der Tänzer erreicht so Geschmeidigkeit und Leichtigkeit der Bewegung verbunden mit einem definierten Stand.

Die Bodenverbindung ist ausschlaggebend für eine stabile Achse, denn die einzige Kraft, die ein Tänzer nutzen kann, kommt aus dem Widerstand des Bodens. Der Fuß drückt in den Boden, um diesen Widerstand aufzubauen und damit den Ansatzpunkt für die Aufrichtung der festen Knochenstruktur herzustellen. Wie eine Saite spannt sich so die Länge des Körpers zwischen Himmel und Erde und gerät in feine Schwingung zwischen diesen beiden Polen. Wenn der Körper auf diese Weise eine gute Aufrichtung gefunden hat, fühlt es sich an, als seien Fußsohle und Scheitel miteinander verbunden und der Kontakt zu Himmel und Erde wird gleichermaßen intensiv erlebt. Füße, Becken, Schultern und Kopf bauen sich übereinander innerhalb der Senkrechten auf. Ein Kippen oder Pendeln der Achse soll vermieden werden.

Die Körperachse des Tänzers ist nicht zu verwechseln mit der im Paar verlaufenden Drehachse der Bewegung des Paares; diese beiden Achsen können, müssen aber nicht identisch sein.

Feste Knochen, weiche Masse

Der Unterschied von festem Bestand (Knochen) und weichem Bestand (Muskeln) ist in der Aufrichtung entlang der Achse sehr deutlich spürbar. Was man aufrichten kann, ist die Knochenstruktur. Sie ist fest und trägt.

Wenn man einmal die Stabilität der Knochenstruktur innerhalb der Achse entdeckt hat, kann man die Masse als weich und geschmeidig und damit die Elastizität der Muskeln erleben. Dieser Moment der Entspannung verläuft genau entgegengesetzt der Aufrichtung, nämlich von oben nach unten. Entlang der Achse fließt dann das Körpergewicht und ein Zuviel an Spannung ab in den Boden.

An der Facultad.

Der Muskel ist zwar stark und kraftvoll, aber trotzdem immer elastisch und in feiner Bewegung. Hier erlebt der Tänzer Entspannung gepaart mit feiner Anspannung in der Bereitschaft, sich zu bewegen. Es ist ein in sich Ruhen, eine innere Stärke, die nicht zu Lasten der Empfänglichkeit geht. Der Körper ist dann belastbar, ohne abzuwehren und weich, ohne zusammenzufallen.

Dieses Bild erinnert an den Lauf eines Löwen. Ein Bild, das mich sehr beeindruckt hat, als ich es in Zeitlupe sehen konnte. Seine Kraft, die Festigkeit jedes Sprunges. Und dabei bewegt sich die Muskelmasse vollkommen elastisch wie eine Welle mit.

Der Muskel ist verantwortlich für den Bewegungsablauf, aber auch für die Stabilisierung der tragenden Knochenstruktur. Solange die Knochenstruktur innerhalb der Achse aufgebaut ruht, kann ein Großteil der Muskeln entspannen. Nur bei Belastung setzt die Arbeit der Muskeln verstärkt ein. Eine tragende Funktion sollte der Muskel dabei nie übernehmen. Denn dann müßte er die feste Struktur ersetzen und würde sich zu einem harten Klumpen verspannen und verkrampfen.

Die Grundhaltung

Die Stabilität

Jedes Paar sucht instinktiv guten Kontakt und eine stabile Verbindung. Stabilität wird immer dann erreicht, wenn das Paar irgendwo in seiner Verbindung die Struktur eines Dreieckes bildet.

Im Idealfall ist das Dreieck bereits in der Umarmung enthalten und verläuft auf der horizontalen Ebene des Paares parallel zum Boden. Hier sprechen wir von einer optimalen Haltung. Die optimale Haltung respektiert innerhalb der stabilen Verbindung die Aufrichtung der Achsen als Senkrechte und gewährleistet dadurch die ungehinderte Beweglichkeit beider Körper.

Kommt die Stabilität auf diesem Wege nicht zustande, so ist ein Paar gezwungen, sie auf anderem Weg herzustellen, sozusagen „mit Gewalt". Das horizontale Dreieck wird ersetzt durch ein vertikales Dreieck: durch beidseitiges Aneinanderlehnen der Körper in Form einer Pyramide. Jeder stützt den anderen, aber jeder behindert damit auch den anderen. Das ist Körperspannung durch Stützen und Stabilität auf Kosten der Beweglichkeit.

Die Grundposition: „postura"

Zu Beginn des Tanzes stellt das Paar sich voreinander auf. In der Ausgangsposition stehen die Partner frontal und versetzt voreinander, wobei die Dame vor der rechten Längsachse des Mannes Platz nimmt. Füße, Beine und Beckenknochen werden versetzt voreinander positioniert, wobei der rechte Fuß beider mittig vor den Füßen des Partners steht und der rechte Beckenknochen zur ungefähren Körpermitte zeigt. Der linke Beckenknochen bleibt außen, genau wie der linke Fuß. Eine Position, die einen großen Bewegungsspielraum im Beinbereich garantiert, da die Beine und Knie auch gebeugt einander ungehindert passieren können und nicht gegeneinander stoßen.

Während die Beine in der Ausgangsposition frontal zueinander stehen, plazieren sich die Oberkörper so, daß sie von oben gesehen ein Dreieck bilden.

Hierzu ist der Oberkörper des Mannes in dieser Ausgangsposition nach links gedreht: seine linke Brustseite öffnet sich nach links und sein rechter Brustmuskel schiebt sich nach vorn. Die Drehung vollzieht sich von der Taille ab aufwärts, ohne das Becken mitzuziehen. Er trägt seinen Brustkorb stolz und aufgerichtet, ohne aber dabei ins Hohlkreuz zu fallen. Durch diese Verschraubung des männlichen Oberkörpers plaziert sich das Paar in der für den Tango Argentino typischen Position des Dreieckes. Die Schulterlinien beider stehen in einem 45°-Winkel zueinander. Der Mann bietet mit dieser Geste der Dame den Platz auf der rechten Hälfte seines Brustkorbes an. Er kommt ihr mit seiner rechten Körperseite, der geschlossenen Seite des Paares, näher. Entlang dieser gesamten rechten Längsachse findet der Körper der Dame zugleich Halt und Beweglichkeit – wie auf einem Scharnier.

Die Umarmung

Der Grundaufstellung folgt die Umarmung. Sie ist ein starkes Symbol im Tangotanz und zentrales Ritual der Begegnung. Jedes Paar umarmt sich andächtig und nimmt sich Zeit für diesen ersten Kontakt. Die Frau nähert sich dem Mann. Sie bestimmt die Distanz im Paar.

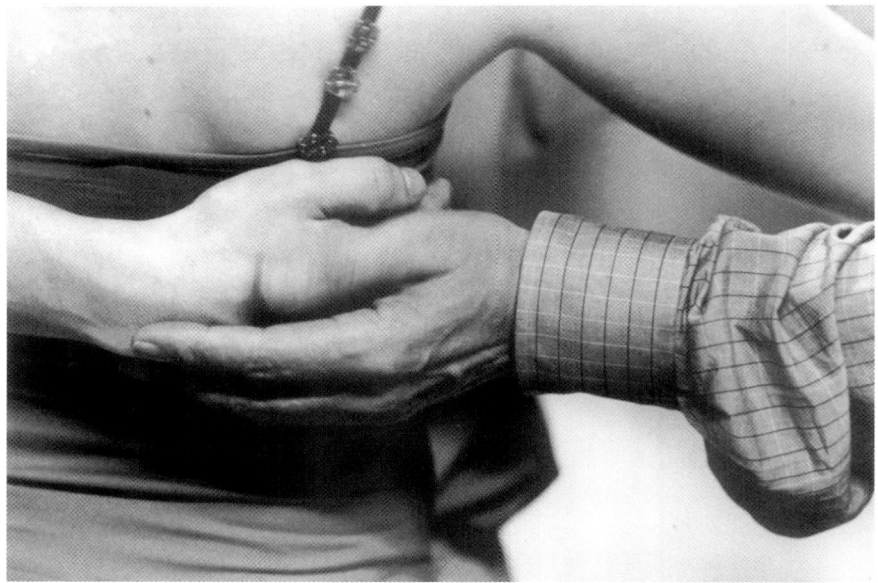

Spüren lernen: Die Hand des Lehrers formt die Hand des Schülers.

Erst wenn die Nähe der Körper zueinander definiert ist, umarmen sich Mann und Frau. Mit dem rechten Arm umhüllt der Mann an der geschlossenen Seite den Körper der Frau. Sie erwidert diese Umarmung, indem sie ihren linken Arm um seine rechte Schulter legt.

Auf der anderen, der offenen Seite bietet der Mann seine linke Hand an, die sie mit ihrer rechten ergreift und die beide zu einer gemeinsamen Faust schließen. Umhüllt von den Armen bzw. den gefaßten Händen, verläuft innerhalb dieser offenen Seite die Luftsäule des dritten Volumen. Bereits markiert durch die Oberkörperdrehung des Mannes entsteht hier der nötige Raum und wird dadurch prononciert, daß die Dame ihre rechte Schulter zurücknimmt.

In der Umarmung setzen die Kräfte an zwei sich kompensierenden Punkten an und ergänzen sich zu einem *circuit*, einem Kreislauf. Mit einer leichten Grundspannung halten beide Partner diesen aufrecht. Immer bereit, bei Bedarf den *circuit* zu stabilisieren. Die Arme nehmen innerhalb des Kreislaufes einen definierten Platz ein. Um sich optimal und intensiv mit dem Partner verbinden zu können, verbindet sich die Energie beider durch die Handflächen und möchte in die Arme und in den Rücken bis zum Schwerpunkt im Becken weiter fließen, um die Achsen beider optimal zu verbinden. Um das zu ermöglichen, darf der Tänzer nicht versuchen, mit seinen Armen einen horizontalen Kreis zu bilden.

In der Umarmung spielt auch der Rücken der Tänzer eine große Rolle. Nur wenn beide ihren Rücken spüren, in ihrem Rücken anwesend sind, kann das Paar die Form des Dreiecks finden und sich abschirmen. Mit zusammengefallenem Oberkörper kann die Form sich nicht wirklich erfüllen.

Der Kontakt

Hände fassen an, nehmen Kontakt auf, „begreifen". Wenn Hände anfassen im wirklichen Kontakt, dann funktionieren sie wie Stecker, die einen Stromkreislauf schließen. Sie besiegeln die Begegnung und verbinden Mann und Frau zu einem Paar in Kommunikation. Ein Kreislauf, der sich schließt. Erst wenn die Hände mit Hand und Körper des Partners Kontakt gefunden haben, können die Arme eine Konstante ohne „Kraftaufwand" bilden und eine Spannung ohne Verspannung aufbauen. Im Allgemeinen ist Männern wie Frauen eine deutliche Präsenz der Hände des Partners sehr angenehm. Oft wird ihnen aber zu wenig Aufmerksamkeit geschenkt.

Die Schultern

Die Schultern sollten links und rechts auf gleicher Höhe stehen. Sie haben richtungsweisende Funktion, sozusagen als führende Linien der horizontalen Achse um die Wirbelsäule herum. Die Ellbogen dienen der Balance. Die Winkel der Schulterlinien sind im Tanz variabel: In der Ausgangsposition und in Spiegelfiguren stehen sie in einem 45°-Winkel zueinander, in artikulierten Figuren positionieren sie sich parallel zueinander, einem gemeinsamen Bewegungszentrum zugewandt. In nur wenigen Ausnahmefällen, wie z.B. der *salida americana* stehen die Schultern in einem weit offenen 90°-Winkel.

*Das Paar weist eine geschlossene und eine offene Seite auf und – wie hier
deutlich zu sehen – ein tiefes Ineinandergreifen der Beine.
(Im Hintergrund die rote Erde der Plaza Congresso.)*

FÜHREN – FOLGEN

Die Formel des Paartanzes

Damit Mann und Frau die Rollen von Führen und Sich-führen-Lassen eindeutig und konfliktfrei verteilen können, müssen gewisse Voraussetzungen erfüllt sein. Es gibt hierbei so viele Punkte auf die man achten sollte, daß eine Liste der Prioritäten von großer Hilfe ist. Ricardo und ich haben hier ein Prinzip entdeckt, nach dem jeder einzelne Schritt im Tango abläuft. Dieses Prinzip läßt sich anschaulich in einer Formel darstellen.

Für den Mann:	Für die Frau:
1. Achse	1. Achse
2. Verbindung	2. Verbindung
3. Führen (Impuls geben)	3. Folgen (Impuls aufnehmen)
4. Begleitung	4. Ausführung

Wir können sehen, daß die beiden ersten Punkte für Mann und Frau identisch sind, Punkt drei und vier jedoch rollenspezifisch. Es ist von großer Wichtigkeit, daß die Reihenfolge der Einzelaspekte eingehalten wird. Ein Vermischen oder gar Auslassen einzelner Punkte führt zu starken Störungen.

1. Achse: Die eigene Achse ist Voraussetzung für den Tanz. Dies gilt für Mann und Frau gleichermaßen.

2. Verbindung: Sobald Mann und Frau ihre Achsen in der Umarmung verbunden haben, spürt jeder seine eigene Achse und die des Partners. Die Umarmung darf jedoch die erste Voraussetzung nicht aufheben. Ist die Achse gefährdet, muß man im Zweifelsfall die Verbindung lockern, erst die Achse stabilisieren und dann erst die Verbindung wiederherstellen.

3. Führen / Folgen: Der Mann gibt den Führungsimpuls. Hierbei ist es wichtig, daß dieser über die Verbindung die Achse der Partnerin anzielt und erreicht. Die Dame ihrerseits nimmt über die Verbindung den Führungsimpuls auf. Und zwar so intensiv, daß sie diesen entlang ihrer gesamten Achse spüren kann. Beide müssen in dieser dritten Phase die eigene Achse, die Verbindung mit dem Partner und über diese die Achse des Partners weiterhin spüren. Der Kontakt darf dabei nicht abbrechen.

Noch wird der Impuls nicht in Bewegung umgesetzt. Dies geschieht erst im vierten, dem letzten Schritt.

4. Begleiten / Ausführen: Hier setzt die Aktivität der Frau ein. Und hier kommt auch der persönliche Charakter der Tänzerin zum Ausdruck. Sie setzt den aufgenommenen Impuls um in Bewegung. Der Mann begleitet die Frau in dieser letzten Phase bis hin zum konkreten Ankunftspunkt und dem wirklichen Ende der Bewegung. Achse und Verbindung bleiben in dieser Phase weiterhin erhalten. Die Achsen werden am Ankunftspunkt neu definiert, die Verbindung überprüft und die Führung kann erneut einsetzen.

Wir können uns die ganze Aktion „Führen / Begleiten" wie die Flugphase eines Balls vorstellen: Der Mann wirft, ein imaginäres Ziel anpeilend, den Ball. Der Ball fliegt. Doch nun muß der Werfer dem Ball folgen, um ihn auffangen zu können, denn manchmal kommt der Ball ein wenig ab vom kalkulierten Weg.

Fehlerquellen

Eine Frau, die zu früh mit der aktiven Phase einsetzt, wird als flüchtig empfunden. Fehlt ihr die Aktivität, ist sie dagegen zu zäh in ihrer Bewegung.

Gibt ein Mann den Führungsimpuls nicht, muß die Frau regelrecht hinter ihm herlaufen. Fehlt seine Begleitung, empfindet die Frau ihren Partner als steif, die Umarmung als Einengung, den eigenen Raum als zu eng.

Das Fehlen der Achsen, egal in welcher Phase, macht instabil und führt zu Unruhe. Fehlt die Verbindung, ist jegliche Kommunikation erschwert oder gar unmöglich.

Führung

Die Vorstellung, das Tanzpaar würde sich mit Hilfe von Signalen und Absprachen verständigen, ist zwar weit verbreitet, aber ein Irrtum. Es ist nicht so, daß die Frau einen „Code" vermittelt bekommt, ähnlich einem Knopfdruck, diesen „versteht" und die Nachricht ausführt.

Führen bedeutet im Tango nicht „etwas bewegen", sondern ein „uns bewegen". Ein „mich bewegen" kann nicht stattfinden ohne das Einbeziehen des anderen, so wie „den anderen bewegen" sich nur unter Einbeziehung der eigenen Bewegung vollziehen kann. Dies gilt zu gleichen Teilen für Mann und Frau.

Die Führung muß sich in der Gesamtheit abspielen, in der Einheit des Paares. Es gibt keine abgesprochenen Zeichen, kein Trommeln auf ihrem Rücken oder dergleichen. Unter guten Tänzern jedenfalls gibt es diese Art Führung nicht. Die Frau versteht den Mann „blindlings", indem sie sich an seinem Körper orientiert und sich in Beziehung zu diesem fortbewegt. Innerhalb der Umarmung bleibt sie immer vor ihm, immer ihre Ausgangsposition anstrebend und wiederherstellend. Immer zum Zentrum des Paares hin ausgerichtet. Die Arme des Mannes unterstützen dies, indem sie deutliche Grenzen setzen. Grenzen, die verhindern, daß die Frau ihre Position vor ihm verliert. Die Arme werden aber nicht zur Führung eingesetzt.

Die Arme bewegen sich dabei niemals unabhängig vom Oberkörper. Sie „führen" nicht, bleiben vielmehr feste Form, Umrahmung. Es ist wichtig, daß auch die Frau in der Spannung ihrer Arme konstant bleibt, um jede Bewegung des Mannes sofort spüren zu können. Wenn der männliche Körper auf sie zugeht, muß sie zurückweichen, um den Abstand zwischen beiden aufrecht zu erhalten, und wenn er zurückweicht, muß sie ihm folgen.

Wenn ein Paar sich geradlinig fortbewegt, bedarf es keiner weiteren Führung. Hier ergibt sich der Schritt aus der Fortbewegung selbst, aus dem Transport der Achse und der damit verbundenen Gewichtsverlagerung, die über die Verbindung der Arme spürbar ist. Eine Frau begleitet den Mann auf seinem Weg und folgt ihm wie ein Spiegelbild. Sobald der Mann drehende Elemente führen möchte, muß er den Weg der Frau bestimmen. Hierzu nutzt er seinen Oberkörper als drehendes Element, wobei die Schultern richtungsweisende Funktion haben. Die Arme sind nichts weiter als eine Verlängerung der Schultern und behalten ihre Funktion der Umarmung bei.

Der Mann führt seine Partnerin, indem er ihr den Weg mit der jeweiligen Schulter öffnet. Bei der beschriebenen Körperführung bleibt der Raum im Paar unverändert, d.h. er wird innerhalb des Paares mittransportiert. Eine Frau orientiert sich immer am Raum des Paares, am Mann, niemals am äußeren Raum.

Sobald der Mann die Körperführung vernachlässigt und mit den Armen zu führen beginnt, verliert das Paar seine Einheit und Harmonie. Wenn der Mann nicht mit seinem Körper selbst Anteil hat am Tanz, nicht jede Bewegung vorbereitet, einleitet und begleitet, steht sein Volumen außerdem wie eine Mauer als Hindernis im Weg. Frauen empfinden solche Führung als unklar, da die Arme des Mannes zwar einen Weg signalisieren, die Position seines Körpers dieser Information aber widerspricht.

Je enger das Paar tanzt, umso mehr Berührungspunkte erleben die Körper. Entsprechend vielfältiger und dichter sind die Informationswerte, die beide „erspüren" können.

BEWEGUNGSSTRUKTUREN

Die Fortbewegung

Tangotanz ist Fortbewegung in Raum und Zeit. Fortbewegung bedeutet das Fallen von einem Bein auf das andere. Fallen, sich auffangen und wieder stabilisieren. Dabei wird die Achse stabil in ihrer senkrechten Aufrichtung transportiert. Die Fortbewegung kann nur dann schwungvoll und elastisch sein, wenn Fallen und Auffangen zugelassen werden. Das Fallen wird im Auffangen kompensiert.

Achsen und Gewichtsverlagerung

Die Beine haben ihren natürlichen Platz unter dem Oberkörper. Sie bewegen sich fort, wenn der Schwerpunkt des Körpers sich verlagert. In ihrem natürlichen Bestreben uns zu tragen.

Heinrich von Kleist hat diesen Prozeß in seinem klassischen Erzählungs-Essay *Über das Marionettenthea-ter* folgendermaßen beschrieben: „Jede Bewegung, sagte er, hätte einen Schwerpunkt. Es wäre genug diesen im Innern der Figur zu regieren; die Glieder, welche nichts als Pendel wären, folgten ohne irgendein Zutun, auf eine mechanische Weise von selbst. Wenn sie das Spiel beherrschen und gewillt sind zu spielen."

Das Beherrschen der Achse scheint ein schwieriges Thema.

Links: Ein alter Meister hat mir gleich zu Anfang beigebracht: Die Achse des Körpers verläuft entlang der tragenden Knochenstruktur.
Rechte Seite: Der Kopf ruht über der Wirbelsäule. Nicht mittig, sondern im Bereich der hinteren Hälfte liegt der Schädel auf der ihn tragenden Wirbelsäule.

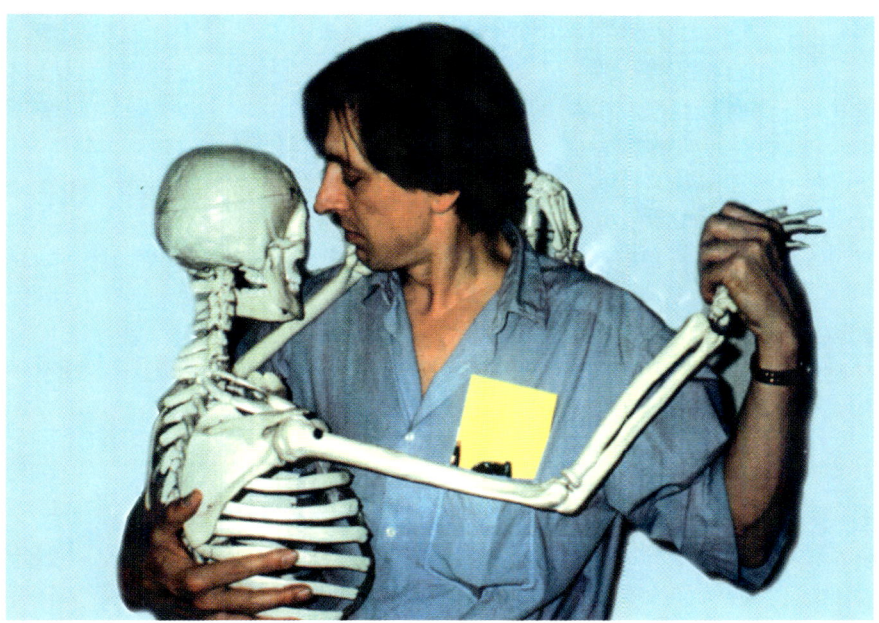

Große Tänzer, wie auch Ballettänzer oder Seiltänzer beherrschen ihre Achse par excellence. Doch oft ist auch ihre Angst groß, beim Tanzen zu fallen oder aus dem Gleichgewicht zu geraten. Die Beobachtung des natürlichen aufrechten Gehens und Stehens hilft hier, bei Pirouetten wie im Tango, Gleichgewicht und Achsen zu beherrschen.

Die Achse des Körpers verläuft über die feste Struktur des Körpers, die tragende Knochenstruktur. Schauen wir uns den menschlichen Körperbau an, so bedeutet dies, entlang der hinteren Körperhälfte. Vordere und hintere Struktur unseres Körpers sind nicht symmetrisch. Nur die hintere Hälfte weist eine tragende Knochenstruktur auf, an der die Körpermassen Halt finden können. Von der Mitte der hinteren Kopfhälfte aus fällt die Achse wie ein Lot senkrecht zu Boden.

Betrachten wir den menschlichen Körper frontal, so sollte die Achse bei symmetrischem Stand, z.B. breitbeinig, genau zwischen den Beinen zu Boden fallen. Verlassen wir den symmetrischen Stand und verlagern das Gewicht auf das eine oder andere Bein, so wandert die Achse mit in die belastete Körperhälfte und plaziert sich dicht neben die Wirbelsäule. Das Becken behält auch hier seine waagerechte Position bei. Auf einem Bein stehend spannt sich eine Beckenseite stärker an, wie auch die entsprechende Muskulatur.

Um ein Ausbrechen der Achsen in die Seite zu verhindern, sollte die Muskelspannung im Stand und auch während der Bewegung entlang der Innenseite der Beine verlaufen. Es hilft, sich ein Kräftedreieck vorzustellen, welches innerhalb der Beine seine Begrenzung findet.

Standbein – Spielbein

Wir unterscheiden zwischen Stand- und Spielbein. Das Standbein hat tragende Funktion, auf ihm baut die Achse innerhalb der jeweiligen Körperhälfte von unten her auf. Fuß, Becken und Schulter plazieren sich immer in dieser Reihenfolge übereinander. Das Becken, das den Oberkörper in seiner Ruheposition trägt, ist in seiner horizontalen Ausrichtung am Standbein fixiert.

Stand- und Spielbein arbeiten im ständigen Wechsel. Sozusagen Hand in Hand. Dies ist ein Wechsel von Geben und Nehmen, der viel Kraft und Flexibilität, d.h. viel Übung erfordert.

Das Standbein

Das Standbein ist das Symbol der Gegenwart. Der Punkt, an dem der Tänzer sich gerade im jeweiligen Moment des Tanzes aufhält. Endpunkt jeder Bewegung, Ausgangspunkt jeder folgenden.

In der Fortbewegung funktioniert das Standbein wie eine Sprungfeder. Die Gelenke strecken sich und stoßen den Körper vom Boden ab, weg vom Platz, hin zum nächsten. Im Unterschied zum Sprung wird die Bewegung nicht senkrecht zum Boden, sondern parallel zu diesem ausgeführt. Sobald der Körper sich vom Standbein wegdrückt, bereitet sich das Spielbein darauf vor, die tragende Funktion zu übernehmen. Das Standbein gibt solange Energie, bis wirklich alles Körpergewicht das „neue Standbein" erreicht hat und der Schritt sich abschließt.

Das Spielbein

Das Spielbein ist unbelastet, frei. Es führt das Spiel und die Verzierung aus, es wird im nächsten Schritt an einem anderen Ort die tragende Funktion des Standbeins übernehmen. Der Bewegungsradius sollte nur so groß sein, daß die Ruheposition des Beckens und insbesondere des Oberkörpers niemals gefährdet ist. Das Spiel im Spielbein braucht als Voraussetzung ein aktives und stabiles Stehen im Standbein, damit das Spiel niemals die Achse oder den Stand in Mitleidenschaft zieht. Das Standbein ist die Basis jeder Bewegung. Auch die des Spiels. Ohne Standbein gibt es also auch kein Spielbein.

Beinfunktion

Position und Bewegungsrichtung der Beine sind parallel zu den Hüftknochen. Sie sind weder wie im klassischen Ballett ausgedreht, noch nach innen gedreht. Sie sind geschlossen. Das heißt, die Füße stehen parallel zueinander.

Jeder Fuß hat seinen eigenen Weg. Diese Wege verlaufen parallel zueinander wie zwei Schienenspuren. Weder auseinanderlaufend wie beim Schlittschuhlauf noch auf einer Spur wie beim Seiltanz, sondern dicht entlang einer Mittelspur. Genau genommen, haben alle vier Füße ihre eigene Spur.

Jeder Schritt verläuft geradlinig, Vor- und Rückschritte in der Verlängerung der Hüftknochen, Seitschritte hierzu im 90°-Winkel. Ein Schritt verläuft nie, mit Ausnahme des Kreuzens, über eine Diagonale oder schräg zur Ausrichtung der Beckenknochen. Dies bedeutet, daß für jede Richtungsänderung auf dem Standbein gedreht werden muß, noch bevor der nächste Schritt angesetzt wird. Dieses Drehen nennen wir im Tango – wie auch in anderen Tanzarten – Pivot. Der Pivot (auf Deutsch „Zapfen") geschieht auf dem Fußballen.

Die Knie- und Fußgelenke regeln im Tango die gesamte horizontale Fortbewegung der Körper. Deshalb sollten diese Gelenke flexibel bleiben, um in jedem Moment in der Lage zu sein, geschmeidig zu reagieren. Sobald ein Gelenk blockiert, ist die Gefahr groß, daß die „Reise" des Körpers ihre horizontale Dynamik verliert und hüpfende Auf- und Abbewegungen auftreten.

Die Beine können auch zur Führung eingesetzt werden. Hierzu setzt der Tänzer die Weichteile seiner Beine ein, nämlich den bogenförmigen Übergang vom Spann in das Fußgelenk, die Innen- und Rückseite der Oberschenkel sowie die Kniekehle. Das Knie selbst, der vordere Oberschenkel, Schienbein und Fußspitze werden niemals zur Führung eingesetzt. Sie können leicht verletzen. Zu den Figuren, die mit dem Einsatz der Beine geführt werden, zählt die Gruppe der *barridas*, der Fußschieber und die der *sacadas*, die das fremde Bein wegnehmen oder weghebeln.

Der „Pivot"

Der Pivot spielt eine große Rolle für die flexible Raumnutzung. Durch ihn können Winkel und Richtungen bestimmt werden. Er ist die Grundvoraussetzung für alle artikulierten und gedrehten Figuren. Er wird zwischen den einzelnen Schritten eingesetzt, in der Phase des Stehens. Durch ihn können die Winkel des Weges gedreht werden, ohne die Geradlinigkeit eines einzelnen Schrittes zu beeinträchtigen. Mit dem Begriff Pivot wird das Drehen auf der Achse bezeichnet, das eine neue Bewegungsrichtung bewirkt. Er kann ausgeführt werden auf zwei Beinen stehend oder auch in Balance auf einem.

Der Pivot vollzieht sich im Beinbereich unterhalb der Taille. Die Oberkörper bleiben in ihrer Ausrichtung dem Partner zugewandt. Ein Pivot muß abgeschlossen sein, bevor die nächste Gewichtsverlagerung einsetzen kann. Auch die Führung zu einem Schritt sollte nicht ansetzen, bevor die Ausführung des Pivot nicht abgeschlossen ist.

Das Drehen auf einem Bein

Auf einem Bein stehend, ist das Drehen um die eigene Achse eine anspruchsvolle Bewegung. Der Standpunkt wird zum Drehpunkt. Ein entspanntes Stehen ist dabei sehr hilfreich. Die Muskeln sollten den Körper nicht hochziehen, sondern frei von Traglast sein, um ihn durch feines Muskelspiel in seiner Achse seitlich begrenzen zu können. Die Fixierung der Ellbogen in Symmetrie hilft den Körper ausbalancieren. Die Kraft für das Drehen, das sogenannte Drehmoment, holt der Tänzer aus dem Becken.

Damit der Fuß am Boden auch drehen kann, muß er die Ferse anheben. Hierzu muß das vom Rücken über Becken und Beine abfließende Körpergewicht durch die Achillessehne in den Fußballen geleitet werden. Erst wenn das Gewicht sich im Fußballen befindet und die Ferse frei ist von Gewicht, kann der Tänzer die Ballendrehung ausführen.

Je exakter die Achse sich über dem Drehpunkt aufbaut, umso leichter ist die Drehbewegung. Die Energie zum Drehen ist immer nach unten gerichtet, zum Boden hin. Wie ein Korkenzieher schraubt die Körperenergie sich über dem Standbein in den Boden. Legt man fälschlicherweise den Ansatz der Bewegung in das Spielbein, das freie Bein, dann muß man sich regelrecht um die Kurve herumhebeln. Meist wird dann zusätzlich das Becken angehoben. Eine Bewegung die unschön wirkt, instabil ist und sich „geklettert" anfühlt.

Da im Tango Ober- und Unterkörper durch die Taille als Drehscheibe getrennt sind, drehen diese beiden Teile niemals im Block, also gleichzeitig, sondern stets nacheinander. Zur Vorstellung der Bewegung sind „Schraube", „Spirale" und „Korkenzieher" hilfreiche Bilder. Dreht der Oberkörper zuerst, so dreht er sich bis an die Grenze der Verschraubung und zieht dann erst das Bekken nach. Setzt der Zug am Becken an, dreht umgekehrt der Oberkörper nach.

Der Sinn des Gleitens

Der Tangotänzer vermeidet in seinem Tanz hüpfende Auf- und Abbewegungen und komprimiert deshalb seine Bewegungen zum Boden hin. Wellenbewegungen sind, sofern sie überhaupt entstehen, geschmeidig und rund und vor allem kontrolliert. Sie haben den Charakter einer Achterbahn, wo Tal und Berg sich spannungsvoll abwechseln. Die Fortbewegung beider Partner ist synchron zueinander. Beide ändern ihre Standhöhe immer gemeinsam. Diese für den Tango typische gleitende Qualität der Fortbewegung nennt man den *sentido de flotación*, das Bewußtsein des Gleitens. Eine Fortbewegungsqualität, die das geheimnisvoll Verhaltene, Geschmeidige und Katzenartige des Tangotänzers ausdrückt. Er bewegt sich fast „schleichend".

Der *sentido de flotación* wird einerseits durch die Kontrolle des Beckens, andererseits durch das regulierende Spiel der Knie- und Fußgelenke erreicht. So wird jede Unruhe der Bewegung im Becken aufgefangen und ausbalanciert und eine wirklich geschmeidige, fließende und ruhige Fortbewegung erzielt. Es ist, als wäre die Beckenschale randvoll mit Honig aufgefüllt und dürfte während des gesamten Tanzes keinen Tropfen desselben verlieren.

Der gleitende Charakter der Bewegung drückt sich weiterhin in der Fußarbeit aus, die einen möglichst bodennahen Kontakt behält. Das ist besonders bei den *milongueros* zu beobachten, die ihre Füße mit konstantem Bodenkontakt fortbewegen und *firuletes* mit dem flachen Fuß tanzen, als würden sie den Boden mit ihrer Fußsohle einreiben.

Die Standhöhe

Man kann im Tango tief in den Knien gebeugt tanzen, wobei die Beine bei jedem Schritt lang in den Raum greifen. Man kann sich aber auch am Platz selbst mit lang gestreckten Beinen aufrichten, und so mehr die Länge und Senkrechte des Körpers betonen als die Reise im Raum.

Je nach Schrittlänge setzt der Tänzer die Flexibilität und die Beugung der Kniegelenke mehr oder weniger ein. Ein Schritt in den Raum erfordert eine beträchtliche Beugung des Standbeines. Für einen kleinen Schritt oder das Verweilen am Platz können sich beide Beine maximal strecken. Die Grundregel hierfür lautet: Die Beine so weit wie möglich strecken und so wenig wie nötig beugen. Doch niemals darf das Knie bei der Streckung blockieren, d.h. das Kniegelenk sollte bei der Streckung nicht einrasten, nicht „durchgedrückt" werden, sondern flexibel in seinem Spiel bleiben und jederzeit in eine Beugung übergehen können.

Verändert der Tänzer die Standhöhe, so geschieht dies entlang der vertikalen Achse. Er darf niemals aus der Achse ausbrechen. Wenn er tief ins Knie geht, muß er darauf achten, sein Steißbein nicht nach hinten wegzustrecken, und wenn er auf dem Ballen des gestreckten Beines tanzt, darf nicht das gesamte Gewicht in die Zehenspitzen fließen. Jede Veränderung der Standhöhe verläuft innerhalb der vertikalen Achse.

Um auf dem Ballen zu tanzen, was insbesondere Frauen wegen der hohen Absätze können müssen, hebt der Fuß sich auf die Fußspitzen, indem er sich vom Boden wegdrückt, und nicht dadurch, daß der Körper sich nach vorne über die Zehen schwingt. Zum Tanzen auf dem Ballen ist deshalb eine kräftige Fußmuskulatur und Stabilität im Fußgelenk nötig, die man trainieren kann. Die Füße müssen trotz der Ballenposition weich im Spiel der Gelenke bleiben und zumindest im Vorderfuß die Fähigkeit zum Abrollen behalten.

DIE STRUKTUR DES TANZES

Das System der Improvisation

Der Tango wird auf der Basis bestimmter Bewegungsstrukturen improvisiert getanzt. Unendlich viele Möglichkeiten der Kombinationen können getanzt werden. Man kann sich die Improvisation im Tango wie ein Spiel mit Bausteinen vorstellen, deren Zusammenfügung eine Fülle komplexer Bewegungsabläufe ergeben. Zu den Bausteinen gehören geradlinige Elemente, Drehelemente und sich in den Beinen „verhakende“. Das kleinste Element der Fortbewegung ist die Gewichtsverlagerung von einem auf das andere Bein.

Neben den quantitativen Grundelementen variieren qualitative Unterschiede der Bewegung den Tanz.

Aus dem Baukasten

Die Improvisation basiert auf den „Spielregeln“, dem Miteinander im Paar (in Form des *abrazo* oder seines Symbols), dem Miteinander auf der Tanzfläche (dem Wahren der Tanzrichtung und dem Respektieren eines Mindest- oder Höchstabstandes zu anderen Paaren) und der Beachtung der Musik (dem *compás*). Ferner ist das Bewegungsprinzip des natürlichen Gehens Grundlage dieses Tanzes, die gleichmäßige Gewichtsverlagerung in der Fußbewegung.

Die Improvisation findet beim Tango immer auf verschiedenen Ebenen statt. Die innige Paarbeziehung bedeutet nicht Gleichzeitigkeit oder Gleichartigkeit der Bewegungen beider Partner. Die Palette der Kombinationsmöglichkeiten ist unendlich.

1. Die Wahl der Richtung jedes Schrittes ist frei: vorwärts, rückwärts oder zur Seite des unbelasteten Beines.
2. Die Schrittrichtung kann durch eine Pivot-Drehung geändert werden.
3. Ein Schritt kann im Paar von beiden zeitlich gemeinsam gesetzt werden oder aber rhythmisch versetzt.
4. Das Paar kann links und rechts herum auf der Stelle drehen, statt sich im Raum fortzubewegen. Hierbei bildet meist der Mann das Zentrum. Er stoppt die eigene Fortbewegung und führt die Partnerin um sich herum.
5. Pausen werden getanzt, d.h. Stillstand ist keine Unterbrechung, sondern ein Teil des Tanzes.
6. Der *compás* kann einfach, halbiert und verdoppelt getanzt werden.

7. Alle Räume im Beinbereich stehen den Tänzern zur Verfügung.

8. Tanzqualitäten wie schnell, langsam, große und kleine Schritte, geschmeidige oder rhythmische Bewegungen etc. sind möglich und kombinierbar.

9. Der *paso basico* ist die Grundlage des Tanzes, kann aber in jedem Moment aufgelöst, unterbrochen, verändert und variiert werden.

Orthodoxe Figuren können in die Improvisation mit einbezogen werden. Sie können an beliebigen Stellen ihres Ablaufes unterbrochen und mit anderen Bewegungsabläufen kombiniert werden. Voraussetzung ist eine in beiden Figuren identische Schnittstelle oder ein Verbindungsstück.

Bewegungsabläufe

Der „paso basico"

Der Grundschritt des Tango (Basisschritt) wird auch *basico* oder kurz *base* genannt. Er bildet das Grundgerüst aller Figuren. Jede Figur findet hier ihren Ursprung. Von hier aus baut sich jede weitere Struktur des Tanzes auf.

In seiner heutigen Form besteht der *paso basico* seit den vierziger Jahren. Er setzt sich aus acht Bewegungen zusammen. Die Schritte von Mann und Frau verlaufen zwar ungefähr spiegelbildlich, sind jedoch nicht identisch.

Entsprechend ihrer Reihenfolge sind die acht Positionen numeriert. Die einzelnen Positionen der *base* werden hierbei (ausgehend von der „Position Null", der Ausgangsposition) ihrer Reihenfolge nach mit eins bis acht benannt. Als Position wird die Endposition eines Schrittes bezeichnet. „Position 8" und „Position 0" sind identisch, d.h. sie bezeichnen Abschluß und Beginn derselben Sache.

Der Mann steht mit geschlossenen Beinen in der Ausgangsposition Null und tanzt im regelmäßigen Wechsel von rechts-links, beginnend mit rechts, folgenden Ablauf: 1-Rück, 2-Seit, 3-Vor, 4-Vor, 5-Schließen, 6-Vor, 7-Seit und 8-Schließen. Auch die Frau steht mit geschlossenen Beinen in der Position Null und tanzt, mit links beginnend, im Wechsel des natürlichen Gehrhythmus: 1-Vor, 2-Seit, 3-Rück, 4-Rück, 5-Kreuzen, 6-Rück, 7-Seit und 8-Schließen.

Die Schritte eins und zwei tanzt das Paar voreinander, die Schritte drei und vier geht der Mann außen seitlich versetzt zu seiner Partnerin (auf ihrer rechten Seite), beim Kreuzen gelangt sie wieder vor ihn und mit sechs, sieben und acht schließen beide den Grundschritt zur Ausgangsposition ab.

Die Schritte des *paso basico* sind untereinander und mit anderen Elementen kombinierbar und können sich aus ihrer chronologischen Abfolge lösen. Man kann sich dies wie ein Dominospiel vorstellen. Die Numerierung der einzelnen Positionen hat deshalb keine Bedeutung im Sinne des chronologischen

Ablaufes von eins bis acht, sondern bezeichnet die einzelnen Positionen als wiedererkennbare Elemente.

Man kann den *paso basico*, wie oben beschrieben, sehr simpel aber auch sehr detailliert tanzen, unter Einschluß einer Menge von Nuancen und Ausdrucksvarianten. Dann beinhaltet er nahezu das gesamte Potential des Tanzes. Fast alle Techniken können hier vertreten sein. So z.B. alle Richtungen der Schritte vor, seit und rück; das voreinander, versetzt nebeneinander und das ineinander greifende Gehen; der Pivot und das Kreuzen der Frau; die Trennung von Ober- und Unterkörper; die Führung der Frau als Konsequenz der Fortbewegung des Mannes und ihre Bewegung als Konsequenz seiner Schulterführung etc.

Obwohl der *paso basico* die erste Schrittfolge ist, die ein Tänzer lernt, ist er deshalb keineswegs simpel und anspruchslos. Es ist dummer Unfug, ihn als Anfängerschritt abzutun. Im Gegenteil, diese Figur sollte einen Tänzer während seiner gesamten Entwicklung begleiten. Er ist eine regelrechte Synthese des Tanzes. Wenn ein Tänzer versteht, mit Qualitäten und Ausdruck zu tanzen, zeigt sich seine subtile Schönheit. An seinem Beispiel können neue Konzepte erlernt und entdeckt werden. Und was ein berühmtes Standardpaar zum Grundschritt des Foxtrot sagte, kann auch hier gelten: „Wir versuchen das Einfache perfekt zu machen, um das Schwierige gut machen zu können."

Position Null

Die Ausgangsposition der *base*, aber auch jede abgeschlossene Position eines Schrittes wird als Position Null, als *posición cero* bezeichnet. Unabhängig davon, ob das rechte oder linke Bein belastet ist. Ein Schritt gilt dann als abgeschlossen, wenn sich beide Beine wieder schließen. Mit dem Schließen von Knie- und Fußgelenk baut sich der gesamte Körper entlang der senkrechten Achse auf. Die hier erreichte Position ist die neue Ausgangsposition.

„Salida" und „resolución"

Der *paso basico*, aber auch jede andere Figur, wird in drei Sequenzen unterteilt: Eingang, Mittelstück und Ausgang. Der Eingang trägt den offiziellen Namen *salida* (von *salir*, weggehen), der Ausgang wird als *resolución* (Auflösung) bezeichnet. Das Mittelstück ist meist die Figur selbst.

Es gibt mehrere Varianten der *salida*: mit *salida comun* wird der Beginn der *base*, die Abfolge der Schritte „eins und zwei" benannt. Die *salida al costado* bezeichnet den Beginn auf der Seite. Bei der *salida hacia adelante* beginnt der Mann den Tanz vorwärts. Die *salida girada* beginnt mit einer Drehung. Die *resolución* bezeichnet die Schrittabfolge „sechs-sieben und acht" der *base*.

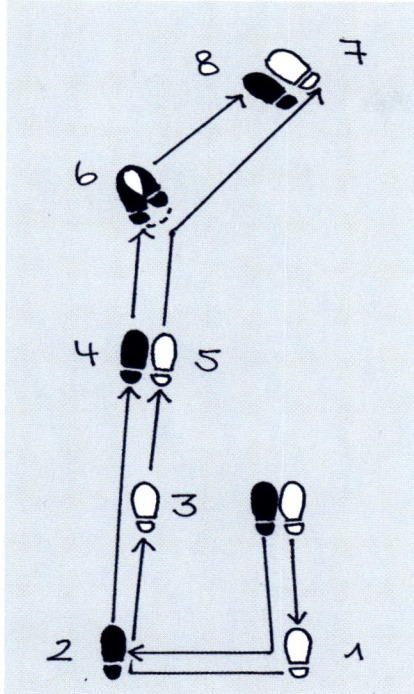

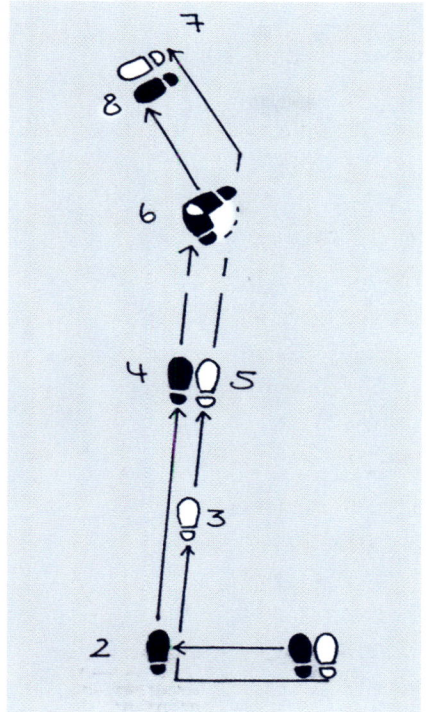

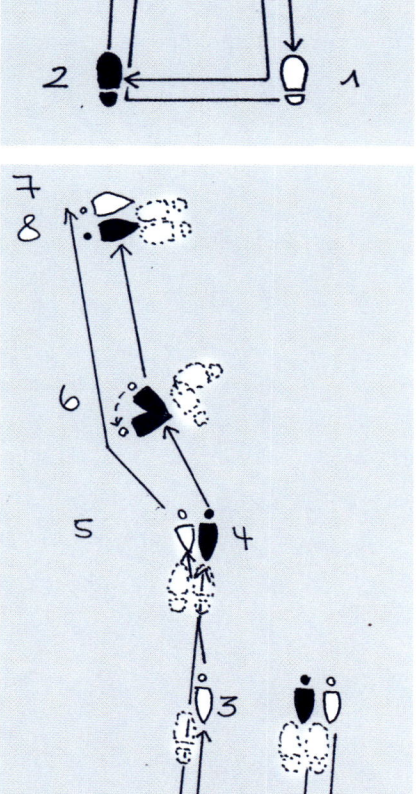

Oben links: Der „paso basico comun",
der normale Grundschritt des Mannes.
Hier mit wenig Drehung im Abschluss
(„resolución con poco pivot").

Links: Der „paso basico comun" der
Frau, hier mit stark gedrehtem Abschluss
(„resolución con mucho pivot").

Oben rechts: Mit der „salida al costado",
der Eröffnung zur Seite, wird der Tango
im Allgemeinen begonnen. Die „resolución" ist auch hier stark gedreht.

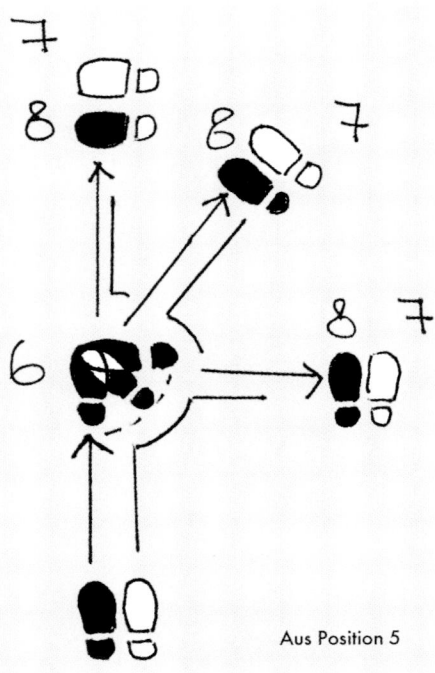

Hier sieht man verschiedene Drehgrade des „pivot" (Drehung auf dem Fuß- ballen). Je nach Drehgrad verändert sich die Bewegungsrichtung im Raum.

Aus Position 5

Das „caminar"

Die einfache Form des Tango wird als *caminar*, als Gehen bezeichnet. Die substilste Art des Tanzes verzichtet auf Figuren und ist dennoch höchst unter- schiedlich gestaltet: Denn der wirklich gute Tänzer zeichnet sich weniger durch das Beherrschen vieler Figuren, als durch ein elegantes und zugleich subtiles und ausdrucksstarkes Gehen aus. Mit den Worten von Eduardo Arquimbau: „Una Figura se aprende en una hora. El caminar se aprende en 10 años." „Eine Figur lernt man in einer Stunde. Das Gehen in 10 Jahren."

Die Schritte werden beim *caminar* höchst unterschiedlich gestaltet: syn- chron oder rhythmisch versetzt, pur oder durch *firuletes* verziert, voreinander und versetzt nebeneinander, geschmeidig oder akzentuiert, pausiert, beschleu- nigt, am Platz oder raumgreifend.

Alles spiegelt sich in diesem „einfachen Gehen" wieder: Wer du bist, was du willst, wie du deinen Weg gehst, und, und, und … Plötzlich wird klar, daß jeder Millimeter des Körpers spricht, Gefühle verrät, zeigt, ob jemand Stil hat oder eben nicht. Die Natürlichkeit der Bewegung, ihre Einfachheit bringt das We- sentliche hervor. Hier zeigt sich die Persönlichkeit des Tänzers.

Das Prinzip des Gehens an sich ist sehr simpel. Ein bestimmter Ausgangs- punkt wird verlassen und durch Gewichtsverlagerung von einem Bein auf das

*Auf den Bühnen Tokios. Die Trennung von Torso und Beinen:
Der Oberkörper dreht in die eine Richtung, der untere Bereich
bewegt sich frei von diesem in die andere.*

andere ein neuer erreicht. Der Ankunftspunkt wird Ausgangspunkt der nächsten Bewegung. Die verschiedenen Möglichkeiten der Richtung, unterschiedliche Rhythmisierung der Schritte, gemeinsames oder versetztes Gehen, Variieren der Schrittlänge etc. sind das wahrhaft unbegrenzte „Repertoire" eines Tangotänzers. Dem guten Gang liegen zwei Konzepte zugrunde: einerseits die „Aufrechterhaltung" der vertikalen Achse und andererseits der horizontale Gewichtstransport bei jedem Schritt.

Um das *caminar* zu erlernen, ist es wichtig, erst einmal das eigene natürliche Gehen zu beobachten und sich dessen Ablauf bewußt zu machen: Wie gehen wir auf der Straße? Wo setzt der Impuls der Bewegung an? Unser Körper bleibt im Gleichgewicht – wie macht er das? Wir müssen plötzlich jemandem ausweichen. Wo fängt die Bewegung an? Wo nehmen wir die Kraft für die Bewegung her? Wie muß unsere Körperhaltung sein, damit wir schnell und spontan reagieren können? Wir wollen über eine Pfütze oder eine große Fläche springen. Wie macht unser Körper das? Wie setzt er einen großen Schritt an?

In allen Situationen werden wir feststellen, daß auch Knie und Arme „mit von der Partie" sind, die Hauptrolle jedoch zwei Dinge spielen: Im Boden setzt die Kraft an, im Becken wird sie verarbeitet (genutzt, absorbiert, verteilt, dosiert). Das *caminar* ist ein Reifeprozeß, bei dem man im Grunde nie wissen kann, ob er abgeschlossen ist oder ob er noch weiter getrieben werden kann. Subtile Bewegungsstrukturen setzen viel Erfahrung voraus. Das *caminar* ist wie eine Handschrift. Es spricht von der Person.

Artikulierte Figuren

Jede artikulierte Figur (von lateinisch *articulas*, Gelenk, Glied) bewegt sich um ein Zentrum herum. Meist liegt das Zentrum der Bewegung in einem der Tanzpartner, der andere übernimmt als Konsequenz die Rolle des Umkreisenden. Wir sprechen hier von *centro* (Zentrum) und *volante* (Rad). In seltenen Fällen liegt der Mittelpunkt der Bewegung außerhalb der Tänzer in der Paarmitte. Dann spielen beide Partner die Rolle des *volante*.

Der Mann ist aus führungstechnischen Gründen meist das Zentrum der Bewegung. Deshalb möchte ich den Ablauf und die Technik anhand dieser typischen Rollenverteilung beschreiben.

Ein hilfreiches Beispiel ist die Drehtür. Die führenden Schultern des Mannes funktionieren wie die Blätter der Drehtür, die der Frau den Weg um seine Achse herum öffnen. Die Achse des Mannes ist fixiert und bildet das Zentrum der Bewegung wie das Scharnier der Drehtür. Die Frau läuft um das

Zentrum der Bewegung herum. Ihre Schritte, von denen jeder für sich geradlinig ist, winkeln sich in ihrer gesamten Strecke durch Pivots um das Zentrum herum. Sie befinden sich dabei auf einer imaginären Kreisbahn.

Für die Frau ist es wichtig zu verstehen, daß sich ihre Bewegung um die Achse des Mannes wickeln muß, eine gedachte Linie, und nicht das komplette massive Volumen des Mannes umlaufen soll. Deshalb ist es wichtig, daß sie ihren Schritt erst setzt, wenn der Körper des Mannes ihr durch seine Drehung den Raum freigibt. Und daß sie sich traut, ihren Schritt „in ihn hinein" zu setzen (wie bei der Drehtür), dicht und in gleichem Abstand um sein Zentrum herum, anstatt sich von ihm zu entfernen. Das Zentrum der Bewegung kann im Körper des Mannes einseitig links oder rechts verlaufen, aber auch mittig, wenn er das Gewicht gleichmäßig auf beiden Beinen verteilt.

Die Drehung

Bleibt der Mann mehrere Schritte lang in eine selbe Richtung Zentrum der Bewegung, entsteht ein vollständiger Kreis. Diesen nennen wir *medialuna*, *giro* oder *molinete*, je nach Design. Bleibt das Zentrum der Bewegung über einem Punkt fixiert, ist der Weg der Frau wirklich rund. Das Zentrum der Bewegung kann aber auch durch eine Gewichtsverlagerung während der Drehung verändert werden. Dann entsteht ein Oval.

Da der Mann in der Drehung meist auf einem Bein steht, ist er oft nicht in der Lage, jeden Schritt der Bewegung ausdrücklich zu führen. Der Part der Frau ist hier deshalb sehr aktiv. Sie ist sozusagen der Motor der Bewegung. Der Mann kann den Motor aber nur starten und wieder abfangen.

Die Schrittabfolge einer gewöhnlichen Drehung ist vor-seit-rück-seit-vor

Abgebildet ist hier die Linksdrehung der Frau. Ihre Schrittfolge ist „Seit-Vor-Seit-Rück". Die Drehung kann an jeder Position beginnen und ist sozusagen eine „Endlosfigur". Nach dem Vorwärts- und vor dem Rückwärtsschritt muss ein „pivot"-Drehung (auf dem Ballen) ausgeführt werden, bevor man den nächsten Schritt setzen kann. Die Füße werden auf die Eckpunkte eines Quadrats gesetzt, das innerhalb des hier gezeichneten Kreises liegt.

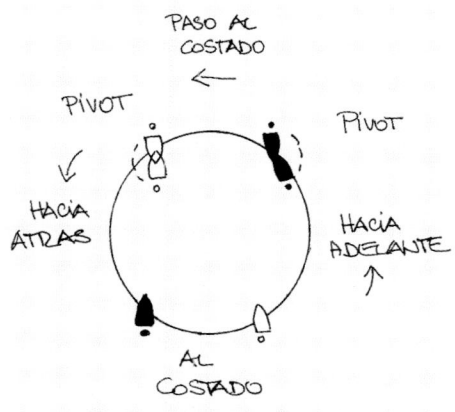

(als Endlosfigur). Die Drehung kann an jeder beliebigen Stelle ansetzen und auch an jeder beliebigen Stelle gestoppt werden.

Die Schritte verlaufen auf einer Kreisbahn um ein Quadrat, auf dessen Eckpunkte sie gesetzt werden. Der Pivot winkelt die Schritte entsprechend. Vor dem Rückwärtsschritt ist der Pivot besonders stark akzentuiert, da hier die Richtungsänderung am größten ist. Vom Rück- zum Seitschritt und vom Seit- zum Vorschritt können die korrekten Positionen auch ohne Pivot erreicht werden.

Der „ocho"

Ändert der Mann bei jedem Schritt der Frau die Drehrichtung, entsteht die Figur des *ocho*, eine sich hin und her windende Acht.

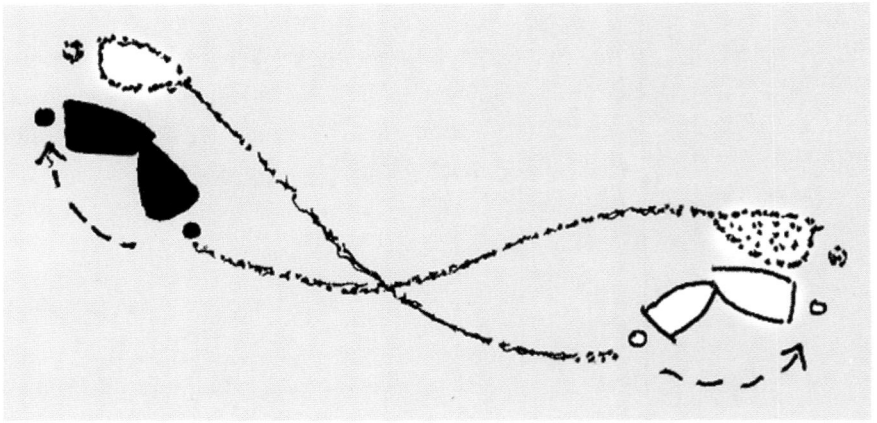

Die Zeichnung zeigt die Schritte der Frau im „ocho adelante" (vorwärts Acht).
Ein Vorwärtsschritt um das Zentrum des Mannes ist jeweils mit einem
Pivot verbunden. Der Ocho ist also genau genommen die Schrittfolge
„Schritt-Ballendrehung-Schritt-Ballendrehung".

Der *ocho adelante* (nach vorn) setzt sich zusammen aus einem Schritt vorwärts und einem Pivot vorwärts. Der *ocho atrás* (nach hinten) umgekehrt aus einem Rückwärtsschritt und einem Pivot rückwärts. Die Vorwärts-Acht kann der Mann auf einer festen Achse nur durch den Oberkörper führen. Die Rückwärts-Acht muß er darüber hinaus mit einer Gewichtsverlagerung begleiten, weil die Beweglichkeit der Dame rückwärts deutlich geringer ist als nach vorne.

BEWEGUNGSQUALITÄT

Die wichtigsten Bewegungsqualitäten beziehen sich auf folgende Aspekte: Geschwindigkeit (schnell und langsam), Schrittlänge (groß und klein), Stand (tief und hoch), Umarmung (eng und weit), Fortbewegung (fließend und akzentuiert), Musikinterpretation (rhythmisch oder melodisch) und Richtung (geradlinig und gewinkelt). Dies verdeutlicht, mit wieviel unterschiedlicher Qualität ein und derselbe Schritt getanzt werden kann. Das „Wie" der Bewegung kann sich so verändern, daß man den Schritt nicht als denselben erkennt.

Rhythmus

Das Aufsetzen der Füße und die damit verbundene Gewichtsverlagerung hat nicht nur Bedeutung für die Schrittabfolge, sondern vor allen Dingen für die rhythmische Gestaltung des Tanzes. Der Rhythmus liegt im Auftreten der Füße und der damit verbundenen Gewichtsverlagerung. Man sagt hier auch *apretar el compas al piso*, den Takt in den Boden drücken. Das Tanzen im regelmäßigen Grundschlag des Taktes nennt man *ir al compas del Tango*.

Die rhythmisch wechselnde Belastung der Füße, der Wechsel der Achsen, läßt ein Schwingen im Körper sichtbar und spürbar werden. Das Paar kann den Rhythmus in identischen oder variablen Bewegungen ausdrücken. Da nämlich Mann und Frau nicht die gleiche Anzahl Schritte gehen müssen, können sie auch die Rhythmik unterschiedlich ausdrücken. Die Kombination ihrer beider Bewegungen ergibt den Rhythmus des Paares.

Das rhythmisch anspruchsvolle Paar tanzt eine gemischte Geschwindigkeit, variiert zur Musik und verteilt auf beide Partner. Um dynamisch zu sein, darf der Tanz sich nicht an der Musik „festbeißen" oder gar einem Schema unterwerfen, sondern muß immer im Ausdruck wie im Rhythmus spontan, frei und überraschend sein.

Der „compás"

Das Paar im Tango orientiert sich am *compás*, am Taktschlag und interpretiert so die Musik. Dies geschieht aus individuellem Musikverständnis und Gefühl der Tänzer heraus. Im allgemeinen folgt der Argentinier jedoch streng dem regelmäßigen Taktschlag der Musik. Dies bedeutet nicht, daß das Paar jeden Taktschlag mit einem Schritt belegt, wohl aber, daß es keinen Schritt zwischen Taktschläge setzt. Die Regelmäßigkeit des Taktschlages muß also nicht getanzt werden, sondern ist eine Einleitung zu rhythmisch variabler Füllung der musikalischen Vorgaben. Die persönliche Interpretation einer einzelnen Bewegung innerhalb eines Taktschlages nennen wir *cadencia*. Der Takt wird nicht als ein Schlag umgesetzt, sondern in sich melodiös verzögert und verzerrt getanzt.

Das Paar kann mit seinen Bewegungen den *compás* auch verdoppeln, pausieren und verzögern. Es kann den Rhythmus tanzen oder aber der Melodie, der Harmonie oder dem wechselnden Spiel der Kompositionen folgen. Jedoch sollte ein Paar immer erst gemeinsam den simplen Grundschlag finden, bevor es die Musik interpretiert. Es ist ganz einfach: Was man nicht hat, kann man auch nicht variieren.

Auch wenn das Paar sich vom Rhythmus löst, für einen Moment die Melodie verfolgt, oder aber mit dem Rhythmus spielt, so finden die Bewegungen doch immer wieder zurück zum Grundrhythmus, den das Paar in jedem Moment spürt wie ein inneres Pulsieren.

Generell muß man lernen, der Musik zu vertrauen und sich ihr hinzugeben. „La música te lleva." Die Musik führt dich. Sie nimmt einen mit wie eine Welle. Der Meister geht mit der Musik natürlich anders um als der Schüler. Pepito Avellaneda drückt das so aus: „Los alumnos aqui esperan, y esperan el ritmo para empezar a bailar. Nosotros empezamos a bailar. Sabemos que el ritmo esta. siempre. Lo sentimos." („Die Schüler hier warten und warten auf den Rhythmus, um mit dem Tanz anzufangen. Wir fangen einfach an. Wir wissen, daß der Rhythmus immer da ist. Wir fühlen ihn.")

Die Fähigkeit Musik zu „vertanzen" hängt mit dem musikalischen Talent des Tänzers zusammen, aber auch mit seinem Reifestadium. Die meisten Tänzer hören zu Beginn vor allen Dingen den eigenwilligen und starren Rhythmus des Tango. Später erst entdecken sie die Melodie, das Zärtliche und die Süße des Tango, und erst im reifen und fortgeschrittenen Stadium können sie die Stimmung des Tango wahrnehmen. In diesem letzten Stadium vermag ein Tänzer die Musik durch seinen Tanz zu ergänzen, zu steigern.

DER LERNPROZESS

Die ersten Bewegungsabläufe, die ein Schüler lernt, sind natürlich der *paso basico* mit einer Reihe von Varianten und Kombinationen. Später folgen der *ocho* vorwärts und rückwärts und deren Verbindung im *sandwich*. Dann erst werden kleine und einfache Drehungen unterrichtet, der *gancho*, *barridas* und *firuletes* und Kombinationen aller Elemente untereinander, um in das System der Improvisation einzuführen. Zu den schwersten Figuren in der Ausführung wie auch in der Einbindung zählen die *sacadas*. Sie werden deshalb erst spät unterrichtet.

Von Beginn an lernt der Schüler auch etwas über die Körperhaltung und die Umarmung, das Rollenverhalten zwischen Mann und Frau, das Verhalten auf der Tanzfläche und den Umgang mit dem Rhythmus. Er lernt die Musik hören und einzelne Orchester und Instrumente unterscheiden.

Die Ausbildung

Prácticas

Tango wird in Buenos Aires auf eine sehr individuelle Art vermittelt bzw. erlernt. Als ich Ende der achtziger Jahre erstmals dort ankam und Unterricht nehmen wollte, fiel mir insbesondere das Fehlen von Tanzschulen auf. Es gab keine organisierte Struktur für den Tangounterricht.

Das Volk lernt in sogenannten *prácticas*. Dies sind Übungsstunden, die dem eigentlichen Tanzabend vorausgehen und den Teilnehmern Raum und Zeit zum Üben (*practicar*) einrichten. In diesen *prácticas* tauschen die Teilnehmer sich untereinander aus, und ein Lehrer geht umher, korrigiert dies und jenes und gibt Tips. Pro Veranstaltung wird jeweils eine kleine Figurenkombination gezeigt. Echter Tanzunterricht oder fundiertes Wissen über den Tanz kann in diesen *prácticas* nicht vermittelt werden. Dem einfachen Mann genügt das in der Regel.

Der Maestro

Tänzer, die mehr lernen möchten, können Privatstunden nehmen. Eine solche Ausbildung ist kostspielig und wird daher fast nur von denen in Anspruch genommen, die professionelles Interesse haben.

In der Privatstunde unterrichtet ein *maestro* seinen Schüler in sehr persönlicher Weise. Er zeigt ihm die Wahrheit seines eigenen Tango und vermittelt

Gerardo Portalea mit seiner Frau Marta im Club Sin Rumbo.
Dieser Salon ist für seine guten Tänzer bekannt. Portalea ist wegen
seiner Bewgungsdynamik ein gesuchter und bedeutender Milonguero.

ihm Wissen, Erfahrungen und Ansichten. Ein guter *maestro* begleitet seinen Schüler auch zum wichtigen Schritt: zur Entdeckung des persönlichen Tanzstils. Aspekte wie Erlebnis, Eigenart, Befreiung, Kreativität und Improvisation stehen hier im Vordergrund.

Damit beginnt oft die Loslösung des Schülers vom Lehrer. Der Lehrer gibt seinen Schüler frei. Die Bindung zwischen *maestro* und *discípulo* ist in der Regel sehr intensiv. Der Tango wandert aus den Händen des Meisters in die des Lehrlings oder Gesellen, um dort weiterzuleben und sich fortzusetzen. Der Lehrling begibt sich in die Obhut seines *maestro*, voller Vertrauen und Respekt für dessen Stil und Sichtweise. Der Meister wiederum setzt sein Vertrauen in den Lehrling und erwartet, daß das Gegebene fruchtbaren Boden finden wird. Beide übernehmen große Verantwortung füreinander.

Fast jeder professionelle Tänzer hat seinen Weg in Begleitung eines *maestro* gemacht, „seines" *maestro*, dem Menschen, dem er seinen Tango verdankt und der seinen persönlichen Weg und Stil stark und nachhaltig geprägt hat.

Kopieren – Gestalten

Der Lernprozeß beginnt gewöhnlich mit Kopieren. Der Lehrer zeigt einen Bewegungsablauf, den der Schüler möglichst exakt nachmacht.

Dem Kopieren als Lernprozeß sollte immer ein Prozeß des Nacherlebens, ein „Erfahren am eigenen Leib", ein Verändern folgen. Ein Auswählen-können, ein Finden der eigenen Möglichkeiten. Erst das persönliche Verarbeiten der aufgegriffenen Elemente vervollständigt den Prozeß und führt zur Aneignung, integriert das Kopierte in den eigenen Tanz.

Wichtig ist, daß ein Lehrer in seinem Unterricht zwischen dem Prozeß des Kopierens und dem des Gestaltens zu unterscheiden weiß. Problematisch wird das Kopieren nämlich dann, wenn der Unterschied nicht bewußt gemacht wird. Wenn der Schüler mit Hilfe der Kopie lernt und glaubt, damit bereits einen eigenen Tango zu entwickeln. Unbemerkt versiegt die persönliche Anteilnahme. Quellen, aus denen die Bildung eines eigenen authentischen Stils fließen können, bleiben verdeckt unter dem fertigen Produkt fremder Tänzer. Ein geliehener Tanz. Ein Tango, betrogen um seine Essenz: Freiheit, Individualität, Improvisation.

Lernen von der älteren Generation

Es ist ein Geschenk, alten Leuten bei ihrem Tanz zuzuschauen. Sie erzählen mit ihrem Tanz von der alten Zeit und von vergangenen Idealen. Es ist verblüffend, wieviel Reife in jeder ihrer Gesten steckt. Ein einziger Schritt trägt

die Essenz eines ganzen Tango. Sie tanzen mit äußerster Ruhe, selbstverständ-
licher Autorität und einem Swing voller Gelassenheit.

Im Tango kann der reife Ausdruck die Virtuosität in den Schatten stellen.
Der reife Tänzer kann mit einer einzelnen Bewegung viel mehr ausdrücken als
der junge Tänzer in einem ganzen Tanz.

Ein junger Mensch kann sich von dieser Reife inspirieren lassen. Aber er
kann sie nicht kopieren. Ein Bewegungsablauf läßt sich kopieren, aber die
Lebenserfahrung, die in ihm steckt, nicht.

Es sind andere Werte, die ein junger Tänzer in seinem Tanz zum Ausdruck
bringt und ausdrücken muß: Es sind die Ideale der Jugend, Frische, Kampf
und Rebellion, Sehnsucht und Sexualität. Die Träume der Zukunft, die die
Alten schon lange nicht mehr träumen.

Wer laufen kann, kann auch Tango tanzen

Der Tango verlangt viel Konzentration und Disziplin. Er ist komplex, äußerst
komplex sogar. Aber er stellt keine hohen körperlichen Ansprüche. Sein System beinhaltet die Möglichkeit, mit elementaren Bewegungsabläufen bereits
sehr schön tanzen zu können. Er bietet aber auch die Möglichkeit, sich ein
hoch kompliziertes Repertoire zuzulegen.

Trotzdem ist das, was man tanzt, nicht die Hauptsache. Nicht der Schritt,
das Design oder die Choreographie definieren den Tango, sondern das „Wie“.
Das macht seine Essenz aus.

Deshalb ist es wichtig, daß man sich im Tango keinen Zwängen unterwirft. Das Herz will frei sein und sich seinen Sehnsüchten hingeben. Aber den Gefühlen nachzugeben, das braucht Mut!

Aller Anfang ist schwer

Zugegeben, am Anfang tut man sich schwer. Unbeholfen und tapsig auf den eigenen Füßen, dicht vor dem Partner, der einem schier im Weg zu stehen scheint, ist das Tanzen erst einmal alles andere als sinnlicher Genuß. Ungewohnt ist vor allen Dingen die große körperliche Nähe. Die Füße, die einen sonst sicher durchs Leben tragen, wissen plötzlich nicht mehr wohin. Wackelig balancieren sie am Rande des Gleichgewichts.

Als lehrender wie auch als lernender Tänzer habe ich oft folgenden Prozeß erlebt: Anfangs ist der Bewegungsmotor blockiert, ganz zum Ärger des Schülers. Durch das bewußte Eingreifen in den Bewegungsablauf wird der motorische Automatismus unterbrochen. Doch mit dem Prozeß der Wiederholung wird die neue oder korrigierte Bewegungsstruktur ihrerseits automatisiert und gewinnt allmählich, mit verbesserter Technik, ihre volle Geschmeidigkeit und Leichtigkeit. Eine Bewegung muß gewissermaßen zuerst gelernt und dann wieder „vergessen" werden. Sie muß in den natürlichen Reflex des Körpers, in die körperliche Intelligenz eintreten.

Damit eine Bewegung aus der Quelle der Natürlichkeit schöpft, sollte man sie in verschiedenen Geschwindigkeiten ausführen können. Wenn die Bewegung natürlich ist, sollte sogar in absoluter Zeitlupe ein Problem, beispielsweise das des Gleichgewichtes, nicht auftauchen. Wer mit der genußvollen Entspanntheit eines Spaziergängers tanzen kann, der hat seine Natürlichkeit im Tanz gefunden.

Übend tanzen – tanzend üben

Es ist empfehlenswert, den Lernprozeß streng vom Tanz zu trennen. Sonst wird der Tanz zum Frust. Auf der Tanzfläche am Abend im Salon wird getanzt. Niemals soll man hier üben. Man kommt um zu genießen. Hier riskiert man keine Blamage und belästigt den Partner auch nicht mit Belehrungen. Der gute Tänzer führt so, daß er keine Erklärungen braucht. Er tanzt niemals um zu beweisen, was er kann. Man sollte deshalb darauf achten, daß man entweder gemeinsam übt oder miteinander tanzt, aber niemals beides gleichzeitig macht.

Die Seele der Tänzer ist sehr empfindlich, denn jeder legt seine ganze Sehnsucht, seinen Schmerz und seine Verletzlichkeit in den Tanz.

Beine im Gespräch

Im Tango ist es, als ob unsere Körper miteinander sprechen würden. Bewegungselemente kann man sich dann vorstellen wie Silben, Worte oder Sätze. Ausgerüstet mit Vokabeln und Grammatik beginnt man sich Geschichten zu erzählen. Der Tango ist wie eine neue Fremdsprache. Man lernt Worte und Grammatik auswendig. Und beginnt zu sprechen. Erst holprig und dann immer sicherer. Man redet, hört zu, reagiert. Wirft hier und da ein Wort ein. Verzögert. Redet aufgeregt. Schweigt oder denkt nach. So ist auch der Dialog in den Beinen. Und je perfekter man die Sprache spricht, umso besser können beide sich verständigen und auch verstehen. Und umso freier kann jeder ausdrücken, was er fühlt. Und genau wie in der Sprache der Worte erzählt auch im Tanz jede Person etwas anderes. Viele Gespräche verlaufen ähnlich, aber genau betrachtet nimmt jedes Gespräch einen anderen Verlauf.

Den Lernprozeß erlebt jeder anders, im Tanz wie in der Sprache. Für den einen ist es leicht, sich gleich in der neuen Sprache zurechtzufinden. Für den anderen ist der Anfang mühsam und voller Mißverständnisse. Einer plaudert, spärlich mit ein paar Wortbrocken ausgerüstet, gleich drauflos. Fehler, die er nicht erkennt, werden mit eingeübt. Der andere lernt aus Gründen der Sicherheit lieber vollständige Sätze auswendig oder traut sich kaum den Mund aufzumachen, solange er die Sprache nicht beherrscht. Der Lehrer muß hier sehr vorsichtig und umsichtig sein. Seine Devise muß sein: Alles ermöglichen, nichts erzwingen.

Wirklich improvisieren

In einem früheren Kapitel haben wir bereits den Begriff der „orthodoxen Figuren" kennengelernt. Diese Figuren können aneinandergereiht werden. Dann sprechen wir von verketteten Figuren (*figuras encadenadas*). Doch hiermit ist noch nicht die Improvisation gemeint. In der Improvisation arbeitet der Tänzer mit viel kleineren Elementen. Mit den kleinsten Bausteinen des Tango, die allein noch keine Figur bedeuten.

Erst wenn der Tanz aufhört eine Ansammlung von Figurenabläufen zu sein, beginnt die echte Improvisation. Wenn es den Begriff „Figur" eigentlich nicht mehr gibt und der Tanz sich auflöst in kleinste Einheiten. Selbstverständlich können in der Improvisation bekannte Figurenabläufe wieder entstehen. Aber nicht als Imitation von Vorgaben, sondern das Alte gleichsam neu erfinden. Die Figuren sind allgemein bekannt. Man kann sie lernen wie Vokabeln. Das Verketten (*encadenar*, wie Rodolfo Dinzelbacher sagt) dieser Figuren wäre das Aneinanderreihen solcher gelernter Vokabeln. Aber nicht nur das Vokabular (Figuren, Schritte) sondern auch Grammatik, Regeln, Handhabung und Ausnahmen (Technik) müssen verstanden werden, damit man schließlich in der Lage ist, die Sprache frei zu sprechen, zu leben – zu improvisieren.

Das Umfeld als Anreiz zur Improvisation

Eine Entscheidung für den jeweils nächsten Schritt fällt aufgrund von zwei Hauptfaktoren: den Möglichkeiten der momentanen Situation auf der einen Seite und dem Einfallsreichtum der Tänzer auf der anderen. Hierbei spielen Musikimpuls, Situation auf der Tanzfläche und physische wie psychische Struktur beider Partner eine Rolle. Der Tänzer muß deshalb während des Tanzes ständig auf sein Umfeld reagieren. Viel Zeit hat er dafür nicht. Umso wichtiger ist es, daß er sein Repertoire beherrscht, seine Bewegungen automatisiert sind. Er ist dann der Kutscher eines Pferdes, das den Weg alleine findet und nur noch hier und da ein Hüh oder Hott oder einen letzten Zug des Zügels benötigt. Er kann sich ganz seinen Gefühlen und Gedanken widmen.

Jede Bedingung des Umfeldes kann man als einschränkend empfinden oder aber als Anreiz zum Improvisieren nutzen. Als schafft man sich immer wieder ein Spiel mit neuen Regeln. Ist beispielsweise die Tanzfläche sehr voll, geht es darum, möglichst viele Elemente spontan zu kombinieren, um flexibel in der Fortbewegung zu sein. Ist der Boden extrem glatt, fallen Drehungen leicht und man kann versuchen, den Tanz ausschließlich mit diesen zu gestalten. Auf einem zu stumpfen Boden empfiehlt es sich, umgekehrt ganz auf Drehungen zu verzichten und den Tanz beispielsweise aus gegangenen Elementen zu gestalten. Ganz ähnlich ist es mit der Musik: die eine verlangt nach Bewegungen mit weichem Fluß, die andere ist rhythmisch akzentuiert.

Man kennt solche Situationen, die ein flexibles Verhalten verlangen, aus dem Alltag: Bei einem Spaziergang in der Fußgängerzone fällt das Gehen leicht, wenn man im schlendernden Schritt der Masse mitläuft. Aber wehe man hat es eilig. Dann gibt es kaum ein Durchkommen. Umgekehrt ist es genauso. In der Rush-hour am Bahnhof vor sich hin schlendern zu wollen, ist fast unmöglich. Die eilende Masse reißt einen mit.

Pablo Verón beim Training mit Elba Vieyra.

Begleitend führen – aktiv folgen

Dies alles einsehen ist nur der Beginn des Lernens. Erst lange und stetige Praxis führt vom Kennen zum Können. Vielleicht ist es für den Mann ein natürlicher Impuls, führen zu wollen. Das ersetzt den Lernprozeß aber keineswegs, verkürzt ihn nicht einmal. Anfangs sind die Männer noch viel zu sehr mit der eigenen Bewegung beschäftigt, sie führen zu spät oder gar nicht.

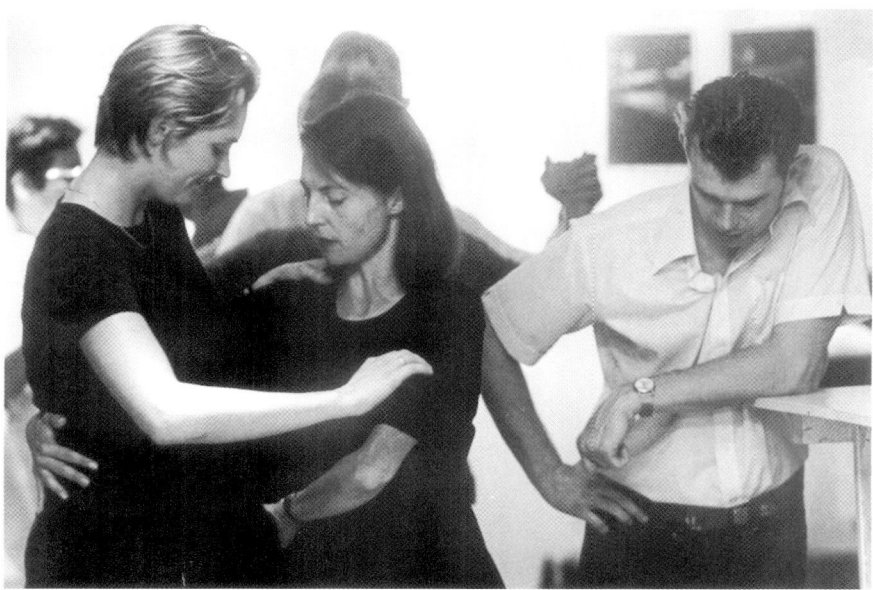

Und dann kann es noch passieren, daß jede Frau auf einen Impuls ein wenig anders reagiert oder sogar dieselbe Frau in einem anderen Moment den gleichen Impuls anders umsetzt. Damit muß der Mann umgehen lernen. Und dies verlangt wiederum viel Übung, Zeit und Geduld.

Momentane Empfindsamkeit, Schnelligkeit oder Trägheit, Muskelspannung und Stabilität sind nur einige wenige Aspekte, die auf die Reaktion der Partnerin Einfluß haben. Ein Impuls kann die Frau rechtzeitig, zu früh oder zu spät erreichen. Er kann sie überraschen, oder sie kann ihn im Gegenteil intuitiv bereits erwartet haben. Ob sie ihn vorbereitet oder unvorbereitet empfangen hat, er ihr gefällt oder sogar mißfällt, sie ihn bewußt oder unbewußt umsetzt, auch das sind Faktoren, die das „simple" Übermitteln eines Führungsimpulses beeinflussen.

Die Führungsposition oder besser gesagt: die Führungsposition des Mannes wird dadurch keineswegs in Frage gestellt. Es sollte nur klar sein, daß in den Prozeß der Führung Ungereimtheiten, Zufälligkeiten und Launen einfließen. Das ist normal. Und sogar wünschenswert.

Der erfahrene Tangotänzer gibt seiner Partnerin deshalb nur einen Führungsimpuls und versucht nicht ihre Bewegung zu bestimmen oder zu beherrschen. Er läßt ihr die Freiheit, ihre Bewegung selbst zu interpretieren und zu artikulieren und begleitet dann den natürlichen Weg ihrer Bewegung. Frauen empfinden diese Art zu führen als sehr angenehm, da sie sich nicht eingeschränkt oder gar unterdrückt fühlen. Wer lernen will, wann genau der Führungsimpuls gesetzt werden muß, der beobachte einen Konzertdirigenten. Sein Taktstock ist den Tönen der Musiker immer ein Stück voraus.

Vor einem Seitenportal vom Teatro Colon, dem Opernhaus.

Die Meisterprüfung

Tanzen im Salon

Das Erlernen des Tanzes ist das eine. Etwas anderes ist die Fähigkeit, in einem vollen Salon die Tanzfläche gekonnt mit anderen Paaren zu teilen.

Da alle Paare improvisieren, ist niemals vorauszusehen, wann wo welcher Raum konkret frei wird. Plätze werden fließend belegt, immer in Rücksicht auf die Nachbarpaare. Hier zeigt sich der Gruppencharakter des Tangotanzes.

Nur eine ausgewogene Kombination von defensiver Rücksicht und offensiver Präsenz garantiert dem Paar, weder übersehen zu werden noch zu rempeln. Der Mann ist auch verantwortlich für den Raum. Die Frau unterstützt ihn in wachsamer und konstanter Begleitung.

Die Entscheidung, welche Figuren getanzt werden oder nicht, ist keinesfalls nur Sache der Wünsche und der Phantasie, sondern Reaktion auf das Umfeld. Figuren, Dynamik und Geschwindigkeit sind von der Dichte der Paare auf der Tanzfläche abhängig.

Tanzt ein Paar sozusagen am Platz, so nennen wir das *bailar sobre nuestros mismos cuerpos* („auf unseren eigenen Körpern tanzen"). Hier zeigt sich die Ökonomie eines Paares. Denn auch auf kleinstem Raum, eingeengt in der Menge hunderter von Paaren kann ein virtuoses Spiel der Beine entstehen. Die Dynamik des Paares im Tanzfluß kann man sich wie einen Brummkreisel vorstellen, der sich zwar um seine eigene Achse dreht, dabei aber trotzdem eine Strecke zurücklegt.

El hombre

Ein Mann genießt nicht nur die Zweisamkeit mit seiner Partnerin. Er liebt auch die Herausforderung. Männer „prahlen" und „protzen" voreinander. Trotz aller Innigkeit demonstriert er vor seinen Mittänzern (Mitstreitern) die eine oder andere raffinierte Figur. Besonders vor dem Tisch des besten Tänzers läßt er sein virtuoses Beinspiel sehen – doch so, als hätte er nur Augen für seine Partnerin.

El hombre hace bailar la mujer, sagt man in Argentinien, der Mann läßt die Frau tanzen. Er bildet das Zentrum und genießt jeden ihrer Schritte. Stolz, sie in den Armen zu halten.

Stundenlang kann ein *milonguero* am Rand der Tanzfläche sitzen und anderen Tänzern zuschauen. Ganz versunken in den Tanz der anderen. Nicht umsonst liegen die meisten Tanzflächen eingetaucht in helles Neonlicht.

Die Tanzrichtung

Man nennt das ständige Fließen in Tanzrichtung, die *rueda*, auch „Raum zum Tanzen schaffen". Denn je stärker die *rueda* zirkuliert, umso mehr Strecke kann jedes Paar zurücklegen. In Salons, wo in der Mehrzahl gute Tänzer anwesend sind, ist der Fluß auf der Tanzfläche zügig. Umgekehrt kann auch das beste Paar nicht verhindern, daß der Tanzfluß stagniert, wenn die Mehrzahl der Paare schwach und unerfahren ist.

Besonders strikt und deutlich ist die Rollenverteilung zwischen Mann und Frau im Hinblick auf den Raum. Der Mann kümmert sich um den Außenraum, die Frau um den Innenraum des Paares. In Ricardos Worten: „Dein Zuhause ist hier an meiner Brust."

Paare können sich auf der Tanzfläche beliebig aufstellen. Sie sollten jedoch immer mit ihrer Grundbewegung in Richtung des Tanzflusses beginnen. Meist beginnt der Tänzer seinen Tanz mit einem Schritt nach links in die übersehbare Seite.

Wenn der Mann in Tanzrichtung ausgerichtet positioniert ist, ist die offene Seite des Paares dem Mittelpunkt der Tanzfläche zugewandt. Der Mann kann dann die gesamte Tanzfläche überblicken, mit Ausnahme des Winkels rechts hinter ihm.

In Tanzrichtung tanzen, bedeutet aber nicht, ständig nach vorne ausgerichtet wie auf einer Einbahnstraße zu tanzen. Wenn die Tanzfläche sich einmal in Bewegung gesetzt hat, tanzt das Paar mal links, mal rechts herum drehend mit.

Figuren die links herum verlaufen, werden (im Gegensatz zum Englischen bzw. zu den Standardtänzen) als *natural* bezeichnet, da sie der offenen Seite des Paares und damit auch der Tanzrichtung folgen. Figuren die rechts herum drehen, erhalten die Vorsilbe *contra*. Sie bewegen sich über die geschlossene Seite des Paares und gegen die Tanzrichtung. Es gibt beispielsweise den *molinete*, eine Drehung links herum, und den *contramolinete*, der rechts herum verläuft.

Zum Umgang mit Nähe

Nicht mit jedem Tänzer tanzt es sich gleich schön. Dies ist jedoch nicht immer eine Frage des Könnens, sondern vielmehr eine Frage der Sympathie. Man teilt das Feeling füreinander, oder man teilt es nicht. Das gemeinsame Verständnis für Musik, Körperkontakt, die Art sich zu bewegen und sich anzufassen. Der Argentinier nennt dies *tener piel*.

Auf der vollen Tanzfläche, aber auch bereits in der engen Umarmung muß man lernen, die eigene Präsenz niemals aufzugeben. Bei soviel Nähe reagiert der Körper plötzlich fremd. Man steht sich selbst im Weg, tritt sich und dem Partner auf die Füße, gerät in Streß, eckt hier und dort an. Die Situation ist gelinde gesagt entsetzlich und alles andere als sinnlich.

Die Reaktionen der meisten Menschen auf zuviel Nähe ist der Rückzug. Doch eine solche Reaktion ist fatal. Man wird von anderen regelrecht über den Haufen getanzt, da man keinen Platz mehr beansprucht und sich gewissermaßen unsichtbar gemacht hat.

Einer der wichtigsten Lernprozesse ist sicher die Gewöhnung an echte Nähe. Anfangs sollte man nicht enger tanzen, als es einem wirklich angenehm ist. Mehr Bereitschaft zu Nähe stellt sich mit der Zeit der Gewöhnung von selber ein.

Sinne, die überfordert sind, schalten ab. Aber hier handelt es sich gerade um die Sinne, die uns leiten und auf die wir vertrauen müssen. Auch Vertrauen ist lernbar.

KLEINES TANGO-LEXIKON

CHRONIK

1515   Der Spanier Juan Díaz de Solis macht sich im Auftrag von Kaiser Karl V. auf die Suche nach einer Durchfahrt zum Pazifik. Im März entdeckt er die Mündung des Rio de la Plata.

1536   Eine von Pedro de Mendoza geleitete Expedition in den Süden gründet eine kleine Siedlung mit dem Namen *Puerto de Nuestra Señora de Buenos Aires*.

Um 1600   Es entwickelt sich die *hacienda* als typisch lateinamerikanischer Agrarbetrieb.

Um 1700   Im Zusammenhang mit dem Spanischen Erbfolgekrieg bzw. der spanisch-englischen Rivalität kommt es zu einer stärkeren Bindung der Kolonien an die Mutterländer und einer merkantilistischen Politik der Spanier.

1776   Die Errichtung des „Vizekönigreiches Rio de la Plata" dient den Spaniern zur Abwehr des portugiesischen Vordringens und ermöglicht den raschen Aufstieg des bis dahin isolierten Buenos Aires.

1806   England strebt die militärische Macht über Buenos Aires an. Der Engländer Beresford überfällt die Stadt. Die Engländer können Buenos Aires jedoch nicht erobern.

1810   Die Bevölkerung Argentiniens steigt auf 400 000.

1812   Erste spanische Truppen werden aus Argentinien vertrieben.

1816   Unabhängigkeitserklärung der Vereinigten Provinzen des Rio de la Plata.

1856   Der Krefelder Heinrich Band erfindet das Bandoneón.

1855   Erste europäische Masseneinwanderungen.

1860   Der Präsident führt den Namen *República Argentina* ein.

1867   in Buenos Aires kommen bei einer Choleraepidemie 20 000 Menschen ums Leben.

1870   Die Einzäunung der *estancias* trifft die Gauchos hart.

1871   Gelbfieberepidemie. Von ca. 200 000 Einwohnern sterben 14 000 (meist Arme, von denen die meisten Schwarze sind). Die Reichen ziehen von der Küste weg in den Norden der Stadt, z.B. in die Zone um die Straße Florida.

1877   Das Phonograph wird erfunden und fördert die Verbreitung neuer Melodien und Rhythmen.

1880   Unter Präsident Roca werden die Indianer beinahe ausgerottet. Die Viehzucht verliert ihre beherrschende Rolle in der Wirtschaft. Von europäischen Einwanderern geführter Getreideanbau übernimmt die Führung.

1885   Das berühmte Café Tortoni wird eröffnet.

1890   Argentinien ist wirtschaftlich abhängig von England. Das von den Engländern ins Land gebrachte Kapital (z.B. für den

Bau des Eisenbahnnetzes) wird über Gegenleistungen zurückgefordert.

1895 Das Lied *Dame la lata* wird in den Bordells gespielt. Der Titel bedeutet „Gib mir das Blech!"; damit ist die Blechmarke gemeint, die man für den Tanz mit einer Prostituierten kaufen mußte. – Die Bevölkerung Argentiniens beträgt 4 Millionen. – Buenos Aires zählt insgesamt 600 000 Einwohner. Es gibt 2200 *conventillos* mit 120 000 Immigranten mit vier Personen pro Zimmer. – Eröffnung der Avenida de Mayo.

1897 Erste elektrische Eisenbahn. 1905 ersetzt sie vollständig die von Pferden gezogene Bahn.

1901 Über 120 000 Immigranten lassen sich in Buenos Aires nieder.

1902 Erste Polen erreichen Buenos Aires.

1903 Es entsteht der Tango *El choclo* – fast noch im Rhythmus und Stil einer Milonga.

1903 Die berühmte Brücke am *Riachuelo* wird eingeweiht.

1904 Buenos Aires wird Millionenstadt.

1905 Uraufführung des Tangos *La morocha* durch Saborido und Villoldo.

1906 Bis 1910 strömen 850 000 Einwohner ins Land.

1907 Erstes Tangoturnier in Nizza.

1911 *El Cachafaz* gewinnt in einem Tanzwettbewerb den 1. Preis.

1912 Das allgemeine Wahlrecht wird in Argentinien eingeführt.

1912 Der Tango gewinnt mit der Eröffnung von *Armenonville* einen neuen Wirkungskreis: das „Kabarett".

1914 Zu Beginn des Ersten Weltkriegs ist die Bevölkerung von Argentinien auf 8 Millionen angestiegen.

1915 Das erste Buch im *lunfardo*-Dialekt erscheint: *versus rantifusos*.

1917 G. M. Rodriguez komponiert in Montevideo *la cumparsita*, den wohl berühmtesten Tango aller Zeiten.

1917 Carlos Gardel singt den ersten *Tango-Canción* (gesungenen Tango): *Mi noche triste*.

1920 *El Cachafaz* tritt zum ersten Mal in New York auf. – In Konferenzen der britischen Tanzlehrerschaft (bis 1929) wird der Tango zum Standardtanz umgeformt.

1921 Am 11. März wird in *Mar del Plata* Astor Piazzolla geboren.

1925 Carlos Gardel reist erstmals nach Paris.

1926 Roberto Goyeneche wird geboren.

1929 Der „Schwarze Freitag" an der New Yorker Börse leitet die Weltwirtschaftskrise der 30-er Jahre ein.

1930 Es kommt zum Militärputsch.

1930 Juan D'Arienzo tritt erstmals mit seinem Orchester auf. Seine Musik zielt auf Tanzbarkeit. Der Tango gewinnt hierdurch deutlich an Popularität.

1935 Carlos Gardel kommt bei einem Flugzeugabsturz ums Leben.

1936   Am 23. Mai wird der Obelisk als Stadtsymbol von Buenos Aires eingeweiht.

1936   Der Bürgerkrieg in Spanien bricht aus.

1937   Aníbal Troilo formiert sein erstes Orchester.

1939   Kurz vor Ausbruch des Zweiten Weltkriegs tritt das Orchester von Osvaldo Pugliese zum ersten Mal auf.

1943   Texte in *lunfardo* werden verboten.

1943   Osvaldo Pugliese komponiert den Tango *La yumba.*

1952   Juan Carlos Copes und Maria Nieves gewinnen einen Tanzwettbewerb im *Luna Park* und werden allmählich zur Tango-Legende.

1955   Eine Militärjunta übernimmt die Macht. Im folgenden werden alle politischen Parteien verboten.

1975   Am 19. Mai stirbt Aníbal Troilo.

1976-83 Es herrscht eine grausame und radikale Militärdiktatur. Zahlreiche Menschen verschwinden auf mysteriöse Weise.

1985   Die Show *Tango Argentino* feiert Premiere am New Yorker *Broadway*, eine internationale Tangowelle wird ausgelöst.

1988   Die Inflationsrate beträgt 343 Prozent.

1989   Carlos Saúl Menem wird Präsident.

1990   Die ersten argentinischen großen Tangolehrer (Eduardo Arquimbau, Pepito Avellaneda, Antonio Todaro) reisen ins Ausland, um dort zu unterrichten.

1993   *El compadrito* erscheint, der erste Tangoführer von Buenos Aires.

1995   Die Shows *Tango X 2, Forever Tango* und *Tango Pasión* lösen eine neue Tangowelle im Ausland aus.

1995   Der erste Tango-Fernsehkanal *Solo Tango* wird geboren.

1996   In dem Musical-Film *Evita* spielt „Madonna" die Rolle der Evita Perón.

1997   Sally Potter dreht den Film *Tangolesson.*

1998   Der Film *Tango* von Carlos Saura wird für den Oscar nominiert.

1999   Die Show „*Todo Tango de Buenos Aires*" hat Premiere im Rahmen des *World Music Theatre Festivals.*

2000   Juan Carlos Copes feiert seine „ersten fünfzig Jahre mit dem Tango".

FIGURENÜBERSICHT

balanceo, el: Das Balancieren. Ein mehrfacher Gewichtswechsel, so daß eine balancierende, wiegende Bewegung entsteht.

baldoza, la: (Bodenfliese). Eine verkürzte *base* aus sechs statt acht Schritten. Auch *carré* genannt.

barrida, la: Das Fegen. Fußschieben.

base, la: Der Grundschritt. Abkürzung des Begriffs *paso basico.*

basico, el: Der Grundschritt. Abkürzung des Begriffs *paso basico.*

calesita, la: Karussell. Die Wiederholung eines Vor-Rück-Schrittes am Platz mit Achsendrehung.

cepillada, la: Das Bürsten. Eigentlich eine *firulete*, also eine Verzierung, keine Figur. Bei der *cepillada* umspielt der freie Fuß den belasteten wie eine Bürste beim Bürsten den Schuh.

contra molinete, el: Gegenmühle. Eine Form der Rechtsdrehung.

corrida, la: Der Lauf. Eine schnelle Abfolge gelaufener Schritte. Diese Figur wird auf der Tanzfläche zum Aufschließen genutzt, wenn der Abstand zum „Vordermann" zu groß geworden ist oder sich plötzlich freier Platz vor dem Paar auftut.

corte, el: Der Schnitt. Ein gemeinsames Gehen wird abrupt abgebrochen, die Bewegung plötzlich angehalten. Die Körper lösen sich nicht aus der Umarmung. Die *cortes* werden in unregelmäßigen Abständen getanzt, sind daher Überraschungselemente.

cruze de la mujer, el: Das Kreuzen der Frau. Der in Schritt Nummer fünf der *base* getanzte Kreuzschritt der Frau.

cuatro, el: Die Vier. Die Frau „setzt" sich gegen das Bein des Mannes, wobei sie das Spielbein so über das Standbein kreuzt, daß das Bild einer gemalten „4" entsteht.

cunita, la: Die Wiege.

enrosque, el: Das Einschrauben beim Drehen auf einer Achse.

firulete, el: Die Verzierung.

gancho, el: Der Haken, Beinhaken. Das Spielbein schwingt um ein Bein des Partners und umhakt es dabei.

giro (a la izqierda, a la derecha), el: Die Drehung (nach links, nach rechts).

habanico, el: Der Fächer. Die getanzte Schrittabfolge zeichnet auf den Boden das Bild eines Fächers.

medialuna, la: Der Halbmond. Hier zeichnet die Schrittabfolge das Bild eines Halbmondes.

molinete, el: Die Mühle. Eine Form der Drehung (links herum).

ocho (hacia adelante o atrás), el: Die Acht (vor- oder rückwärts). Ist durch die akzentuierte Beckenbewegung die wohl weiblichste Figur. Sie setzt sich aus einem Schritt und einem Pivot (dem Drehen auf dem Fußballen) zusammen. Durch den Ablauf Schritt-Drehen-Schritt-Drehen entsteht sowohl in der Beckenbewegung wie auch als Zeichnung auf dem Boden die Form einer Acht.

parada, la: Der Stop im dritten Schritt der *base.*

paso basico, el: Der Grundschritt.

paso basico cruzado, el: Der gekreuzte Grundschritt. Mann und Frau gehen überkreuzt, das heißt beide mit links und beide mit rechts in Schritt Nummer drei und vier der Grundfigur. Diese überkreuzte Position wird erreicht durch den Fußwechsel des Mannes im zweiten Schritt oder das Auslassen seines dritten Schrittes.

planeo, el: Plane Kreisbewegung des Fußes auf dem Boden.

pose final: Endpose (Bühnenfigur).

quebrada, la: Der Bruch. Ein Stop, bei dem die Körperlinie in der Taille gebrochen wird. Die Beugung erfolgt seitlich oder aber für den Mann nach vorne, wobei er sich mit seinem Körper über ihren beugt.

sacada (alta, baja. Por atrás o adelante), la: Das Wegnehmen, Bein weghebeln (Hoch, tief. Über rückwärts oder vorwärts).

salto, el: Der Sprung.

saltito, el: Kleiner Sprung. Hüpfer.

sanguichito, el: Das Sandwich. Auch *mordida* genannt. Es setzt sich zusammen aus dem rückwärtigen *ocho* und dem *ocho* vorwärts, verbunden durch die *parada* und die Position des *sanguichito* selbst. Beide Füße klemmen einen Fuß des Partners ein, daher der Name Sandwich.

sentada, la: Das Sitzen.

taconeo, el: Das Klopfen mit dem Absatz (*taco*).

tijera, la: Die Schere. Der Tänzer überkreuzt die Beine, belastet eines und beugt dann die Knie und wieder zurück in die Ausgangsposition, so daß die Beine sich wie eine Schere öffnen und schließen.

voleo, el: Ein Lufthaken, der durch das Abbrechen des *ocho* rückwärts entsteht.

Zu den ältesten der oben genannten Figuren gehören: *la cepillada*, *la quebrada*, *la corrida*, *la medialuna*, *la tijera*, *el cuatro*, *el balanceo* und *el taconeo*.

SPANISCH FÜR TANGOFREUNDE

apasionado leidenschaftlich / ein Leidenschaftlicher (Tänzer)

bailarin, el Tänzer im populären Sinn

baile, el populärer Tanz oder populäre Tanzveranstaltung

barrio, el Stadtviertel

barrio negro, el Schwarzen-Viertel

cadencia, la Kadenz, im Tango ein melodisches Umsetzen des Taktes

caminar gehen, Gehschritt

centro de gravedad, el Schwerpunkt („Zentrum des Körpers")

compadre, el Gevatter (Mann des Volkes)

compadrito, el Einer, der den Gevatter imitiert. Männlicher Charakter im Tango

compás, el Taktschlag

corte, el Schnitt. Tangoschritt der Jahrhundertwende

corte milonga, el im Schnitt der *milonga*

criollo, el Kreole. Ursprünglicher Bewohner Argentiniens

cuerpo dramático, el Fachausdruck für Oberkörper

cuerpo expresivo, el Fachausdruck für Beinbereich

danza, la Tanz im akademischen Sinn

danzarín, el Tänzer künstlerischer Art

dos por cuatro, el („zwei für vier") Synonym für das Wort Tango

diosa, la Göttin (beliebter Ausdruck für exzellente Tänzerin)

eje, el Achse (lotrecht)

espacio inferior, el unterer Raum

espacio superior, el oberer Raum

figuras articuladas artikulierte (gegliederte) Figuren

figuras espejadas Spiegelfiguren

figuras trabadas verkoppelte Figuren

gaucho, el tüchtiger Viehtreiber, Landarbeiter

hembra, la Weibchen

La Boca (der Mund, die Mündung) Hafenviertel von Buenos Aires

lunfardo, el Dialekt des *porteño* von Buenos Aires und der Tangowelt. „Tangosprache"

macho, el Männchen

machista, el der „Macho"

malevo, el Übler Typ

milonga, la Dem Tango verwandter Tanz, jedoch populärer und rhythmischer; auch Synonym für Tanzsalon

milonguear Schwofen

milonguera, la Frau aus dem Kabarett

milonguero, el regelmäßiger Besucher des Tanzsalons

milonguita, la Kosename für die Frau im Kabarett

mina, la (wörtlich Miene) im *lunfardo* (Tangosprache) Ausdruck für Frau/Weib

mulato, el Mulatte

obelisco, el Obelisk (Wahrzeichen von Buenos Aires)

ocho adelante, el Acht vorwärts (Tango-Figur)

ocho atrás, el Acht rückwärts

orquesta típica klassische tangotypische Orchesterformation

payador, el umherziehender Sänger

pardo, el Mischling

pista, la Tanzfläche

pivot, el Drehen auf dem Fußballen

porteño, el (von span. Hafen) Bewohner von Buenos Aires (Hafenviertel)

práctica, la Übungstreffen

quebrada, la Bruch. Tango-Figur der Jahrhundertwende

resolución, la Auflösung einer Figur. Endstück der *base*

rueda, la (wörtlich Rad) Tanzfluß und Tanzrichtung im Salon

rufián, el Zuhälter

salida, la Ausgang. Von *salir*, hinausgehen. Tanzbeginn

San Telmo Tangoviertel in Buenos Aires

taconéo, el Schlag mit dem Absatz

Tango canción, la Tangolied, gesungener Tango

Tango-milonga, la Alte Tangos in ursprünglichem Taktmaß des 2/4-Taktes

tanguero, el Vertreter und Liebhaber des Tango seriöser Art

tanguidad, la Tangogefühl

torso, el Oberkörper (Torso)

traspie, el „Stolperschritt" (Wechselschritt durch „Stolpern" ausgelöst)

vals cruzado, el Walzerform innerhalb der Tango-Ästhetik

volante, el Rad. Lenkrad

REGISTER

BIBLIOGRAPHIE

Es handelt sich hier um eine Auswahlbibliographie. Weitere Titel sind zu finden bei dem auf Tango spezialisierten Verlag „Ediciones Corregidor", Buenos Aires (www.corregidor.com). Ein großes Archiv besitzt die Academia Nacional del Tango in Buenos Aires. Unsere Bibliographie nennt z.B. nur zwei der vielen Bücher, die Horacio Ferrer, der Präsident dieser Akademie geschrieben und publiziert hat.

Azzi, Maria Susana: Antropología del Tango. Ediciones Olavarría

Boehn, Max von: Der Tanz. 1925 (Wegweiser Verlag)

Borges, Jorge Luis: Kabbala und Tango. Essays 1930-1932

Collier, Simone: Carlos Gardel. Buenos Aires 1988. (Editorial Sudamericana)

Dinzel, Rodolfo: El Tango. Una danza. Buenos Aires 1994 (Corregidor)

Ferrer, Horacio: El libro del Tango. Vol. I Crónica, Vol. II Diccionario A-J, Vol. III Diccionario K-Z. Buenos Aires

Ferrer, Horacio: La historia del Tango. Gardel y su mito. Buenos Aires 1977 (Corregidor)

Giese, Cornelia: Differenz und Gleichheit (ISBN 3-88104-197-4)

Gobello, José: La historia de Tango. Origenes de las letras de Tango. Buenos Aires 1976 (Corregidor)

Gobello, José: Diccionario Lunfardo

Buenos Aires 1982 (Lillo Editor SRL)

Hanna, Gabriela: Asi bailaban el Tango. Berlin 1993 (Metro Verlag)

Instituto de investigaciones del Tango (Hrsg.): Historia del Tango. Buenos Aires 1995 (Editorial Docencia)

Künstlerhaus Bethanien (Hrsg.): Melancholie der Vorstadt. Tango. Berlin 1982

Liechtenhan, Rudolf: Vom Tanz zum Ballett (Belser Verlag)

Negro, Héctor: Los poetas actuales y el Tango, Buenos Aires 1973

Piazzolla, Diana: Astor. Buenos Aires (Emecé)

Rossi, Vicente: Cosas de negros. Buenos Aires 1958

Sábato, Ernesto: Tango, discusión y clave. Buenos Aires 1963

Salas, Horacio: El Tango. Buenos Aires 1986

Savigliano, Marta E.: Tango and the political economy of passion. USA (ISBN 0-8133-1638-3)

Vega, Carlos: Danzas y canciones argentinas. Teoria e investigaciones. Buenos Aires 1936

Vidart, Daniel: Teoría del Tango. Montevideo 1967

Zucchi, Oscar D.: La historia del Tango. El bandoneón en el Tango. Buenos Aires 1977 (Corregidor)

Tango & Co.

... und vier Tango-Meister-Videos von Ricardo & Nicole

KURS 1: Pasos basicos, postura, combinaciones, ocho adelante, ocho atrás.

KURS 2: Sandwich, barridas, combinaciones, media luna, ochos acompañados.

KURS 3: Giro izquierda, giro derecha, con sacadas, combinaciones, voleo.

SOWIE: „Curso de Tango Milonga" (La baldosa, basico con variaciones, balanceo, ochos acompañados, traspie, salida tipica, La Cunita, de Pepito Avellaneda, girado.)

NEU: Tango Metropole Berlin
von Jörg Buntenbach (Text) und Jörg Hesse (Fotos). 144 Seiten im Großformat, rund 200 Abbildungen, 29,80 Euro

• •

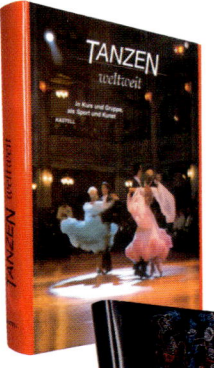

TANZEN WELTWEIT –
in Kurs und Gruppe, als Sport und Kunst.
Das „größte Tanzbuch aller Zeiten": Die Originalausgabe (65 Euro) unterscheidet sich von der Sonderausgabe (39,80 Euro) durch den Luxuseinband: Leinen mit Goldprägung und Schutzumschlag. Beide Ausgaben: 608 Seiten, Großformat, gebunden, über 1.000 Abbildungen.

Standardtanzen von A – Z
Von Herbert und Ursula Stuber 288 S., mit zahlreichen Abb., geb., 24,80 Euro.
(Der lexikalische Teil des Buchs enthält das Buch alles Wichtige aus dem vergriffenen „Wörterbuch des Tanzsports".)

Vom Schamanentanz zur Rumba
Von Helmut Günther 320 S., Leinen mit SU, 50 Abb., 19,80 Euro.
Ein Klassiker der Tanzge-schichte (Restexemplare!)

Die alten Tänze
Mit Notenbeispielen und praktischen Hinweisen. Von Prof. Agnes Schoch 144 S., kart., 30 Abb., 14,80 Euro.

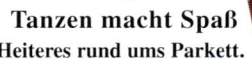

Tanzen macht Spaß
Heiteres rund ums Parkett.
Von A. Baumeister, mit 50 Illustrationen von J. Wilson. 100 Seiten, gebunden, 14,80 Euro.

LATIN –
Thinking, Sensing and Doing in Latin American Dancing.
By Ruud Vermey. 192 pages, Hardcover. 16,80 Euro

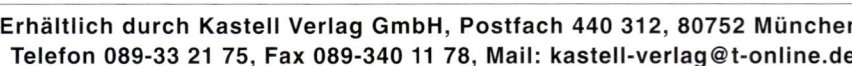

Erhältlich durch Kastell Verlag GmbH, Postfach 440 312, 80752 München
Telefon 089-33 21 75, Fax 089-340 11 78, Mail: kastell-verlag@t-online.de